Die Frau in der Literatur

Frieda v. Bülow, Rainer Maria Rilke, August Endell,
Lou Andreas-Salomé und Akim Volinskij in der Gartenlaube
in Wolfratshausen, 1897

Die schönsten Novellen

der Frieda von Bülow über
Lou Andreas-Salomé
und andere Frauen

Herausgegeben und
mit einem Nachwort versehen
von Sabina Streiter

Ullstein Taschenbuch

Die Frau in der Literatur
Lektorat: Hanna Siehr
und Monika Handschuch-Hammann

Ullstein Buch Nr. 30239
im Verlag Ullstein GmbH,
Frankfurt/M – Berlin

Originalausgabe

Umschlagentwurf:
Theodor Bayer-Eynck
unter Verwendung eines
Fotos aus dem Lou Andreas-Salomé-
Archiv, Göttingen

Frontispiz: Privataufnahme
Lou Andreas-Salomé-Archiv,
Göttingen

Printed in Germany 1990
Gesamtherstellung:
Ebner Ulm
ISBN 3 548 30239 4

Mai 1990

CIP-Titelaufnahme der Deutschen Bibliothek

Bülow, Frieda Freiin von:
Die schönsten Novellen der Frieda von Bülow über
Lou Andreas-Salomé und andere Frauen / hrsg.
u. mit e. Nachw. vers. von Sabina Streiter. –
Orig.-Ausg. – Frankfurt/M; Berlin: Ullstein, 1990
(Ullstein-Buch; Nr. 30239: Die Frau in der Literatur)
ISBN 3-548-30239-4
NE: Bülow, Frieda Freiin von: [Sammlung]; GT

Inhalt

Zwei Menschen

»Kannst du noch?«

»Wie? Ich?!«

»Weil du eben ausglittest.«

»Die Steine sind naß und glatt. Aber ich nicht mehr können! Sechs Stunden will ich so fortmarschieren.«

»Wir sind bald am Rasthaus.«

Die das einander zurufen, sind zwei, auf die Bergstöcke gestützt, rüstig ausschreitende Wanderer, ein Mann und eine Frau.

Beide sind in Wetterloden gekleidet. Er trägt Kniehosen, wollene Strümpfe und schwere Nagelschuhe. Bei ihr ist der Rock hoch geschürzt, daß er die zierlichen Füße bis über die Knöchel frei läßt.

Sie durchwandern, abwärtssteigend, eine Hochgebirgsschlucht von großartiger Wildheit. Bis zu schwindelnder Höhe türmen sich auf drei Seiten die Felsen mit ihren Schluchten und Rinnsalen.

Die Sonne leuchtet noch auf der fernen Hochebene, tief, tief unten, im hellen Schein des Augustnachmittags; hier, zwischen den ragenden Wänden, ist sie längst fort. Um die zackigen Spitzen lagern Wolken, die dort hängen zu bleiben scheinen.

Unten hat es geregnet, hier, in Höhe, ist es Schnee geworden.

In tausend Rinnsalen fließt und tropft nun der geschmolzene Schnee über das zerklüftete Gestein. Es ist kein Gehen hier – ein Hüpfen, Springen von Felsblock zu Felsblock! –

Die Frau ist dem Manne um zwanzig Schritte voraus. Von der leichten Luft beschwingt, entlastet von dem Tieflandsgefühl der Schwere, schwebt sie beinah. Das lockige Blondhaar umflattert windgelöst die freie Stirn, schwellende Lippen trinken gierig die Luft, der Blick der blauen Augen schweift trunken in die Ferne, die breite Brust hebt und senkt sich unter tiefen Atemzügen.

Der Mann folgt ruhiger und bedachtsamer.

»Schon wieder ausgerutscht, Helga!« ruft er ihr mahnend

zu. »Wenn du so läufst, fällst du noch hin und brichst Arm und Bein.«

»Wer das Fallen scheut, lernt überhaupt nicht laufen«, entgegnet sie.

Der Wind trägt den Schall ihrer Stimme von ihm fort, so daß er sie nicht versteht.

Dort von dem braunen überhängenden Fels fällt das Wasser in schweren Tropfen nieder, immer, immer – den »ewigen Regen« nennt man die Stelle. Rasch gehen die Bergwanderer darunter fort, um wieder ins Trockene zu kommen.

Helga aber bleibt stehen und nimmt den Lodenhut vom Kopf.

Tropf! Tropf! fallen die schweren Wassertropfen auf das Blondhaar.

Sie lacht mit Mund und Augen, mit dem ganzen Gesicht voll Übermut und Schelmerei.

»Ein Duschbad! Eine Dusche! – Köstlich!«

»Aber Helga! Du bist kochheiß, und nun die kalte Traufe! Es ist ganz unerlaubt, so leichtsinnig zu sein. Was hast du davon, wenn du Zahnreißen bekommst oder rheumatische Kopfschmerzen!«

Er hat sie eingeholt.

Sie schüttelt den Kopf und lacht ihn an.

»Dafür bist du ja Arzt. Werd' ich krank, so kannst du mich kurieren, und darüber würde ich mich an deiner Stelle doch freuen!«

»Es ist freilich sehr bequem.«

»Gewiß ist es bequem. Meinst du, ich möchte einen anderen Reisebegleiter haben als einen bequemen?«

Er schweigt. –

Wie oft hat er sich schon gegen ihre Selbstsucht und Selbstherrlichkeit aufgelehnt – im Herzen und mit Worten. Mit guten und mit harten Worten hat er protestiert. Und gezürnt hat er und geschmollt – ach wie oft! ...

Und ach – wie nutzlos! –

Sie lacht ihn aus. Oder sie schmeichelt ein wenig – ein klein wenig nur, aber wie ein Kätzchen weich und anmutig.

Immer fühlt er sich ohnmächtig. Am schlimmsten ist's aber, wenn sie einmal ernst macht. Dann heißt es: »Ja, wenn du meine Art nicht erträgst, dann wollen wir doch lieber auseinandergehen. Heute! Sofort! Dann hat doch unser Zusammensein keinen Sinn mehr.«

Mit wie angstvoller Hast er jedesmal eingelenkt hat!

Das ist das Verhängnis und gibt ihr alle Macht und läßt ihn ohnmächtig: Sie kann ihn gut entbehren – er sie nicht mehr.

»O Sonne, die meinen Tag erhellt!« –

Unten im Hochtal, jetzt zu Füßen der Wanderer, winkt das gastliche Rasthaus, nicht weit davon die alte Hunfalvy-Hütte, in der die Hirten übernachten.

Rings umher Gletscherschutt, eine schauerliche Wüstenei abgestürzter Felstrümmer. Wo sich eine dünne Humuslage darüber bilden konnte, beginnt das Knieholz.

Hier stürzt das Felker Wasser über eine steile Wand in den kleinen, durchsichtig grünen See.

Bei der Hunfalvy-Hütte fängt der Bergwaldteppich an: fußtiefes Moos und Heidekraut und Gruppen schöner Zirbelkiefern.

Jenseits des Rasthauses zieht sich der talwärts führende Pfad auf eine halbe Stunde Entfernung sichtbar zwischen den Moränen hin, bis er im Tannenwald verschwindet.

»Dort krabbeln ein paar Touristen!« sagt Helga.

»Wir werden vermutlich im Rasthause mit ihnen zusammentreffen.«

Und weiter geht's bergab, gleitend, springend, hüpfend! Die Eisenspitzen der baumrindenbedeckten glatten Karpatenstöcke wollen auf dem nassen Stein nicht festhalten.

Endlich Knieholz zur Seite! Auf dem dünnen, mit würzigen Alpenblümchen geschmückten Bergrasen grasen die beiden Milchkühe des Rasthauses. Aus guten, törichten, großen Augen schauen sie jetzt regungslos nach den Wanderern.

Vor der Hunfalvy-Hütte haben die Hirten ein Feuer angezündet. Ein Kesselchen hängt darüber. Trotz Kälte und Feuchtigkeit umlagern es die in ihre Schafpelze gehüllten Slowaken.

Der eine bläst auf der Schalmei – greuliche, schrille Töne, aber ihn und die Kumpane freut die Musik, und der prächtige weiße Berghund duldet sie.

So oft der Bläser pausiert, hört man von der steilen Felswand her ein Hämmern, dessen schwacher Schall von der gegenüberragenden Wand zurückhallt. Das sind die Hirtenbuben, die auf halsbrecherischen Kletterpfaden Granitsteine abklopfen. Für zwanzig Kreuzer riskieren sie dreimal ihr Leben. –

Eine Wegbiegung noch.

Über eine schmale Kluft führt ein aus Steinen aufgeworfener Damm zu der überdachten Veranda des Rasthauses, ein von Schlesiern errichtetes schmuckes Holzhaus im Karpatenstil.

Gerade langen auch die vom Clotildenweg heraufgekommenen Touristen, drei junge Männer, durchnäßt und durchfroren, an, den Bergstock in der Hand und den Rucksack auf dem Rücken.

»Deutsche!« entscheidet Helga nach flüchtigem Hinblikken

In dem schmucken, niederen Touristenzimmer brennt Feuer im Ofen, ein prasselndes Holzfeuer aus harzigen Latschen-Knüppeln.

Die Einkehrenden stellen die Bergstöcke in den Winkel, legen die Rucksäcke ab und setzen sich nahe dem Feuer um die sauberen Tische von rohem Tannenholz.

Helga dehnt sich im wohligen Behagen des Ausruhens nach scharfem Marsch.

»Ah! – wie das köstlich ist! Und nun ein Wein!«

»Nimm doch erst etwas Warmes. Eine Tasse Tee oder Kaffee.«

»Ich will Wein.«

»Eigensinn – wie immer.«

»Ich weiß am allerbesten, was meine Natur braucht.«

Beim Ton von Helgas Stimme haben sich die jungen Männer am Nachbartisch neugierig umgeschaut.

Sie spricht ein sehr reines Deutsch, aber ein Deutsch von nicht reiner Klangfarbe. Die Modulation der weichen Stimme ist voll von vibrierendem Leben, es ist eine von den Stimmen, welche man niemals überhört, wenn sie noch so leise sind, weil sie eine starke Innerlichkeit verraten.

Die hübsche Zipser Kellnerin stellt Wein auf den Tisch, leichten, offenen Ungarwein, Roggenbrot und Karpatenkäse.

Der junge Arzt sitzt seiner übermütigen Gefährtin still gegenüber und wendet kein Auge von ihr. Zuweilen spielt bei ihren heiteren Bemerkungen ein Lächeln um seine Lippen. Zuweilen macht er kurze, halblaute Entgegnungen, meistens aber spricht sie allein, in Worten, Augen, Lächeln eine überschäumende Daseinsfreude kundgebend.

Und mit welch innigem Behagen beißen die gesunden weißen Zähne in das Brot!

Bruder und Schwester? – Mann und Frau? – denken die Zuhörer. Beides will auf das schöne Paar nicht recht passen. Indessen sind sie wie in einem Bann: Sie reden kein Wort, sondern lauschen verstohlen und schauen, bis sie sich dieser allzu passiven Rolle bewußt werden. Zwei der Freunde wechseln einen Blick leichter Verlegenheit. Sogleich steht es bei ihnen fest, nun ihrerseits die Aufmerksamkeit der schönen Bergsteigerin zu erregen. Ohne Worte einverstanden, beginnen sie eine Unterhaltung, durch die sie sich interessant zu machen wünschen.

Helga horcht auch wirklich auf und verstummt. Das Kinn auf die Hand stützend, blickt sie zu den Sprechenden hinüber. Ihre blauen Augen werden dunkel, nehmen einen konzentrierten Blick an.

»Weißt du«, sagt der eine, der einen Kneifer trägt, »du

kommst mir vor wie ein fotografischer Apparat! Man stellt dich irgendwo auf ...«

»Wer stellt auf?« unterbricht der andere.

»Das Geschick. Es stellt dich irgendwo hin – da fängst du ein Bild deiner Umgebung auf. Nicht bewußt und gewollt – nein bewahre! Rein passiv, wie so ein Apparat. Aber die Platte, verstehst du, ist nicht neutral. Die hat bereits ein Weltbild von ganz individueller Prägung eingeätzt. Mit diesem fließt die Momentaufnahme zusammen und ergibt etwas, das weniger ist als eine Fotografie und mehr.«

»Und das den so Porträtierten gewöhnlich zu schwerem Ärger gereicht«, bemerkt der andere lächelnd.

»Und dann heißt's:

›Nun muß ich wieder wandern:
Wie–der wandern! –‹

Er hat die süße Schubertsche Melodie zu diesen Schlußworten halblaut gesungen, und das bißchen Singen verrät ihn als musikalisch.

Dann fährt er mit etwas gemachter Sentimentalität fort: »'s ist halt doch ein trauriges Handwerk, das Dichten in unseren Tagen! Man liebt seine Modelle erst mit heißem Verlangen, dann, wenn sie verarbeitet, mit Dankbarkeit, und sie erwidern es mit Haß, mit Abscheu!«

»Dank doch deinem Schöpfer, Max, daß die Liebe auf deiner Seite ist! Das wahre Unglück sind die zu scharfen Augen.«

»Warum?«

»Warum?! – Ha, ha! Der Mensch fragt noch warum! Der Herr erhalte dir dein kindliches Gemüt. Was weißt du von dem Elend dessen, der nicht mehr durch die Brille der Illusion sieht, nichts Dunkles, Geheimnisvolles und darum Fesselndes, des Menschen, der für alles sogleich die Formel findet, der mit Systemen operiert und Rubriken und Schlagworten? Das Lebendige erstarrt unter den Händen zur toten Form! Man flieht, von dem Geist der Nüchternheit gehetzt, von einem Ort zum anderen, und was man sieht, ist immer wieder Abgedroschenes – eine übelmachende, grauenhafte Leere! – Ein Königreich für eine Emotion!«

»Was willst du, Hugo?« bemerkt der schweigsame Dritte mit einem feinen Lächeln. »Du sprichst eigentlich erregt genug.«

Jener stürzt, ärgerlich und etwas beschämt über die eigene Heftigkeit, ein Wasserglas voll Wein hinunter. Dann nimmt er eine Zigarette aus dem Etui und summt, ohne sie anzuzünden, einen Gassenhauer vor sich hin:

›Wir sind fin de siècle,
wird sind rechte Ekel,
Wer die Sonne will, der ist verrückt!‹

Der schweigsame Dritte hörte mit gesenktem Kopf die Auslassungen der Freunde an. Ihre lärmende Lebendigkeit, die er eigentlich liebt, und ihre Ungeniertheit, um die er sie oft beneidet, berühren ihn heute peinlich. Der stille Begleiter jener blonden Frau erscheint ihm als der Vornehmere, und das verletzt seine Eitelkeit.

»Es ist Anmaßung«, denkt er, »wildfremde Menschen, die der Zufall in einem Raum mit uns vereint, zum Anhören unserer Radotagen* zu zwingen. Und Torheit ist's obendrein. Sind die unfreiwilligen Hörer untergeordnete Naturen, so kann uns der Anteil, den sie an unseren Gesprächen nehmen, nicht interessieren; sind sie dagegen eine feine Marke, so müssen wir uns durch solche Vorführungen in ihren Augen herabsetzen.«

Er blickte auf. Ein großer, eigentümlicher Augenaufschlag, die schweren, mit langen, seidigen Wimpern befranzten Lider heben sich langsam, wie unter einem Druck, und enthüllen tiefe, dunkle, kummervolle Augen, Augen, die verträumt und verschwiegen aussehen und rührend, Augen, die um Schonung zu bitten scheinen.

So blickt er einmal kurz und scheu nach Helga und ihrem Herrn hinüber.

* franz. radotage: albernes Geschwätz

Der Doktor steht an der holzverkleideten Wand und sieht sich die das Sims schmückenden bunten Teller und Krüge an.

Helga sitzt noch lauschend, das Kinn in die Hand gestützt. Ihr Blick begegnet dem des Schweigsamen. Ihre Augen weiten sich, ihre Lippen öffnen sich ein wenig, über ihr Gesicht geht ein Ausdruck freudiger Betroffenheit und der Erwartung.

»Eugen!«

»Ja?«

»Gib mir das Fremdenbuch, das dort liegt.«

»Hier.«

»Nun auch Tinte und Feder.« –

Sie hat beobachtet, wie die jungen Deutschen gleich nach ihrem Eintritt in das Buch geschrieben haben. Neugierig blättert sie auf und liest als letzte der Eingetragenen:

Dr. Hugo Lengner, Literat, Wien.
Max Winowsky, Poet, Prag.
Dr. Siegfried Rosenfeld, Breslau.

Siegfried Rosenfeld? – Sie wirft einen scharfen Blick auf die drei, besonders auf den Schweigsamen mit den seelenvollen Augen.

»Doch, ja. Er ist es schon. Er ist Jude – die anderen beiden wohl nicht.«

Dann schreibt sie mit großen klaren Buchstaben darunter:

»Helga v. S., Egoistin, Stockholm.
Eugen Hansen, Dr. med., Schleswig.«

Am Nachbartisch ist man verstummt. Alle schauen gespannt nach der Schreibenden.

Die Zipserin trägt drei Teller dampfender Suppe auf.

»Sieh mal, Suppe!« sagt Helga. »Die wollen wir uns auch geben lassen.«

»Verzeihen Sie«, sagt der mit der Lorgnette rasch, »Suppe gibt es nicht hier. Wir haben selbst Knorrsche Tafeln im Rucksack. Mit dem größten Vergnügen werden wir uns erlauben ...«

So ist zu allseitiger Befriedigung Bekanntschaft gemacht.

Man erkundigt sich nach dem Woher und Wohin.

»Wir wollen noch auf die kleine Bisoka«, sagt der Poet, »und auf dem Heimweg hier nächtigen. Sie kommen wohl schon zurück?«

»Ja.«

»Gehen Sie noch bis Schmecks?«

»Nein, wir haben in Szeplak unser Hauptquartier.«

»Hinab kommen Sie in fünf Viertelstunden.«

»Ist der Blick vom polnischen Kamm eigentlich der Mühe wert?« erkundigt sich Lengner.

»Herrlich ist er!« ruft Helga. »Eine wahre Wildnis von Bergen und Seen und öden Schluchten liegt da auf der polnischen Seite unter einem. Tief, tief das Bialkatal und das andere . . .«

»Poduplaski«, hilft Eugen ein.

»Ja; und südwärts sieht man über die ganze Zipser Ebene bis zur Niederen Tatra und den Beskiden hin. Der Kamm ist nur zwei Meter breit. Man schwebt wie ein Gott über die Tiefen!«

»Gnädige Frau sind eine ausgezeichnete Bergsteigerin«, sagt Lengner; »wir haben Sie vorhin bewundert, wie Sie von droben kamen. Wie auf Flügeln ging's.«

»Sie nahmen sich dafür aus wie mühsam krabbelnde Insekten«, lacht Helga.

»So schauen die Hinanklimmenden allemal aus für die, die den Gipfel schon erreicht haben«, entgegnet Lengner.

»Du, es wird aber Zeit für uns«, mahnt Winowsky.

Er und Lengner hängen die Rucksäcke um, setzen die Lodenhüte auf und greifen nach den Bergstöcken. Doch eh' sie gehen, werfen sie noch einen Blick ins Fremdenbuch, das Eugen auf seinen Platz zurückgetragen hat.

Helga achtet nicht darauf. Ein anderer Umstand beschäftigt sie. Sie hat bemerkt, daß der kleine Jude weder Rucksack noch Bergstock mit sich führt.

Also wird er nicht mit auf die Bisoka klettern! – Eine Gesellschaft Ungarn, junge, feurig aussehende Männer und bildhübsche Mädchen in feschen Touristenkostümen sind eben eingetreten und füllen den Raum mit lärmender Fröhlichkeit.

Die drei Deutschen ziehen die Hüte höflich gegen Helga und gehen hinaus.

»Wir könnten uns auch auf den Weg machen«, meint Eugen.

»Bist du ausgeruht?«

»Ich war überhaupt nicht müde.«

»Also gehen wir?«

Sie machte eine leicht wehrende Handbewegung.

Er sieht sie fragend an. »Nicht?«

»Ich will noch den Kleinen erwarten.«

»Wen?!«

»Den kleinen Juden. Er begleitet die anderen nur ein Stück Wegs.«

»Woher weißt du denn das?«

»Ich weiß es«, sagte sie nur, wie ein Kind.

»Und warum müssen wir auf den jungen Mann warten?« fragt er etwas spöttisch.

»Weil ich mehr von ihm sehen will. Er gefällt mir, und ich will ihn kennenlernen.«

Seine Stirn furcht sich, sein linker Mundwinkel zieht sich in mißvergnügte Falten. Mit dem Ausdruck erbitterter Geringschätzung sagt er: »Diesen Judenjungen! Wahrhaftig, ich hätte dir einen besseren Geschmack zugetraut.«

Sie fährt vom Stuhl auf und stellt sich mit blitzenden Augen vor ihn hin.

»Was für ein Tor bist du, Eugen! Wirklich, Eugen, deine Dummheit macht mich ungeduldig! Du verlangst und erwartest, daß ich deine Gesellschaft jeder anderen vorziehe, und dann sagst du Dinge, von denen du weißt, daß sie mir zuwider sind. Ist denn das gesunder Menschenverstand? Ich habe das gern an dir, daß du gut und lieb mit mir bist. Wenn du mehr willst, so mußt du doch vor allen Dingen dich so benehmen, wie mir's gefällt.«

Er sieht mit finsterem Gesicht zu Boden. In diesem Augenblick ist es ihm nicht möglich, seine Verstimmtheit zu bemeistern. Und er weiß dabei, daß er sich in ihren Augen schadet, daß sie gewiß die nächste Gelegenheit ergreift, um ihn loszuwerden ...

Es ist ja leider so, wie sie es sagt! Was sie an ihn fesselt, ist nur seine Sanftmut, sein Eingehen auf ihre Wünsche, seine stete Bereitheit. Bequem ist er ihr in seiner grenzenlosen Ergebenheit, bequem! – Sonst nichts. Sowie er aber anfinge, ihr unbequem zu werden ...

O Gott im Himmel, wie entwürdigend ist diese Sklaverei! Wie hassenswert erscheint ihm zuweilen ihre »Vampirnatur«, die anderen das Herzblut gierig aussaugt, um daraus Kraft zu überquellendem Frohsinn zu ziehen, ohne an dem Verbluten des Ausgesogenen zu leiden!

Er malt sie sich selbst in den schwärzesten Farben – und liebt sie doch.

»Du bist ein Ungeheuer«, sagt er mit aschfahlem Gesicht.

Sie sieht ihn an, und er dauert sie.

»Ja, ich bin ein Scheusal«, gibt sie sanftmütig zu, »aber sieh mal, ich kann doch nichts dafür. Und du brauchst mich ja auch nicht gern zu haben.«

Dabei sieht sie ihn an wie ein liebes Kind, betrübt und schmeichelnd.

Ein solcher Blick entwaffnet ihn immer.

Sie treten auf die über Moränenschutt gebaute Veranda hinaus. Ein schneekalter Wind weht die Schlucht herab. Die Sonne hat sich hinter den durchfurchten Steilhängen der Gerlsdorfer Spitze verkrochen, das Hochtal des Felker Sees liegt in kaltem Schatten. Klare, leichte, köstliche Höhenluft umfängt sie.

Helga achtet nicht mehr auf Luft und Landschaft. Sie schaut eifrig nach dem kleinen Juden aus, der sich, wie sie vorausgesehen, von den Gefährten getrennt hat, um allein nach dem Rasthaus zurückzuwandern.

Der Fußweg schlängelt sich, wenig erkennbar, durch die weite Wildnis von Moränenschutt. Zum Teil sind die Felsblöcke mit krüppeligem Knieholz überwachsen und verdeckt.

Der Weg umgeht die Felssteine hier in weitem Bogen und erreicht so das Rasthaus auf einem beträchtlichen Umweg.

Der junge Mann läßt sich durch das Grün der niederen Latschen verführen, den Weg abzuschneiden.

Eh' er sich's versieht, steckt er zwischen knorrigem Knieholz und boshaft lauernden Spalten und Löchern – tastet, rutscht, klettert und kommt nicht vorwärts.

Vom Rasthause aus sieht man seine mühseligen Versuche.

»Wenn er wenigstens einen Bergstock hätte!« meint Eugen teilnahmsvoll.

Helga lacht ihr kinderfrohes mutwilliges Lachen.

Eugen begreift nicht, wie man zugleich für einen Menschen sich interessieren kann und ihn auslachen, wenn er in die Klemme gerät. Er meint, weil sie ihn so fröhlich auslacht, könne ihre Teilnahme an ihm keine tiefere sein, eine Erwägung, die sein Herz wesentlich erleichtert.

Plötzlich jedoch springt sie die Holztreppe hinunter und klettert selbst in die Stein-Wirrnis hinein, dem Verstiegenen entgegen.

»Welcher Unsinn!« ruft Eugen ärgerlich hinter ihr her. »Was nützest du dem Herrn damit, wenn du dir auch den Fuß verstauchst!«

Allein sie pflegt unbeirrt ihren Impulsen zu folgen.

Der Lodenhut ist ihr in den Nacken gerutscht. Schon glühen ihre Wangen von der Anstrengung, sich durch das Labyrinth von Ästen und Spalten einen Weg zu erzwingen.

Gleichzeitig mit ihr hat sich der Knecht aus dem Rasthause auf den Weg gemacht, um dem Verstiegenen zu helfen. Ihm, der jeden Stein des Felker Tales kennt, ist es nicht schwer, sich durchzufinden.

Schon hat er Rosenfeld erreicht. Nun ruft er ihm zu: Hierhin treten! Jetzt den Fuß dahin! Mit starken Armen biegt er Knieholzäste auseinander, um eine Gasse zu schaffen.

Vertrauend folgt ihm der zarte Städter. Aber neben der Bewunderung für des Gebirgsbauern sichere Kraft erfaßt ihn Beschämung und Neid. Er neidet dem Knechte die ungebrochene Männlichkeit. »Wenn ich jene Frau wäre«, denkt er, »ich wüßte, wer mir jetzt gefiele. Und sie wird wohl unwillkürlich Vergleiche machen!«

Jetzt erreichten sie Helga. Auf den Felstrümmern turnend, beginnen sie sich zu unterhalten.

Siegfried Rosenfeld hält den Hut in der Hand und wischt sich mit seidenem Taschentuch den Schweiß von der Stirn. Seine Bewegungen sind unsicher und etwas schwerfällig. Das Gesicht mit der zarten Haut und den feinen, scharfen Zügen trägt den Ausdruck peinlicher Befangenheit. Er ist eitel und fast krankhaft empfindlich. Das Bewußtsein, vor dem schönen Frauenzimmer eine klägliche Figur zu machen, quält ihn. Sie vielleicht straucheln zu sehen, ohne sogleich imstande zu sein, sie zu stützen, zu halten, mit der spielenden Sicherheit jenes Knechtes zu geleiten – das ist ein kränkender, verhaßter Gedanke!

Einen Moment schließt er die Augen und träumt seinen Lieblingstraum: sieht sich als nordischen Recken in glücklicher Blindheit daherstürmend, absolut furchtlos und darum unüberwindlich!

Ach! Ein einziges Mal sich einen Helden fühlen und dann sterben! –

Aber das bleibt ewig nur ein Traum. Im Wachen ist er ein kleiner, hochschultriger, kränklicher Jude, ein Zeitungsschreiber und Zeitungsleser, der sich besser in Papier und Druckerschwärze zurechtfindet, als in der Natur, und in dem nur eine Fähigkeit ins Ungeheure entwickelt ist: die Fähigkeit, zu leiden!

Das geht ihm im Flug durch den Kopf.

Helga bemerkt das Zucken um seine Lippen, den Zug von Seelenpein um die Augen und auf der prächtig ausgebildeten Stirn. Das besticht sie. Das reizt sie.

Von der Felswand her aus beträchtlicher Höhe ertönt auf einmal ein gellendes Pfeifen.

Die Hirten vor der Hunfalvy-Hütte richten sich aus ihrer liegenden Stellung auf, um zur Höhe zu schauen. Der weiße Hund spitzt die Ohren.

»Was was das?« ruft Helga.

»Das Murmeltier«, sagt der Knecht. »Dort oben hat es seine Höhle. Dort! Schauen Sie!«

Helga und Siegfried blicken aufmerksam nach der Granatenwand.

»Sehen Sie etwas?«

»Höhlen, ja. Sonst nichts.«

»Ich auch nicht. Es ist zu hoch.«

Der Knecht sieht mit dem auf die Ferne geübten Blick, was den schwachen Städter-Augen längst nicht mehr erkennbar ist.

»Dort, dort sitzt es überall herum!« zeigt er eifrig, auf den Felstrümmern niederhockend, um besser in die Höhe schauen zu können. »Sehen Sie nicht? Es hat dort seine Jungen.«

Lachend setzen Helga und Siegfried ihren Weg fort. Sehr vergnügt langen sie endlich am Rasthause an.

Ein seltsames Paar: das Mädchen überragt den Mann fast um Kopfeslänge. Sie atmet Kraft und gesunde Fülle. Bei ihm ist alles schmal und zart bis auf den breiten, nicht geraden Rücken. Sie ist hoch und schlank wie eine Göttin, bei ihm steckt der Hals in den Schultern, und die Beine sind im Verhältnis zum Oberkörper zu kurz und zu schwach.

Eugen, der sie ankommen sieht, konstatiert dieses Mißverhältnis mit ingrimmiger Genugtuung.

Aber Helga scheint sich um diese Äußerlichkeit nicht im mindesten zu kümmern. Sie hat rasch Namensbekanntschaft mit dem kleinen Juden gemacht und stellt nun die Herren einander vor.

Dr. Rosenfeld geht auf ihren Vorschlag ein, gleich mit hinunter nach Szeplak zu kommen und den Freunden hier Nachricht zurückzulassen.

So wandern sie in belebtester Unterhaltung zu dreien talwärts.

Spätabends sitzt die ganze Gesellschaft in dem hell erleuchteten Restaurationssaal von Szeplak.

Die Bisokabesteiger sind soeben zurückgekommen, haben sich, wie sie gingen und standen, in Lodenjoppen, Kniehosen und Nagelschuhen zu Tisch gesetzt und die Bergstöcke an die Wand gestellt.

»Du hast also hier für uns Quartier gemacht, Siegfried?«

»Ja. Es ist ein prächtiger Platz hier und hübsche saubere Zimmer und die Preise mäßiger als in Schmecks.«

»Und die schöne Helga«, setzt Hugo Lengner in Gedanken hinzu.

Siegfried hat heute abend mit besonderer Sorgfalt Toilette gemacht, was die Freunde wohl bemerken, aber sie haben den Kleinen zu lieb, um ihn damit zu necken.

Siegfried Rosenfeld gehört zu den Menschen, die so leicht verwundbar sind, daß man sie unwillkürlich mit großer Schonung behandelt.

Helga trägt jetzt zu ihrem Touristenrock* eine Bluse von großblumiger Liberty-Silk mit weiten, flatternden Ärmeln, welche die weißen, festen und schlanken Arme bis zum Ellbogen frei lassen. Die Handgelenke sind fein, die Hände schmal und geistig.

Helga hat nichts von der halb instinktmäßigen weiblichen Koketterie, die darauf gerichtet ist, durch Äußerlichkeiten Männer anzuziehen und zu fesseln und ihre Sinne zu verwirren. Sie ist zu sehr Nordländerin: ehrlich, einfach und vorwiegend mit Ideen beschäftigt.

* Ende des 19. Jahrhunderts für die Frau populär werdende Wanderkleidung: knapp wadenbedeckender Rock aus festem Wollstoff (Stadtmode: knöchellang)

Aber ihre klaren Augen bemerken alles, und sie genießt mit Bewußtsein alle die kleinen versteckten und oft ungewollten Huldigungen, die ihr von ihrer Macht über Männerherzen beredtes Zeugnis ablegen.

Dagegen würde sie jedem ins Gesicht lachen, der ihr mit gewöhnlichen Artigkeiten kommen wollte. »Sie ist wie das Meer«, schreibt Eugen Hansen in sein Tagebuch – als unglücklich Liebender führt er ein solches – »einfach und unbewußt grausam, still und stürmisch, durchsichtig und geheimnisvoll, launenhaft und doch sich selber treu – ein schönes, anbetungswürdiges Ungeheuer, das diejenigen verschlingt, die sich ihm in Liebe zu eigen geben«, so schreibt er in seiner Kammer; aber er hütet sich, solche Wissenschaft den anderen mitzuteilen. Mögen sie doch ihre Lektion für sich selber lernen! –

»Es ist so etwas Seltsames«, sagt Hugo Lenger an diesem Abende zu Helga, »mit Ihnen spricht man gar nicht wie mit Frauen, sondern ganz ungezwungen, wie unter Kameraden. Es würde doch keinem einfallen, Ihnen auf konventionelle Art den Hof zu machen.«

»Und ich bin doch so furchtbar weiblich«, sagt Helga mit ihrem heitersten Kinderlächeln, »so bis in die Fingerspitzen Weib!« Die jungen Leute schauen sie an, wie sie sich wohlig dehnt, einem zufriedenen Kätzchen gleich, die weißen Arme und Hände von sich abstreckend, den Kopf mit dem losen blonden Scheitelhaar etwas zurückgeworfen, alles gerundet, weich, lebensstrotzend und anmutig ...

Jawohl, ganz Weib! –

»Das ist ja eben das Rätsel«, ruft Hugo lebhaft aus. »Ich kann aus Ihnen nicht klug werden.«

Sie sieht ihn mit plötzlichem Ernst an.

»Es gibt nichts Einfacheres. Unter sechs Brüdern bin ich die einzige Schwester, und wir wuchsen in weltabgeschiedener Landeinsamkeit auf. Mit Freunden der Brüder kam ich wohl in Verkehr, wie z. B. mit Eugen, aber nie mit Mädchen. Ich war gewöhnlich das einzige Mädchen unter vielen

Männern, die mich verwöhnten. Aber ich trieb, was die Jungen trieben, und lernte, was sie lernten. Die Hauslehrer unterrichteten mich mit den Brüdern. Später nahm ich auch an den Universitätsstudien meines Lieblingsbruders teil. Darum fühlte ich Männer immer als meinesgleichen, das heißt: Ich kenne mich so gut aus mit ihnen. Frauen kenne ich fast gar nicht und bin im Verkehr mit ihnen schrecklich unsicher.«

»Können Sie *auch* unsicher sein?« fragt Siegfried.

»Wo ich nicht klar sehe, ja«, antwortet sie.

»Das kann ich mir schwer vorstellen.«

Ein paar Sekunden schauen sie einander in die Augen, er mit scheuer Bewunderung, sie mit einem Ausdruck verhaltenen Entzückens.

Er ist es, der zuerst den Blick senkt.

Sie lehnt sich in den Stuhl zurück, die Arme nach hinten um die Lehne schlingend, daß die Finger beider Hände einander berühren.

»Man ist immer unsicher, wo man sich nicht auskennt«, bemerkt sie in weichem Ton.

Eugens Brauen zucken. Diese gleichsam liebkosende Modulation ihrer Stimme mag er nicht hören, wenn sie einem anderen gilt.

Siegfried schaut wieder auf. »Es gibt Menschen, die sich nirgends und nie auskennen.«

»Die Fremdlinge auf Erden«, sagt sie mit derselben weichen Stimme.

»Die verträumten Schwärmer«, meint Hugo. »Aber solche Käuze gibt's ja heut gar nimmer. Kommt doch mal einer vor, so ist's halt ein Druckfehler.«

»Druckfehler soll man ausmerzen«, sagt Siegfried. »Sie haben keine Existenzberechtigung.«

»Aber so sei doch nur nicht gleich so roh!« ruft Hugo in seiner gemütlichen Wiener Tonart.

Als Siegfried am nächsten Morgen sein Fenster öffnet, sieht

er Helga auf der Gartenterrasse unter dem Logierhaus wandeln.

Wie herrlich sie in die Umrahmung dieses klaren, kühlen Hochgebirgsmorgens paßt. Dunkle Tannen den Berghang hinauf und den Berghang hinab und zu beiden Seiten. Dort biegt die Fahrstraße in den Wald, die nach dem Modebad Schmecks führt. Auf der Lichtung stehen die hübschen kleinen Logierhäuser von Szeplak und das stattliche Restaurationshaus. Ein Bergwässerchen eilt glucksend und murmelnd dicht unter Siegfrieds Kammer über das Gestein, und ganz nahe plätschert ein fließender Brunnen.

Das Land in der Tiefe liegt noch in weißen Morgennebeln, aus denen nur Bergspitzen der Niederen Tatra ragen.

Helga trägt ein dunkelblaues Leinwandkleid mit russischer Stickerei und auf dem Kopfe einen groben, breitkrempigen Strohhut. Sie hat die Hand voll Waldhimbeeren, die sie ißt. Ihr schlendernder Gang, ihre unbekümmerten sonnigen Augen, alles drückt köstliches Behagen aus.

»Welch ein Maß von Genußfähigkeit!« denkt Siegfried neiderfüllt.

Sie blickt auf, sieht ihn und nickt ihm zu.

Er eilt die Stiege herunter und gesellt sich zu ihr. Sein Gesicht strahlt.

Ihr Kleidersaum ist naß vom Tau.

Sie hält ihm die Himbeeeren hin.

»Selbst gesammelt?«

Sie nickt. »Dort in der Schonung nach Hoch-Hagi zu. Tausende reifen dort. Auch Erdbeeren findet man noch, aber die muß man ein bißchen suchen. Schmecken Sie nur! Süßere Beeren aßen Sie nie! Das kommt, weil die Sonne den ganzen Tag auf diese Steilhänge prallt. Sie durchglüht alles!«

»Aber man gerät beim Verlassen des Weges so leicht in die Sümpfe dieser tausend unregulierten Quellen«, meint er, an ihr herabschauend.

Dabei bemerkt er, daß ihre wunderschönen schmalen Füße nackt sind, eine Entdeckung, die ihn überrascht und verwirrt.

Sie folgt seinem Blick und streckt lustig den rechten Fuß vor, den Rock etwas aufhebend.

»Ich bin im Bach gewatet.«

»Sind Sie Kneippianerin?«

»Soweit es mir paßt.«

»Sie tun wohl eigentlich alles, nur soweit es Ihnen paßt?«

»Ganz gewiß!«

»Ein wirkliches Freifräulein!« neckt er schüchtern.

»Das ist auch sehr wichtig«, sagt sie ernst; dann wieder in ihrem fröhlichen Kinderton: »Soll ich Ihnen sagen, was mein Vater mir gern vorsingt, wenn ich von Frauen-Emanzipation spreche? Er singt:

›Dann fahre wohl, Landfriede!
Dann Ordnung, gute Nacht!
Dann ist's das freie Fräulein,
Das alle Welt verlacht.‹

Ich sage ihm dann: Wir müssen doch auch 'mal an die Reihe kommen.«

»Sie sind natürlich für radikale Emanzipation?«

»Soweit ich selbst in Frage komme, ja, das heißt praktisch. In der Theorie, nein. Wäre ich ein Mann, so würde ich eifrigst bestrebt sein, die Frauen in ihrer Abhängigkeit und Unwissenheit zu erhalten. Denn ich würde das Mannesglück des Verantwortlichseins und Herrschens und Bildens nicht hergeben wollen. Ich würde mir ein Weib-Kind aussuchen, ein junges, weiches, gläubiges, dem ich alles sein müßte: Vater, Lehrer, Herrscher und Geliebter. Und ich würde sie mir umschaffen nach meinem Sinne. Sie müßte mein Eigentum sein und mein Werk! Mein Geschöpf! Das denk' ich mir *herrlich*!« –

»Auch für das Weib herrlich?« fragt er leise.

»Aber doch natürlich erst recht!«

Sie jauchzt es hinaus mit träumenden glücklichen Augen.

Siegfried bückt den Kopf. Er ist ganz bleich geworden.

»Wie sie sich sehnt, einen Gewaltigeren über sich zu fühlen, diese Brunhild!« denkt er; »und ich – o Gott ja! – ich möchte sie zwingen können, als ihr Siegfried.«

Ein bitteres Lächeln der Selbstverhöhnung zuckt um seinen Mund.

»Daß meine Eltern mich Siegfried nennen mußten – das kann ich ihnen nimmermehr verzeihn!« –

»Der Anbeter ist immer glücklicher als der Angebetete«, fährt sie fort, »der Mensch, der Gläubige, ist glücklicher, als sein Gott. Sich vom Größeren geliebt wissen und ihm in unbegrenzter Verehrung ergeben sein, das ist das Allerschönste auf der Welt. Die Frauen besaßen dies Schönste, solang sie die Männer als wirklich Überlegene empfanden. Das wird immer seltener – wird vielleicht bald ganz unmöglich sein. Die Entwicklung der Frau als Mensch ist eine Notwendigkeit, aber ein Glück ist sie nicht.«

Da er nichts entgegnet, sieht sie ihn von der Seite an. Er geht gesenkten Hauptes mit etwas unsicherem Schritt und schlechter Haltung neben ihr her. Die Sonne bescheint sein lockiges, braunes Haar, daß es goldig erschimmert. Seine Stirn ist blendend weiß, die Nase hoch und von edlem Schnitt, der Mund überaus fein, Wangen und Kinn von mädchenhafter Zartheit. Helga meint, niemals ein schöneres Gesicht gesehen zu haben. Aber das Anziehende ist nicht die Regelmäßigkeit der Züge, sondern das stark Vergeistigte, das Verhaltene, Gequälte, Scheue, das über die Maßen Sensitive! –

Wenn man spricht, lauscht er mit jedem Nerv; wenn ihn etwas freut, hat er den großen, dankbaren Aufblick, und dann kommt etwas so Warmes, Dunkles aus der Tiefe seiner Augen. Häufiger freilich scheint ihn, was er hört, zu peinigen, und dann zuckt er wie eine von rauhem Griff berührte Mimose.

»Warte nur!« denkt Helga, während sie ihn verstohlen anschaut, »du sollst mich lieben, du Zarter, Feiner! Und wie vieles werde ich dich begreifen lehren.« Laut bemerkt sie, daß es auf den Bergen geschneit habe in der Nacht.

Er blickt auf.

Wo sie jetzt gehen, kommen über den Tannen die Bergkolosse zum Vorschein: die Schlagendorfer, die Gelsdorfer, die Eistaler Spitze.

Gestern starrten sie als schwarze Felsen, heut leuchten sie in blendend weißem Schneegewand. Die wundervolle weiße Reine hebt sich scharf ab vom tiefen Himmelsblau.

»Oh! – oh!« – stammelt Siegfried. Seine Hand streckt sich unwillkürlich nach den Gipfeln aus, er steht in stumme Bewunderung versunken.

Jetzt ist er der stärker Genießende.

Sie bemerkt seine Benommenheit mit Interesse.

»So sagen Sie doch etwas, Herr Doktor.«

Er schüttelt abwehrend den Kopf. »Es ist über jeden Ausdruck ... läßt sich eben nur fühlen ...«

»Unsere guten Riesen haben reine weiße Schlafmützen über die Ohren gezogen«, sagt sie. »Und sie sind so kleidsam, daß die wilden Gesellen sie auch am Tage nicht ablegen mögen. Sie protzen damit.«

Er schweigt. Was ihm bei dem majestätischen Anblick der schneeigen Felsenwipfel dunkel und mächtig die Seele bewegt, ist so weltenfern von ihrem kindlichen Einfall, daß er in diesem Moment keine Brücke findet von ihm zu ihr.

Über ihr Gesicht huschen Denkschatten.

»Statt daß die Ferne wie sonst verwischt«, sagt sie, »steht sie uns hier in so scharfen Linien und Farben vor Augen, daß man jedes Zäckchen am Grat erkennt, und daß die Kontraste überraschend wirken. Nichts Dunstiges, Verschwommenes, Abgetöntes! Die himmelhohe Ferne sieht aus wie nahe Nähe. Ich glaube in dieser täuschenden Nähe, diesem Leuchten des Fernen ist das Herzerfreuende des Anblicks begründet.«

Ihr verstandesmäßiges Zergliedern von etwas, das einfach

genossen werden will, berührt ihn unangenehm. Ihr aber ist es Bedürfnis, dem was sich ahnungsvoll als Gefühl meldet, nachzuspüren, es in scharf umgrenztes Denken zu verdichten und sich seiner in Worten zu entäußern.

Er verschließt sich ihren Kommentaren und steht immer noch in sich versunken da. Seine Augen werden feucht, und leise murmelt er vor sich hin:

»O habe die Sonne nicht zu lieb und nicht die Sterne!«

Sie lächelt verwundert.

»Wie Sie das packt! Auch ich liebe die Natur und genieße sie mit Wonne; aber erschüttern kann sie mich nicht.«

Etwas verlegen wendet er sich ihr zu. »Sie sind eben stark, und ich bin schwach«, sagt er. »Lebhafte Eindrücke überwältigen mich leicht. Ein Zuviel an Entzücken kann ich schwer ertragen. So etwas erschüttert mich wie ein feierliches Erlebnis – ja, es ist ein Erlebnis.«

»Solange wir erleben, leben wir«, sagt Helga ernst und sanft, »aber dazu genügt mir die Natur doch nicht. Ich brauche Menschen.«

»Aber die Menschen sind etwas so Beklagenswertes und Fürchterliches«, entgegnet Siegfried; »wem erst einmal die Augen geöffnet wurden für den erbarmungslosen Kampf aller gegen alle, den muß Grauen erfassen, und er wird wünschen, lieber gar nichts mehr zu sehen.«

»Das sind kranke Nerven«, sagt Helga; »machen Sie es, wie ich, und laufen Sie recht viel barfuß, besonders im nassen Gras oder Wasser. Das schafft nicht nur der Fußsohle eine Hornhaut, sondern auch der Seele, und so eine Hornhaut tut uns sehr not.«

Sie sind an einem Wässerchen angelangt, das hier in gegrabenem Bette plätschert. Wo es bei einer Terrainsenkung einen kleinen Wassersturz macht, haben Kinder eine kleine Mühle angebracht, die, vom Wasser getrieben, lustig klappert.

Helga hebt den Saum ihres Gewandes hoch und stellt

erst den einen, dann auch den anderen Fuß in das Wässerchen. Die schmalen Füße leuchten unter dem Wasser wie Silber.

»Köstlich!« ruft sie, tief aufatmend, und watet im Wasser weiter. Siegfried sieht sich unwillkürlich um. Ihre Ungeniertheit macht ihn verlegen. Sie fragt auch nicht einen Moment danach, wer sie etwa sieht, und was man dazu sagt! denkt er.

Sagen tut er nur: »Ist das Wasser nicht sehr kalt?«

»Je kälter, desto schöner!«

Ein Knie beugend, taucht er die Finger in den Wasserfall.

»Hu! Das ist ja wie Eis!«

Wie sie hart ist! Nein, diese Robustheit hat beinahe etwas Beleidigendes! Wie elend verweichlicht kommt er, der am Schreibtisch und in römischen Bädern existierende Großstädter, sich neben ihr vor!

Sie hat wirklich etwas Beleidigendes in ihrer lachenden Überlegenheit!

Aber dabei – welch einen Zauber! Ihre freie Selbstherrlichkeit berauscht ihn förmlich. –

Sie gehen über den Clotildenweg nach dem Restaurationsgebäude, in dem nach des Landes Brauch alle Mahlzeiten eingenommen werden, auch der Morgenkaffee.

Vom Badehaus her über die Wiese kommt Eugen.

»Guten Morgen!«

»Sie baden warm?«

»Knieholzbäder.«

»Dies heiße Zeug erschlafft«, sagt Helga.

»Nicht, wenn die kalte Dusche abschließt«, widerspricht der Arzt. »Übrigens habe auch ich schon einen Spaziergang gemacht.«

Er zeigt eine Hand voll junger Steinpilze.

»Jetzt noch Steinpilze?« ruft Helga entzückt. »Da mußt du heute noch mehr finden, damit wir ein Gericht zusammenbekommen.«

»Hilf du doch suchen!«

»Ich? Nein. Ich will heut' einmal ganz faul sein. Nur ausruhen.«

Siegfried wirft eine raschen Blick auf den ergeben neben Helga einherschreitenden Eugen.

»Hat der wohl noch ein Eigenleben?« geht's ihm durch den Kopf. »Nein! Er ist aufgesogen, völlig in ihr untergegangen. Nur davor behüte mich der Himmel! So das Fußgestell eines großen Weibes zu sein? Nein! Lieber sterben!«

Helga liegt unter den alten Tannen nahe am Logierhaus und schaut zwischen den Stämmen durch nach dem etwas tiefer den Wald durchschneidenden Clotildenweg.

In der Nähe hört man das Geläute einer einzelnen Kuhglocke.

»Die Scheckige!« sagt Helga vergnügt.

»Wie?« fragt Lengner, »Sie kennen schon die Kühe einzeln?«

»Ja, diese eine kenne ich«, antwortet sie mit dem treuherzigen Kinderausdruck, den sie annimmt, wenn sie sich recht behaglich fühlt.

»Am Klange der Glocke?«

»Nein, am Klange nicht; aber weil sie einsam klingt. Die Scheckige geht nämlich immer ihre eigenen Wege. Listig entfernt sie sich von der Herde, weil sie eine Passion für den zarten Rasen der Kuranlage hat. Oft läuft ihr der Hirt nach und treibt sie mit Geschrei und Peitschenknallen zur Herde zurück; aber sie kommt immer wieder. Das ist noch ein Charakter.«

Lengner lacht. »Sie sagen das gerade, als ob Sie uns diese naschhafte Kuh als Vorbild hinstellen wollten!«

»Nun? Könne sich nicht mancher freuen, wenn er sich so durchzusetzen verstände?«

Max Winowsky sitzt ein paar Schritte entfernt auf einer Baumwurzel und versucht, Helga zu zeichnen. Das in graue englische Leinwand gebundene Skizzenbuch liegt auf seinen Knien.

Jetzt aber durchstreicht er ärgerlich das begonnene Kunstwerk.

»Ich weiß nicht, – zu zeichnen sind Sie gar nicht!« ruft er aus. »Die Linien sind's nicht, was das Eigentümliche an Ihnen ausmacht. Formen und Farben und Linien sind's bei Ihnen gar nicht.«

»Was denn aber?« fragt sie.

Er betrachtet sie mit der intensiven, eindringenden Aufmerksamkeit des Künstlers.

»Ich glaube, es ist die Seele. Sie scheinen bis in die Fingerspitzen und Fußspitzen beseelt. Und alles aus einem Guß. Seele ist mit den Augen nicht festzuhalten. So was läßt sich nicht zeichnen. Ich kriege schon eine aufs Moos gelagerte junge Dame zusammen mit Ihrer Frisur und Ihrer Bluse und langem Rock, aber das sind hernach noch lange nicht Sie! – Elende Stümperei!«

»Ja, da kann ich aber wirklich nichts dazu!« meint sie lustig.

Sie liegt auf dem Rücken, die Hände unterm Kopf und schaut hinauf in die hohen, feierlichen Wipfel der Tannen.

Neben ihr sitzt Hugo Lengner auf einer kleinen Bank, die Hände über die Knie gestreckt, den Oberkörper vorgeneigt.

Ein schwarzes Eichhörnchen huscht pfeilgeschwind und lautlos den nächsten Tannenstamm hinunter, macht in halber Höhe halt, schaut auf die Menschen hinab und stößt ein kleines Fauchen aus.

Als jedoch die drei Gestalten da unten sich nicht regen, wird es zutraulich, kommt vollends herab und huscht den Gang herunter quer über die Fahrstraße in den jenseitigen Waldbestand hinein.

Entzückt schaut Helga ihm nach.

»Ich beneide diese Burschen um ihre Flinkheit!« sagt Hugo in seiner beiläufigen Sprechweise.

Sie blickt mit lachenden Augen zu ihm auf.

»Denken Sie sich das so schön, so an den Bäumen hinauf- und hinunterzuturnen? Es würde Sie freilich allerliebst kleiden, Doktor Lengner.«

»Sie sehen mich wohl schon?«

»Ja, deutlich. Mit fliegenden Rockschößen – husch husch! Doktor! ruft man verzweifelt hinter Ihnen her – doch Sie sehen bereits durch Ihre Lorgnettengläser vom Dachfirst auf uns am Boden Klebende herab.«

»Und betrachte sie aus der Vogelschau.«

Sie gibt keine Antwort, kaut an einem Grashalm und sieht erwartungsvoll nach dem Clotildenweg.

Lengner legt ein Bein über das andere, langt das juchtene Zigaretten-Etui aus der Tasche und zündet sich eine Zigarette an.

Helga zieht die Nase kraus.

»Rauchen Sie?!« sagt sie entrüstet und erstaunt.

»Aber gewiß. Sie hatten doch im Zimmer nichts dawider?«

»Im Gastzimmer mit seiner schlechten Luft – nein. Hier aber? Welche Geschmacksverirrung! Hier dürfen Sie nicht Tabaksgeruch verbreiten.«

Er wirft die Zigarette fort.

Wie gleichgültig es ihr ist, ob ich es gern tue oder nicht, denkt er dabei. Sie dekretiert* einfach: Sie dürfen und Sie dürfen nicht. Fragt den Kuckuck, mit welchem Recht. »Wir, Helga von Gottes Gnaden.« Sie ist eine Königin von Geblüt – ja, das ist sie.

Dann bemerkt er: »Sie wollten doch eigentlich jeden Tag eine Bergtour machen?«

Sie blinzelt ein wenig, verschleiert gleichsam ihre Augen, der Blick ist nicht ganz frei.

»Ja–ja«, macht sie gedehnt, »das wollte ich wohl. Aber nun gefällt es mir eben besser, mal recht zu faulenzen. Ich bin so wonnig müde. Wäre ich ein Kätzchen, so würde ich laut schnurren.«

* anordnen

»So wohl ist Ihnen?«, meint er geschmeichelt.

»So wohl ist mir.«

»Und doch sind Sie eine so aktive Natur, nicht?«

»Ich tue, was getan werden soll, und tue es rasch, ja. Aber dann, wenn mir danach ist, kann ich auch wieder wahre Orgien an Faulheit feiern.«

»Dann liegen Sie so auf dem Rücken und blinzeln in die Sonne?«

»Zu Hause lieg' ich auf dem Sofa, lese einen recht dummen spannenden Roman, so eine Marlittiade, und knabbere dazu Schokoladen-Bonbons. Das ist wie Weihnachtsfeiertag – köstlich! – Und Sie? Was tun Sie, wenn Sie mal so recht genußsüchtig sind?«

»Hm ... Mancherlei. Aber ich kann's nicht für mich allein schaffen. Ich brauche – Mitgenießende.«

»Mädchen?« fragt sie unbefangen.

»Die müssen dabei sein.«

»Und Sie Winowsky?«

»Apfelkuchen mit Obers«, sagt der Dichter, in seine neue Zeichnung vertieft.

Sie lacht belustigt. Dann blickt sie wieder nach dem Clotildenweg.

Lengner betrachtet eine Waldameise, die sich mühsam mit einem Tannenreislein schleppt, das fünfmal ihre Größe hat. »Da las ich neulich«, beginnt er ... aber Helga kennt schon, was er von neuesten Forschungen über Ameisenstaaten erzählt, hört nur halb zu.

»Ja, das ist so«, sagt sie gleichgültig.

Er bemerkt, daß sie unruhig ist. Ihre Gedanken beschäftigen sich mit etwas nicht Gegenwärtigem.

»Wo bleibt denn nur Rosenfeld?!« entschlüpft es ihr endlich.

Winowsky sagt, ohne von seiner Zeichnung aufzusehen: »Der Siegfried ist mit Dr. Hansen auf die Steinpilzjagd gegangen.«

Helga erbleicht jäh.

»Wußte er nicht, daß wir hier zusammenkommen wollen?« fragt sie.

»O ja«, meint Max unbekümmert, »das hat er schon wissen können, der Lumpazivagabundus.«

Er hat eben mit breiten, flotten Bleistiftstrichen die halb liegende, halb sitzende Helga in einer gewagten Verkürzung aufs Papier gebracht, nur in Umrissen, dahinter aber den moosigen Waldboden und ein Stückchen Lengner schraffiert, in der Manier altdeutscher Griffelkunst. Der Effekt gefällt ihm, und er ist im Begriff, sich in seine Schöpfung zu verlieben. Nach menschlicher Art tut er sich am meisten auf das zugute, was ihm nicht eigentlich »liegt«, sondern was er sich abringt. Jedenfalls ist er so mit sich selbst beschäftigt, daß er auf Helga nicht achtet.

Aber Lengner desto mehr.

Dieser, die Hände in den Taschen seiner Joppe, kneift die Augen listig zusammen und pfeift ganz leise.

Helga sitzt, die Hände um das leicht emporgezogene rechte Knie geschlungen, und schaut ernsthaft und bekümmert vor sich hin.

Er betrachtet ihr weiches Profil mit dem welligen blonden Scheitel und dem leicht geschlungenen Haarknoten im Nacken, den feinen mädchenhaften Ansatz des Halses, die jugendlich idealen Linien, das Lässige, Träumerische der ganzen Haltung. In das Haar hat sich etwas Moos gehängt und Tannennadeln. Einige rebellische Löckchen haben sich gelöst und fallen in die sonst freie Stirn. Das ernste Profil trägt den Ausdruck trauernder Verwunderung.

»Ist es möglich?!« denkt er.

Sie aber sagt mitten aus einer Gedankenwanderung heraus träumerisch: »Die Liebe verarmt! Erst besitzen wir die ganze Welt! Alles! Alle! Auf einmal versinkt es alles in ein schwarzes Loch. Wir wollen nichts mehr, sehen nichts mehr, wissen nichts mehr, als einen Einzigen. Welche Verengung des Horizontes! Dumm, blind, arm sind wir auf einmal. Ungenießbar für die Umgebung. Unfähig, aufzunehmen, zu genießen! – Schwach, abhängig, zitternd, – Ja, ist es nicht so? Und doch ist es das einzige Lebenswerte! Aller Reichtum fließt da hinein und auch da heraus. Es ist das Einzige.«

»Nur muß man's können«, sagt Hugo. »Man muß eine Natur sein – illusionsfähig. Wir modernen Menschen werden nicht leicht von etwas ergriffen, – weil wir von vornherein zu viel sehen. Man muß an Ewigkeiten glauben, nicht an die enge Begrenztheit denken müssen.«

Sie macht eine verneinende Handbewegung.

»Augenblicke genügen. Alles Schönste ist momentan. Das Allerherrlichste würde ich ablehnen, wenn die Bedingung wäre, daß es ewig dauern sollte.«

Es ist Spätnachmittag.

Auf der Freitreppe des Restaurationshauses schäkert Max Winowsky mit der im Vorraum stationierten Posthalterin.

Er kann ein wenig Ungarisch und brüstet sich damit, und sie will sich totlachen über die Fehler, die er macht.

Daneben beobachtet er die Vorüberspazierenden: elegante Damen und Herren aus dem nahen Schmecks in gewählten Promenaden-Anzügen; die seidengefütterten, trichterförmigen Röcke rascheln, und welche Hutformen wagen sich da hervor, und welche Typen! Dann: zwischen der »angezogenen« Welt praktische Hochtouristen-Kostüme, Männlein und Weiblein mit den langen Karpatenstöcken bewaffnet, den Rucksack auf den Schultern. Sie gehen den rüstigen Dauerschritt. Oder ländlich einfache Logiergäste von Szeplak.

Max bricht mitten in einem schönen Satz ab – seine etwas indifferente Miene belebt sich. Auf der Waldstraße ist ein ungleiches Paar aufgetaucht: Helga und Rosenfeld.

»Sie sieht aus wie aus einer ganz anderen Welt«, denkt Max betroffen. »Warum nur? So einfach, beinahe nachlässig, wie sie angezogen ist, was macht sie vorspringen, wie ein beseeltes Wesen unter Marionetten? Und was macht ihre Gestalt, ihren Gang so göttinnenhaft?

Sie schnürt sich nicht. Die Formen gleichen noch der Venus von Milo, ohne Wespen-Einschnitt. Die Brust ist fast breiter als die Hüften. Dabei doch nichts Hartes; alles runde und weiche Linien. Der Siegfried nimmt sich nicht besonders aus neben ihr: schmächtig und klein und ohne Haltung. Und sie zieht ihn uns schönen Kerlen allen vor! Wenn er nur nicht so arg heimlich wäre! Es ist nicht herauszukriegen, wie er sich zu dieser Auszeichnung stellt, der Bandit!«

Siegfrieds Gang hat das Unsichere solcher, die das quälende Bewußtsein ihres Ich nicht loswerden können. Er trägt den Hut in der behandschuhten Hand, Kopf und Blick sind gesenkt, wie gewöhnlich. Zuweilen greift die unbehandschuhte Linke mit nervöser Bewegung zur Stirn und schiebt das wellige, weiche Haar zurück. Sein schwarzer Anzug sitzt tadellos, seine Stiefel sind von feinstem Schnitt und Leder, dennoch aber ist es ihm immer in grausamer Deutlichkeit bewußt, daß er neben Helga eine klägliche Figur macht. Wenn Helga noch zu übersehen wäre! Aber das ist sie nicht. Sie zieht alle Blicke an, was sie freilich nicht bemerkt – wohl aber er. Jeder sieht nach ihr, überrascht oder bewundernd oder mit Neid, und dann von ihr nach ihm. Er meint, ihr Lächeln zu fühlen! – Ja, er schämt sich seines Exterieurs und zürnt sich dabei schwer dieser lächerlichen Scham wegen.

»Das Leben ist zusammengesetzt aus läppischen Nichtigkeiten und Äußerlichkeiten!« denkt er grollend, »und dies Mädchen glaubt es nicht, sieht es nicht – hält alles für Geist und zielbewußte Idee.«

Helgas strahlende Augen blicken mit souveräner Gleichgültigkeit über die Spaziergänger hin, als seien diese Blumen oder Käfer. Sie sieht, ohne zu wissen, was sie sieht, denn sie ist nur von Siegfried erfüllt. Sie trägt jetzt, da die Sonne tief steht, weder Hut noch Handschuhe und an den Füßen nur Sandalen. So harmonisch, in so weichen Falten umfließt das hellblaue Batistkleid die hohe Gestalt, als sei es mit ihr erschaffen worden.

Sie erzählt ihm von sich selbst.

»Mein oberstes Lebensbedürfnis ist die Freiheit«, sagt sie lebhaft. »Ich kann nicht das Leben hinnehmen, wie es zufällig kommt; mir selbst schaffen will ich es – gestalten nach meinem Bedarfe. Was ich dazu brauche, muß ich mir nehmen dürfen. So ist es herrlich! Meine Eltern wissen, daß ich nicht anders leben kann und mag, und sie lassen mich tun, was ich will. Opposition würde ihnen auch nichts helfen, denn ich bin so fest entschlossen, mich nicht einengen zu lassen, daß ich, wollte man Zwang anwenden, morden würde. – Ja, sicher. Meine Brüder seufzen freilich darüber, daß ich so oft der Konvenienz ins Gesicht schlage. Aber ich mische mich ja auch nicht in ihre Wege zum Glück! Es lebt doch jeder, wie er seiner Natur nach muß.«

»Sie reisen viel?«

»Ja. Besonders liebe ich die hohen Berge. Nur kann ich nicht ganz allein sein. Einen Menschen muß ich bei mir haben, der mich mit Liebe umsorgt, und gegen den ich mich ohne Rückhalt aussprechen kann. Wenn ich ganz allein bliebe, würde ich schreien und weinen, wie ein allein gelassenes Kind.«

»Und Ihre Eltern haben auch gegen den Begleiter nichts einzuwenden?«

»Gar nichts. Bei uns Skandinaviern ist das auch nichts Unerhörtes. Junge Mädchen und junge Männer reisen häufig zu zweien in den Bergen oder auf dem Meere, und kein Mensch denkt Arges dabei. Wir sind nicht so angreifbare Ware, weder Männer, noch Frauen. Man verkehrt rein kameradschaftlich.«

»Ich glaube, auch nordische Männer fühlen einem Mädchen wie Sie gegenüber nicht immer rein kameradschaftlich.«

»Nein; sie fangen bald an, mich zu lieben, ich meine, leidenschaftlich zu lieben.«

»Und Sie?«

»Ich genieße das. Der Mensch liebt ja viel intensiver, wärmer, freudiger, wenn er liebt, und es steckt mich anfangs immer etwas an.«

»Bei dem Lieben ist aber auch intensives Leiden!«

»Gewiß! Ohne Leiden kein Genuß. Das gehört ja ganz furchtbar notwendig dazu.«

»Haben Sie kein Mitleid mit Ihren Opfern?«

»Opfer?! Mitleid mit Menschen, weil sie lieben?! Aber im Gegenteil! Beneiden tu ich sie nur. Ich möchte nur einmal in meinem Leben so recht blind und tollköpfig lieben können! So mit allen Seufzern und Tränen und Angst. Das denk ich mir wunder-wunder-schön!«

»O, fordern Sie nicht das Schicksal heraus!«

»Wenn sich's nur fordern ließe! Aber ich Unglückliche kann zu dem schönen Wahnsinn niemals ganz gelangen. Es muß etwas bei meiner Erschaffung vergessen worden sein.«

»Das glaube ich nicht.«

»Woran liegt es denn?« fragt sie in ungeduldigem Tone.

»Daran, daß Sie in zu großen Maßen angelegt sind«, sagt Siegfried mit Überzeugung. »Die Männer, denen Sie begegnen, sind Ihnen nicht gewachsen. Sie können sich, wie die Brunhild, nur dem Stärkeren beugen, und dieser Stärkere ist noch nicht aufgetaucht.«

Sie schüttelt den Kopf. »Das mit den großen Maßen ist Unsinn. Zu den großen Maßen gehört vor allem ein großes Maß Liebesfähigkeit. Sie fehlt mir aber. Und darum bin ich eigentlich ein Krüppel.«

Er lacht.

»Sie sind jung und Nordländerin und gehören zu den Frauen mit einer langen, reichen Entwicklung und sehr späten Reife. Was sich da noch alles entfalten wird, können Sie vielleicht nicht einmal ahnen.«

Wieder schüttelt sie lebhaft den Kopf.

»Nein – nein. Ich bin nicht so furchtbar jung und ich kenne mich gut. Soll ich Ihnen sagen, wie es mir gewöhnlich geht? Einer gefällt mir, und ich bekomme riesigen Appetit auf ihn. Und dann gehe ich geradewegs auf ihn los und fasse ihn mit beiden Händen. Ich möchte dann mit ihm zusammensein den ganzen Tag – jeden Tag! Jede Stunde ärgert mich, die ich ohne ihn verbringen muß. Sie ist nur mit Warten ausgefüllt ... Nichts beschäftigt mich als dieser Mensch.«

»Und dann?«

»Dann freß ich ihn auf.«

»Das klingt ja ganz schauerlich!«

»Ich kann's auch zarter ausdrücken: ich nehme den ganzen Inhalt seines Wesens in mich auf.«

»Und er?«

»Er teilt sich mir ganz mit, ohne Rückhalt und Heuchelei, und geht ganz auf in mir und fühlt sich glücklich.«

»Und dann?«

»Das dauert eine Weile und ist wunderschön, für ihn noch mehr, als für mich, weil er noch mehr liebt.«

»Aber nach dieser Weile?«

»Dann kommt für mich der Zeitpunkt der Sattheit, und dann mag ich nicht mehr.«

»Und er?«

»Er kann das allemal zuerst nicht begreifen. Schließlich begreift er's aber doch, und dann fängt er an, mich zu hassen. Das ist schade, aber ich kann's nicht ändern.«

»Sie sind ja entsetzlich!« sagt er mit leichtem Schaudern.

»Nein, nur aufrichtig«, antwortet sie ruhig. »Ich schaue dem Auftauchen einer Empfindung ebenso gerade ins Gesicht, wie ihrem Verblassen. Derartiges hat doch ebenso sicher einen Anfang und ein Ende, wie alles andre. Alles Leben ist ja ein stetes Sich-Verändern, sowohl in uns, als außer uns. Ich lausche den Regungen in mir mit intensivem Interesse, aber sie entziehen sich gänzlich meiner Leitung. Allen anderen Menschen geht es übrigens ebenso, sie wollen's nur nicht wahrhaben. Man kann nichts tun, als konstatieren.«

»Natürlich haben Sie recht«, sagt er in etwas schwermütigem Tone, »der Verstand hat nichts dagegen einzuwenden. Ich aber möchte nicht ohne die Irrungen und Irrtümer des Herzens leben. Mich würde frieren. – Und . . . ich möchte nicht in Ihre Hände fallen.«

Sie blickt ihn mit weit offenen, lebensstrahlenden Augen an.

»Nicht in meine Hände fallen? Aber was fürchten Sie denn? Was will ich denn von Ihnen?«

»Ich würde das Stadium fürchten, in dem mich noch der Hunger verzehrt, während der ihre bei dem raschen Tempo, mit dem Sie essen, schon gestillt ist. Ich könnte nicht sehen, wie Sie sich gelangweilt von mir abwenden, um sich nach einer neuen Mahlzeit umzusehen.«

Eine so starke Aufregung schüttelt ihn, daß sein Schritt jede Stetigkeit verliert. Er wankt beinahe. Und sie sagt keinen Ton. Ihr Schweigen lastet so peinvoll auf ihm, daß er es wagt, zu ihr aufzublicken.

Er sieht ihr Profil in seinen sanften, weiblichen Linien. Sie schaut gerade vor sich hin, das blaue Auge halb von den blonden Wimpern beschattet, um den Mund ein Lächeln.

Ihn faßt bei diesem Lächeln ein Grauen, als wandle da an seiner Seite nicht ein lebensfrohes Mädchen, sondern etwas Unentrinnbares, Schicksalsschweres – sein Verhängnis –.

»Nein! nein! Ich will nicht!« schreit er auf, mit dem halberstickten Angstschrei eines vom Alpdruck Gequälten, der in wahnsinnigem Entsetzen seine ganze Kraft zusammenreißt und die Traumstarre durchbricht.

Sie bleibt stehen. »Aber sind Sie denn toll?!«

Und dann bricht sie in ein so kinderfrohes Lachen aus, daß die Gespensterfurcht Siegfrieds weicht, wie Nebel vor der Sonne.

Und er lacht mit.

Die Tage vergehen unter gemeinschaftlichen Touren und Rasten. Das Rasten besonders gewinnt täglich an Reiz.

Wer die Reisekameraden im Szeplaker Speisesaal um ihren Tisch sitzen sieht, die intelligent aussehenden jungen Männer und das schöne heitere Mädchen, wie sie angeregt plaudern und scherzen, der ahnt nicht, wie sehr die Atmosphäre in dem kleinen Kreise mit Elektrizität geladen ist.

Da ist Eugen Hansen, der zu seiner Qual beobachtet, wie Helgas Gedanken sich immer ausschließlicher mit Siegfried beschäftigen. Sobald Dr. Rosenfeld mit seiner leisen Stimme etwas sagt, unterbricht sie sich in jedem Gespräch oder hört auf, dem zuzuhören, der gerade zu ihr spricht, um ja keins der kargen Worte des Kleinen zu verlieren. Wenn sie auch mit den anderen lacht und scherzt – um wen es ihr ernst ist, fühlt man doch.

Und dann haßt Eugen sie und sich selbst und nimmt sich vor, ein Ende zu machen, und weiß doch, daß er morgen ebensowenig imstande dazu sein wird wie heute.

Da ist Siegfried, schweigsam, fast immer den Blick senkend. Fort und fort tönt ihm das weiche, volle Organ Helgas in den Ohren. Er hört sie, sieht sie, fühlt sie, als eine Gewalt, vor der er niedersinken möchte, und der er doch um keinen Preis verfallen will. Er weiß, daß sie um seine Seele wirbt, daß sie für ihn spricht, was sie spricht, und an ihn denkt, wenn sie schweigt. Ihm ist, als gingen Lebensfluten von ihr aus, die ihn überströmen und den Atem nähmen. Wenn er nur nicht so sicher wüßte, daß er in den Wogen dieses überkräftigen Elements versinken müßte – er, der Schwächling, untergehen!

Hugo, der anscheinend ganz in lebhafter Unterhaltung mit Helga aufgeht, beobachtet dabei heimlich mit Spannung seinen Herzensfreund Siegfried, aus dem er nicht klug wird.

»Er ist offenbar verwirrt und gepeinigt – gegen sie fast unartig. Liebt er sie? Oder was plagt ihn? Wenn er nur mit sich reden lassen wollte! Aber da ist ja kein Beikommen. Die feinsten Glacéhandschuhe greifen noch zu rauh bei seiner verrückten Empfindlichkeit. Man muß ihn halt allein fertig werden lassen, das arme Hascherl.«

Auch Eugen beunruhigt ihn etwas.

»Kalkig blaß ist er seit einigen Tagen, der arme Kerl; dieses still zornige Lodern der blauen Augen, dieser gekniffene Mund – er rast inwendig vor Eifersucht!«

Auch Max Winowsky, der Liedchen trällert, sich in Zitaten ergeht und die im Saale um viele kleine Tische sitzenden Kurgäste mustert, beschäftigt sich innerlich mit Siegfried und Helga.

»'s ist, wie wenn ein Vulkan sich in einen stillen, dunklen Waldsee verlieben wollte«, denkt er, »eigentlich Unsinn. Aber so extremste Extreme berühren sich halt bisweilen, und dann prasselt's.«

Der Oberkellner trägt Paprikaschnitzel mit Rahmsauce auf; Helga hat es für alle bestellt. – Mit einer Gebärde des Abscheus schiebt Siegfried seinen Teller fort.

Die Freunde sehen ihn an und lachen.

»Richtig, Kälbernes kann er ja nicht essen.«

Helga macht große Augen.

»Warum denn nicht? Sind Sie magenkrank?«

»Nein, stellen Sie sich bloß vor, Fräulein Helga, seit er neulich in Poprad zufällig mal gesehen hat, wie der Metzger ein Kälbchen zur Metzelbank geführt hat, rührt er kein Kälbernes mehr an.«

»Wirklich?« meint sie halb ungläubig.

»Mir würde jeder Bissen im Halse stecken bleiben, wirklich!« erklärt Siegfried mit ungewöhnlicher Lebendigkeit, »ich seh immer das schöne hilflose Tierchen vor mir. Wir Menschen von verfeinerten Empfindungen können eben nur noch so weit mit Behagen Fleisch essen, als uns das Bild der lebendigen Haustiere und ihres Abschlachtens fern bleibt. Das ist mir ganz klar geworden.«

»Dann müßten wir allmählich alle Vegetarier werden«, meint Eugen, »das halte ich aber für entschieden unzuträglich.«

»Damit wär's auch noch nicht getan«, sagt Lengner, der mit Appetit in sein Schnitzel einhaut, »ein noch feineres

Nerven- und Empfindungsleben, wie es sich ohne Zweifel entwickeln wird, erträgt dann auch nicht mehr die Vorstellung, Pflanzenleben zu morden.«

Auch Helga ißt mit Appetit und Behagen. Vergnügt blickt sie über Messer und Gabel fort zu Hugo hinüber. »So müssen eben die allzu fein Gearteten zugrunde gehen und die Erdkräftigeren, Roheren die leer gewordenen Stellen einnehmen, was ungeheuer praktisch ist. Wo man einmal glaubt, die alte Mutter Natur mache eine Dummheit – unter den Augen verwandelt sich's in das Allergescheiteste. Sie muß ja aufräumen und Raum schaffen.«

In diesem Augenblick erscheint sie Siegfried in ihrer Kraft, Schönheit und Rücksichtslosigkeit wie die grausame Natur selbst.

's ist Morgen. Einzelne Kurgäste wallen über die betaute Wiese nach dem Badehaus. Der Slowene im weißen Mantel treibt die Kühe zu Tal.

Auf der breiten überdachten Holzveranda des Restaurationshauses sitzt Eugen vor seinem Glase Milchkaffee, die Etagère mit Kipfeln und Brot und die gelbe Butter stehen gleichfalls vor ihm, doch er rührt nichts an. In Gedanken versunken starrt er vor sich hin. Heftiger als je plagt ihn die Sehnsucht nach Befreiung von dem unwürdigen Joch dieser hoffnungslosen Liebe. Wenn er sich aufraffen könnte! Es ist möglich, weiter zu leben ohne sie! Es muß möglich sein! Er will arbeiten, studieren, sich ganz seiner Wissenschaft in die Arme werfen.

»Wenn ich heute abreiste? Sie wird mich nicht halten.« – Ist das überhaupt noch Liebe, was er fühlt? Dies bittere, nagende Leiden? Dies kalt auflehnende Gefühl, das eher dem Haß gleicht?

Als sie jetzt eintritt mit ihrem weichen Schritt und den weichen Bewegungen, blickt er ihr kalt entgegen. Es ist ein beinahe feindlicher Blick; aber Helga übersieht ihn.

Sie, der kein Schatten im Ton oder Ausdruck Siegfrieds

entgeht, hat für die Seelenregungen Eugens kein Interesse mehr und beachtet sie nicht. Der Kreislauf seines Empfindens, die begleitenden Gedanken und wie sie sich äußern, alles das ist ihr bekannt. Sie widmet ihm also keine Aufmerksamkeit mehr. Zudem ist sie gerade stark mit sich selbst beschäftigt.

Sie setzt sich ihm gegenüber an den Tisch und schaut sich um. Die große Veranda mit den gedeckten Frühstückstischen ist noch leer. Auch der Kellner, der faule Josef, steht draußen und unterhält sich mit einem Kutscher, der mit seinem Gebirgswagen auf eine Herrschaft wartet.

»Soll ich dir Frühstück bestellen, oder hast du schon?« fragt Eugen.

Sie zieht die Nase kraus. »Nein – laß! Ich will warten.«

Durch den klagenden Ton ihrer Stimme betroffen, sieht er sie genauer an. Ihr Gesicht hat einen bekümmerten Ausdruck, ein hilfloses, rührendes Kindergesicht scheint es dann.

Das schmilzt seinen Zorn augenblicklich.

»Fehlt dir etwas?« fragt er liebevoll.

»Ich bin ja verliebt!« ruft sie kläglich. Sie dehnt das Wort ›verliebt‹ und sieht dabei aus, als wolle sie zugleich weinen und lachen.

Es ist unmöglich, dies kindisch vorgebrachte Geständnis allzu ernst zu nehmen. Selbst Eugen bringt es nicht fertig.

Er lächelt. »Verliebt? Du?« meint er ungläubig.

»Ja!« fährt sie in ihrem Kinderton fort, wie in staunendem Mitleid mit sich selbst, »ich bin verliebt in Rosenfeld, und er will nichts von mir wissen. Ist das nicht sehr seltsam?! Ich weiß gar nicht mehr ein und aus«, berichtet sie zutraulich; »sooft ich glaube, ihn zu fassen, entgleitet er mir. Er weicht mir absichtlich aus und ist manchmal sogar bis zur Ungezogenheit ablehnend. Gestern hatten wir doch bestimmt abgemacht, daß er mit uns ins Kohlbachtal ginge und die anderen beiden die Eistaler Spitze allein besteigen ließe. Da gibt mir eben die Posthalterin diese Karte!«

Sie reicht ihm eine kleine Visitenkarte Rosenfelds, auf der mit Bleistift gekritzelt ist, er bäte um Vergebung, daß er sich im letzten Moment doch noch zu der Bergbesteigung entschlossen hätte.

»Und weiter als bis zu den fünf Seen kommt er ja gar nicht«, fährt sie schmollend fort. »Er, der so schwindlig ist – an die Strapaze beim steinernen Roß darf er ja gar nicht denken! Das weiß er ganz genau. Es ist nur, daß er ein langes Zusammensein mit mir, ohne die anderen, vermeiden will. Aber warum will er das?«

»Vielleicht *fürchtet* er sich vor dir«, meint Eugen. »Ich kann ihm das eigentlich gar nicht verdenken.«

»So–o!« fährt sie ihn mit einer Schelmenmiene an. Aber die Bekümmertheit kehrt schnell zurück. »Ich bin nicht zurückhaltend – seh' nicht ein, warum. Rasch zupacken, wo das Leben etwas Schönes bietet! Du weißt, wer mir gefällt, auf den geh' ich sogleich zu und streck' beide Hände nach ihm aus. Dem öffne ich mein Herz und erwarte, daß er mir auch seines öffne. Ich bin Rosenfeld gegenüber direkt zudringlich gewesen. Du weißt, von Stolz habe ich keine Spur! Sage mir, warum will er nichts von mir wissen?!«

Sie hat die Arme vor sich auf den Tisch gelegt und blickt zu ihm auf aus rührenden blauen Augen, als sei er im Besitz alles Wissens.

So kommt sie zu ihm, wenn sie sich einmal ohnmächtig fühlt. Es ist ihrer starken Natur so stark Bedürfnis, alles, was sie angeht, nach ihrem Willen zu lenken, sich ihr Leben bis ins Kleinste nach den eigenen Entwürfen auszugestalten, daß eine Durchkreuzung ihres Willens von außen ihr schweres Leiden schafft. Eine solche Hemmung ihres despotischen Lebensdranges empfindet sie als einen ganz unerträglichen Zustand, dann sucht sie instinktiv eine weiche Hand und weiche, mitleidsvolle Güte, die das verwundete Seelchen streichelt.

»Sag mir, warum er mich nicht mag!« wiederholt sie. Er zuckt die Achsel.

»Bin ich gar nicht hübsch?«

»Du bist hübsch genug.«

»Aber vielleicht nicht sein Geschmack? – Wahrscheinlich nicht sein Geschmack! – Er mag die hübschen kleinen, eleganten und zierlichen Frauenzimmerchen, die von der Puppenart, solche Puppenseelchen mit leichtem, graziösem, nichtssagendem Geplauder, bei dem er sich amüsiert und überlegen fühlt.«

Eugen lächelt. »Ja, wenn's ihn glücklich macht, sich überlegen zu fühlen, dann muß er sich freilich andere aussuchen als dich.«

»Aber ich will ihm gar nicht überlegen sein!«

»Wenn das am Willen läge!« seufzt er.

»Sage mir, was ich tun soll!«

»Ihn sich selbst überlassen.«

»Nein, das will ich nicht! Ich muß seinen Widerstand überwinden! Ich brauch' ihn!«

»Wenn er's darauf abgesehen hätte, dich zu erobern«, sagt Eugen mit leisem Hohn, »könnt' er's nicht klüger anfangen, als sich dir scheinbar zu versagen. Das macht dich rabiat, du Trotzkopf. Was du leicht erhältst, hat keinen Wert für dich; was du erkämpfen mußt, reizt dich!«

»So geht's jedem«, entgegnet sie ruhig. »Es ist schrecklich, daß man das weiß und doch nichts dagegen machen kann. Ich sah kommen, daß er mich mit dieser Art und Weise verrückt macht – ganz verrückt! – Er benimmt sich wie eine kokette Frau. Warum quält er mich denn? Zu was?«

»Selbsterhaltungstrieb.«

»Dummes Zeug!«

»Vielleicht bist du ihm auch tatsächlich antipathisch. Wunderbar wär's zwar; immerhin könnte sich auch so etwas einmal ereignen.«

»Es *könnte* sich ereignen«, wiederholt sie nachdenklich.

»Wenn er nichts mit dir zu tun haben will«, rät Eugen nochmals, »laß ihn laufen. Wir können ja heute abreisen. Es ist gewiß das Allerbeste.«

»Ich *kann* nicht fort!« ruft sie außer sich. »Gott im Himmel, jetzt abreisen?! Ohne ihn? Nein, nein, nein! Lieber mich quälen lassen, wie's ihm die Laune vorschreibt. Ich hab' ihn doch *lieb*!!«

Erblassend legt Eugen das Brötchen, von dem er eben abbrechen wollte, wieder auf den Teller.

»Wenn es so mit dir steht, dann werde ich allein abreisen.«

Sie streckt die Arme nach ihm aus.

»Eugen! Jetzt willst du mich allein lassen?«

»Ich mag dies nicht mit ansehen.«

»Laß mich jetzt nicht allein!« bittet sie. »Jetzt gerade nicht. Wenn ich jetzt noch zu all dem Kummer und aller Unruhe allein bleiben müßte, würde ich mich zu Tode weinen. Nur einige Tage noch bleibe bei mir. Ich bitte dich innigst!«

Er stützt den Kopf in die Hand und seufzt. Wie oft hat er sich vor dem Augenblick gefürchtet, da sie ihn fortgehen heißen würde. Nun ist es anders gekommen. Er will gehen und sie drängt ihn, zu bleiben; nicht, weil sie ihn lieber hätte, freilich – sondern weil sie ihn braucht. O welche Fülle des Egoismus! – Sein Herz zieht sich zusammen in bitterem Groll. Er sagt sich nicht zu ihrer Entschuldigung, daß sie ihn doch nie als etwas anderes als einen Freund genommen hat, und daß sie hundertmal mit seiner verliebten Empfindlichkeit Nachsicht gehabt. Er fühlt sich nur gedemütigt und gequält.

»Sage, daß du bei mir bleibst, mein Liebling!« schmeichelt sie mit der süßesten Stimme.

»Ich will sehen, ob ich's aushalte.«

»Danke! Danke!« jubelt sie auf, überglücklich wie ein Kind, dem man den Willen getan hat.

Aber gleich darauf fängt sie an, die alten Fragen von neuem zu fragen. Schon sind die Gedanken wieder bei Rosenfeld, Eugen ist nur der zur Hand seiende Ableiter der sie quälenden Unruhe, nichts mehr.

»Glaubst du, daß ich ihm zuwider bin?«

»Ja«, sagt er aus Ärger. »Seinem Benehmen nach muß man es wohl annehmen. Und darum rat ich dir noch einmal, ihn laufen zu lassen. Wozu führt es, dich und ihn zu plagen?«

»Ich plage ihn nicht«, sagt sie sanft.

»Und wenn es dir gelingt, seinen Widerstand zu brechen?«

»Dann ist ja alles gut.«

»Dann hast du deinen Willen gehabt und bist zufrieden. Er kann nachher sehen, wie er seine Zerrissenheit wieder zusammenflickt.«

»Was er machen wird, weiß ich nicht, das ist seine Sache. Ich habe jedenfalls das gehabt, was ich brauche.«

»Frauen deiner Art sollten totgeschlagen werden.«

»Vielleicht wär's ganz gut. Schlag mich doch tot.«

»Was ihr braucht, ist persönlicher Triumph!« zürnt er weiter. »Triumph um jeden Preis! Ihr mästet eure gefräßigen Seelen an unseren Niederlagen.«

Sie lächelt amüsiert. »Du wirst ja ordentlich geistreich! Doch ich will dir sagen: du irrst dich. Ich bin nicht eitel, und mich verlangt nicht nach Siegen, sondern nach Niederlagen. In der Liebe ist Niederlage und Unterwerfung tausendmal schöner, als der Sieg. Und weil ich davon so innig durchdrungen bin, kann ich mir auch niemals ein Gewissen daraus machen, wenn ich anderen zu der Niederlage verhelfe, nach der ich selbst mich sehne.«

Helga geht in ihrem Zimmer auf und nieder.

Es ist Nachmittag.

Vor nicht langer Zeit hat sie die Freunde mit dem Führer von der zweitägigen Bergtour zurückkommen sehen – von ihrem Fenster aus.

Aber sie hat nur verstohlen die Heimkehr belauscht – sich weder hören noch sehen lassen.

Denn jetzt soll Siegfried einmal entgegenkommen! Sie will, daß er sich etwas über ihr Nichterscheinen beunruhigt.

Er soll warten – fragen ... und dann wird er erfahren, daß sie ruhig in ihrem Zimmer ist.

Ob er kommen wird?

Sie ist so gespannt darauf.

Er muß doch kommen, denn er hat ihr etwas abzubitten. Er muß sich im Unrecht fühlen. Menschen seiner Art fühlen sich ja immer im Unrecht und tragen daran so schwer!

Sie hat ihr Zimmer mit einiger Koketterie geordnet. Die Bilder ihrer stattlich schönen Brüder prangen in Stehrahmen auf der Kommode, ebenso Porträts der Eltern. Auf dem Mitteltisch liegt die goldene Schreibmappe aus Juchtenleder mit dem goldenen Monogramm und ein juchtenes Tintenfaß. Daneben eine Feder mit Malachitgriff. Eine italienische seidene Reisedecke in leuchtenden Farben verhängt das Ledersofa, und wo nur Platz ist, stehen Gläser mit Heideblumen. Auch eine der milchig grünen Schmeckser Glasschalen, mit Waldhimbeeren gefüllt, deren sanftes Aroma die Luft würzt, und ein Glaskrug mit Milch.

Es ist still, die Stille des heißen Sommernachmittags, nur die Quellchen murmeln und glucksen geräuschvoll, und von den Stallungen herüber tönt das Gackern einer Henne.

Helga kann nichts tun, nichts denken. Sie ist ganz und gar zitternde, ungeduldige Erwartung.

Kracht nicht die Holztreppe draußen unter einem leichten Schritt?

Wirklich – jetzt schreitet's durch den Vorraum, nähert sich ihrer Tür – steht still.

Atemlos lauscht sie – nichts rührt sich. Da reißt sie die Tür auf.

»Doktor Rosenfeld! Ja, aber warum kommen Sie denn nicht herein?!«

Ihre Augen begrüßen ihn in heller Freude.

Auch er sieht beglückt aus. Ihre fröhliche Frische, die einfache Selbstverständlichkeit, mit der sie seinen Besuch aufnimmt, tun ihm unsäglich wohl. Die Blödigkeit, die ihn noch eben gepeinigt hat, so daß er nicht anzuklopfen gewagt, fällt von ihm ab. Ihre einfache Natürlichkeit teilt sich ihm bis zu einem gewissen Grade mit, und dafür ist er ihr tief dankbar.

»Es ist gut, daß Sie wieder da sind«, sagt sie herzlich.

Er entgegnet: »Im Geiste bin ich *immer* hier gewesen.«

Sie nickt beistimmend. »Ich weiß. Sie hätten auch die äußere Trennung nicht herbeiführen sollen. Es nutzt Ihnen nichts.«

»Nein, es nutzt nichts«, bestätigt er leise.

»Daß sich unsere Wege kreuzten«, fährt sie fort, »ist Schicksal. Es mußte gerade so sein. Ehe wir uns wieder trennen, müssen wir ein Stückchen Leben gemeinsam leben.«

Er ist am Mitteltisch stehen geblieben, hält den Hut in der Hand und schaut auf seine Füße.

Sie geht mit ihrem schwebenden Schritt im Zimmer auf und ab und spricht in jenem halben, ganz intimen Ton, welchen man nur anschlägt, wenn man fühlt, daß der andere mit ganzer Seele lauscht, daß er die Gedanken von den Lippen liest und auch das noch hört, was unausgesprochen bleibt. Als sie schweigt, blickt er nur auf. Seine Augen sagen: »Hab' die Gnade, mich den Wohllaut deiner Stimme weiter hören zu lassen.«

»Es ist so herrlich, einen Menschen zu wissen, dessen bloße Gegenwart allein schon Genuß ist«, fährt sie fort. »Einen solchen in Erreichweite zu haben und nicht mit beiden Händen nach ihm zu fassen, ist einfach Wahnsinn. Es gibt nichts im Himmel und auf Erden, was einen so nutzlosen Verzicht rechtfertigen könnte.«

Er steht regungslos.

»Nun setzen Sie sich aber endlich! Soll ich Ihnen ein Glas Milch eingießen? Nein? – Essen Sie Himbeeren?«

Er lächelt, wehrt ab, atmet tief auf und rafft sich endlich zum Sprechen auf.

»Wenn ich nur nicht all dieses Interesse so deutlich als ein Mißverständnis empfände!« sagt er. »Sie phantasieren etwas in mich hinein! Sie überschätzen mich seltsam und würden bei näherem Hinblick eine starke Enttäuschung erleben. Dieser möchte ich vorbeugen. Ich ertrüge es nicht, die unausbleibliche Ernüchterung Moment für Moment sich vollziehen zu sehen.«

»Wie kommen Sie nur dazu, so lächerlich gering von sich zu denken, Sie, die Sie der erklärte Liebling Ihres Kreises, eines geistig hochstehenden Kreises sind? Das verstehe ich gar nicht.«

Er lächelt melancholisch. »Meine Freunde lieben mich, wie Erwachsene ein Kind lieben, seiner Hilflosigkeit wegen – halb aus Mitleid.«

»Unsinn! – Sie haben mich stark angezogen, das sehen Sie, das fühlen Sie. Mancher würde Sie darum beneiden. Man nennt das Erfolg.«

Er macht eine Bewegung mit den Schultern.

»Fürstinnen haben zuweilen wunderliche Grillen. ›Car tel est leur plaisir.‹* Begreifen kann man's oft nicht. Was ist an mir, das einer Frau gefallen könnte? Und gar Ihnen?«

»Das ist eine sehr überflüssige Frage. Sie gefallen – das genügt.«

Er blickt sie groß an, und seine sanften Augen zürnen.

»Wenn ich mit Frauen zu tun habe, will ich nicht nur als Intellekt gefallen oder dergleichen, sondern als Mann. Ich muß mich der Frau gegenüber, die ich liebe, als Mann *fühlen*, nicht als Spielzeug. Sonst viel lieber gar nichts.«

»Aber, lieber Doktor«, sagt sie mit heiterer Ruhe, »ich tue Ihnen ja gar keinen Zwang an. Fühlen Sie sich doch, als was Sie wollen! Ich wünsche mir nichts Besseres, als untergeduckt zu werden. Sie glauben gar nicht, wie wir Frauen uns gerade danach sehnen!«

»Ich weiß es. Aber wir sehnen uns eben beide nach etwas, was wir einander nie und nimmer schaffen können.«

»Eben sieht er aus, als ob er mich erschlagen möchte!«

* Weil es ihnen so beliebt.

denkt sie froh. »Wenn er mich doch schlüge! Ich glaube, ich würde ihm vor Dankbarkeit zu Füßen fallen.«

Laut sagt sie etwas anderes: »Was wir einander zu geben haben, können Sie heute noch so wenig wissen wie ich. Lassen Sie es auf den Versuch ankommen! Wer den Mut hat, Experimente zu wagen, der entdeckt Welten. Wir müssen uns ein paar Tage schaffen, in denen es nichts für uns gibt, als uns zwei und die herrliche Gebirgsnatur. Wir rücken einfach eines Morgens aus, sagen den Freunden nichts von unserem Ziel und mieten uns in der Majlathhütte am Popper See ein. Und am Südrand ragen die Zirbelkiefern so schwarz in das Sonnengold des Himmels hinein, wie auf einem Böcklinschen Bilde. Es ist göttlich schön dort! – Wir sitzen dann zusammen auf der Veranda überm See und schwatzen uns ungestört alles von der Seele. Beim ersten Mißton trennen wir uns.«

Er hat ihren Vorschlag staunend und errötend angehört.

»Ist dies Ernst oder Scherz?« stottert er.

Sie lacht ein helles, frohes Lachen.

»Das befremdet den verdorbenen Großstädter, der hinter dem geringsten Abweichen von den in seiner Gesellschaft waltenden Bräuchen gleich etwas Anstößiges wittert! Ich sagte Ihnen schon, daß wir Skandinavierinnen freier sind. Bei uns sieht niemand etwas Ungehöriges darin, wenn ein junges Mädchen mit einem jungen Manne reist. Es kommen auch keine Ungehörigkeiten vor; aber man lernt einander kennen und verstehen – ganz anders, als es bei eurer Polizeiüberwachung und Absperrung jemals möglich ist. Sie sind allerdings kein Nordländer, sondern ein Jude, aber ich traue Ihnen, wie ich je einem Landsmann getraut habe.«

»Und das Gerede?«

»Wer redet?«

»Die skandalsüchtige Welt.«

»Nun ja, die muß doch auch ihr Vergnügen haben.«

»Ist Ihnen das tatsächlich gleichgültig?«

»Ganz gleichgültig. Ich frage nichts, aber auch gar nichts nach dem Urteil von Menschen, die ich nicht lieb habe.«

»Aber es ist entsetzlich für den Mann, ein Weib in eine Situation zu bringen, in der er sie nicht nach jeder Seite hin decken und schützen kann!«

Wieder lacht sie. »Sie bringen mich ja in keine Situation! Ich bin es, die Sie verlockt und drängt. Also, Ihr zartes Gewissen kann sich wirklich zufrieden geben. Wollen Sie das Experiment wagen oder nicht?«

Sie sieht ihn so lieblich an, daß ein heißes Begehren nach ihr in ihm aufwallt.

»Ich bin nicht so stark und kühl wie Ihre Landsleute«, bekennt er, »es könnte sein, daß ich einmal die Herrschaft über mich verlöre.«

»Sie werden sie nicht verlieren.«

»Wenn aber doch? . . .«

Einige Augenblicke blicken sie einander fest in die Augen.

Gewitterschwüle!

Mit einer Willensanstrengung rafft sie sich zusammen.

»Es gibt Dinge, die sich nur erleben, nicht berechnen lassen. Mag doch der Augenblick über den Augenblick entscheiden. Was jetzt für mich feststeht, ist, daß wir ein Weilchen ungestört einander genießen müssen. Es wird schön sein, wie ein Märchen!«

Ihre Augen stahlen.

»Woher nimmt sie diese Zuversicht?« denkt Siegfried staunend. Zaghaftigkeit überkriecht sein Herz aufs neue. »Wie kann sie nur glauben, in vollkommener Einsamkeit mit mir allein Glück zu genießen! Wäre sie noch sinnlich verliebt, wie andere Weiber, dann, ja dann ließe sich's allenfalls erklären, obwohl sie sich dann einen anderen ausgesucht hätte, als mich. Aber keine Spur davon. Sie erhofft Emotionen, neue psychische Erlebnisse, denen sie nachspürt und die sie dann in das Buch ihres Wissens einregistriert. Dies lebensvolle junge Mädchen ist eine absolut wissenschaftliche Natur und auf einer ständigen begeisterten Forschungsreise nach dem Wesen des Menschen. Das will sie entdecken und verstehen, und wir sind die Versuchskaninchen.«

Stumm nachdenklich blickt er vor sich hin.

Sie sieht ihm deutlich an, daß er bereits wieder im Begriff ist, sich innerlich von ihr abzuwenden. Ungeduldig seufzt sie auf.

»Herrgott, was sind Sie eigensinnig!« ruft sie aus.

Er lächelt. »Sehen Sie, Sie fangen bereits an dahinterzukommen, was für ein langweiliger, untraitabler* Mensch ich bin. Sie würden's ja keine drei Tage aushalten im Tête-à-tête mit mir.«

»Das herauszufinden, überlassen Sie doch mir und benehmen Sie sich nicht wie eine eigensinnige Frau, die auf alle Argumente immer wieder mit ihrem ersten Wort kommt.«

Er lacht. »Nun zanken wir uns schon.«

»Dr. Lengner würde sagen, wir raufen«, meint sie gleichfalls lachend. »Aber das ist ja gerade sehr kurzweilig.«

Wieder begegnen sich die vier Augen in einem langen, tiefen, warmen Blick.

Plötzlich überläuft ihn ein Zittern. Er steht rasch auf.

»Ich tue, was Sie wollen.«

»Wann ziehen wir also los?«

»Morgen, wenn Sie mögen.«

Sie strahlt. »Gut; – morgen.«

Dann streckt sie ihm die Hand hin. Er ergreift die schlanken Finger, beugt sich darauf nieder und küßt sie, zart wie ein Hauch.

Unmittelbar nach diesem kühnen Unterfangen stürzt er hastig und verwirrt hinaus.

Helga bleibt in starker Gemütsbewegung auf der Stelle stehen. Langsam – vor sich selbst scheu, führt sie die Hand

* unnachgiebig

da, wo er sie geküßt hat, an die Lippen und läßt sie ein Weilchen da. Sie staunt und erschrickt über diese Regung; aber es ist ein mit Entzücken gepaartes Staunen. Und nun sieht sie plötzlich das Alleinsein mit Siegfried in einem ganz neuen Licht. Sie fühlt, daß Momente, wie der eben durchlebte, sich wiederholen werden, daß die Spannung zwischen ihm und ihr sich bis zur Unmöglichkeit steigern wird. Sie sieht ihn im Geiste schon vor sich, sieht die Erregung auf dem zarten, nervösen Gesicht, das Zürnen seiner Augen, das jähe Erblassen und dann, in Momenten des Selbstvergessens, das Hervorbrechen dieser scheuen und doch glutvollen Zärtlichkeit! ...

Einmal kommt sicher der Augenblick, da er sich nicht mehr beherrscht! Und dann wird er sie fassen und küssen ...

Sie streckt die Arme in die Luft und atmet schnell. Das Gesicht ist plötzlich glutübergossen.

Und dann?? ...

Wird sie ihn empört von sich stoßen?

»*Ihn*?! – O nein, ganz gewiß nicht.« –

Sie setzt sich auf den Schemel, mit einem Mal sehr ernst nachdenkend.

Dies ist nicht so, wie es sonst war. Diesmal könnte das kleine Sommererlebnis große, ungeahnte Folgen haben! –

»So weit, wie ich ihm entgegengekommen bin, so, wie ich ihn fast mit Gewalt an mich gerissen habe, kann ich ihn, wenn er nun seinerseits Ansprüche macht, nicht fortschikken, ohne zu handeln wie eine gewissenlose Kokotte. Ich hab' mich in eigener Schlinge gefangen. Wenn er mich nun ganz haben will, muß ich ihn ja heiraten. Ja – wenn er will, muß ich es. Ich, Helga von S., diesen kleinen Breslauer Juden!«

Das Lächerliche dieser Verbindung, das ganz äußerlich Lächerliche, tritt ihr vor Augen. Sie versucht, sich vorzustellen, wie sie mit diesem bescheidenen Journalisten in Breslau einen schlicht bürgerlichen Haushalt machen werde als

Frau Dr. Rosenfeld und ... und ... Heiß errötend versteckt sie das Gesicht in den Händen.

Es fällt ihr ein, daß die äußere Unterwerfung, ja Erniedrigung, wie das Sicheinfügen in ihr fremde, wenig zusagende Verhältnisse, das Annehmen eines fremden Namens u.s.w., welches alles ihrem selbstherrlichen Sinn widernatürlich und ungeheuerlich erscheint, als Symbol jener inneren Unterwerfung angesehen werden kann, die ihr als höchste, irdische Glückseligkeit vorschwebt.

»Wenn es nicht das Eigentliche ist«, sagt sie sich, »dann ist's wenigstens feine Verbildlichung. Ach, wäre er doch recht hart – zwänge er mich doch!« –

Am Abend dieses Tages ist Helga so ausgelassen fröhlich, wie die Freunde sie noch nicht gesehen haben. Hugo und Max sind wie berauscht von ihr, selbst Eugen läßt sich von ihrer prachtvollen Laune anstecken.

Nur Siegfried scheint zu leiden. Er allein bleibt stumm und bleich.

»Der arme Kleine!« denkt Max Winowsky teilnehmend, »sie hat ihn doch arg mitgenommen, diese nordische Jungfrau mit den blauen Sonnenaugen und dem Gletscherherzen.

Wieder ist es Nachmittag geworden.

Helga hat einige Briefe geschrieben und ihr Handköfferchen gepackt.

Auf ihren Wink haben Hugo und Max Eugen nach der Postredna begleitet zum Angeln. Dort sind sie für Stunden aufgehoben.

Eben hat sie ein erklärendes Briefchen für Eugen beendet und zusammengefaltet.

Sie steht am Fenster, knöpft die hundsledernen Touristen-Handschuhe zu und nimmt in Gedanken Abschied von dem geliebten Szeplak.

Die Scheckige grast einsam am Wegrande und läutet

leise, wenn sie den breiten Kopf bewegt. Die Quellbäche murmeln, und der kleine Brunnen plätschert. Ein leichter Bergwind wiegt die Tannenwipfel. Die Zipser Ebene in der Ferne liegt in flimmerndem Duft.

In einer halben Stunde soll der Wagen vorfahren, der sie nach dem Czorber See führt. Von dort wollen sie zu Fuß wandern.

Es ist nicht zu beschreiben, wie sie sich auf das vor ihr Liegende freut!

Sie kann nicht mehr warten. Das juchtene Geldtäschchen umgehängt, den langstieligen Schirm in der Hand, schlendert sie nach dem Kurhaus hinüber, wo sie mit ihm zusamentreffen soll.

Die hübsche Postverwalterin sitzt vor der Tür und plaudert mit einem guten Bekannten aus Schlagendorf.

»Ist Doktor Rosenfeld schon hier gewesen?« fragt Helga.

»Der Herr Doktor ist schon abgereist«, entgegnet ruhig das Mädchen.

»Ich meine nicht Doktor Hansen, sondern Doktor Rosenfeld«, sagt Helga mit Betonung der Namen.

»Ja, schon recht«, bestätigt die Posthalterin, »der kleine Herr mit den dunklen Locken. Er ist vor ein paar Stunden abgereist und hat einen Brief für das gnädige Fräulein hier gelassen.«

Sie tritt in den Flur, wo der Posttisch steht, kramt etwas in den darauf liegenden Briefschaften und reicht dann Helga ein mit ihrer Adresse versehenes elegantes Kuvert.

»Abgereist?!« stammelt Helga fassungslos; »Allein?! Wann denn?! –«

»Vor zwei Stunden etwa.«

»Wohin?«

»Nach Poprad hinuntergefahren ist er, zum Zuge.«

»Ist der Zug schon fort?«

»Jawohl. Vor 'ner kleinen Stunde muß er von Poprad abgefahren sein.«

Helga wendet sich und geht. Es ist ein langsames, mühsames Gehen, ein Vorwärtsschieben der Füße, und die Knie zittern ihr. Wer sie jetzt sieht, muß sie für eine Kranke halten.

Ihr ist entsetzlich zu Mute: als sei auf einmal alles ausgestorben, jegliches Lebensgefühl erloschen und sie von Gott und der Welt verlassen, allein zurückgeblieben in grauenhafter Öde.

Sie fühlt den Schmerz dieser grausamen Enttäuschung als ein physisches Zerren und Wühlen in der Brust; die Kehle schnürt er ihr zu! Sie möchte laut, ganz laut schreien vor ohnmächtiger Verzweiflung und kann doch nicht.

Todblaß, mit wankendem Schritt schleppt sie sich die Treppe ihres Logierhauses hinauf.

Im Zimmer wirft sie Schirm, Hut und Geldtäschchen zur Erde und sinkt auf das Bett.

Jetzt bricht sie in heißes, jammerndes, lang anhaltendes Weinen aus.

Aber der Verzweiflungsorkan tobt sich aus.

Sie setzt sich im Bett aufrecht, stützt die Ellbogen auf die Knie und die Stirn auf die geballten Hände und fängt an nachzudenken.

Ihre Nase ist rot, die Augenränder geschwollen, das Haar hängt aufgelöst und wirr über die Schultern. So sitzt sie und ordnet ihre Gedanken.

Plötzlich erinnert sie sich an den von Siegfried zurückgelassenen Brief.

Sie sucht danach, sieht ihn mit Schirm und Tasche am Boden liegen und nimmt ihn auf. Ehe sie ihn jedoch öffnet, steckt sie ihr Haar auf, wäscht sich die Augen und vernichtet den für Eugen bestimmt gewesenen Abschiedsbrief.

Ihr verweintes Gesicht trägt einen harten, entschlossenen Ausdruck. Ruhig öffnet sie Siegfrieds Briefumschlag und entfaltet den eng beschriebenen Bogen.

Ihre ernsten Augen nehmen einen konzentrierten Blick an. Sie liest:

»Teures, verehrtes Fräulein!

Ich weiß, daß Sie mir zürnen, wenn Ihre stolzen Augen auf diesen Zeilen ruhen, aber ich fühle mich Ihres Zornes so unwert wie Ihrer Gunst.

Ich bin nicht groß genug für ein Glück, wie Sie es für mich ersonnen hatten – nicht stark genug.

Ich bin Ihnen nicht ebenbürtig. Zu meiner Qual bin ich mir dessen in Ihrer Nähe stets bewußt. Sie wären zu rasch an die Grenzen meiner Kraft gestoßen, und das hätte ich nicht ertragen. Lieber sterben! Ich hätte Ihnen nie als *Herr* gegenüberstehen können, und der *Sklave* einer Frau will ich nicht sein, selbst Ihrer nicht.

Bedenken Sie, daß ich ein deutscher Jude bin, und daß mir dazu die Natur keine genügsame Seele, sondern brennenden Ehrgeiz, Stolz und Empfindlichkeit gab! So konnte mein Dasein nichts anderes werden als eine Tragödie.

Alles, was meine überempfindlichen Nerven berührt, wird für mich zum Leiden! An den starken Dingen leide ich, weil sie mich neidisch machen, und an den schwachen leide ich aus Mitleid, wühlendem, zehrendem Mitleid! –

So bin ich nicht recht lebensfähig – ich sehe es klar – und doch fehlt mir der Mut, mich zu töten. Ich bin feige, wie alle Menschen mit krankhaft empfindlichen Nerven – mir graut namenlos vor aller Gewaltsamkeit.

Und dann: das Leben, das mich lachend verhöhnt, ich liebe es! Ich liebe, was mich tritt.

Marc Aurel, das Moral-Genie, sagt einmal: Es ist ein dem Menschen eigentümlicher Zug, auch diejenigen zu lieben, die ihm wehe tun. Doch er hätte sagen sollen: den schwächlichen Seelen, den durch städtische Überkultur Verweichlichten, den Dekadenten. Der kraftvolle Mensch, der Tüchtige haßt das ihn Befeindende mit dem urwüchsig gesunden Trieb des Tieres.

Ich kann nicht anders als das lieben, was meiner eigenen Art entgegengesetzt ist: das Starke, Gesunde, naiv Brutale, das Naturwüchsige, blind Sichere – o wie ich das alles bewundere! Noch da liebe ich es, wo es mich schmäht und tritt – aber mich selbst verabscheue ich um solcher sündischen Liebe willen!

Diese Regungen verberge ich selbst vor meinen intimsten Freunden; wenn sie mich ganz durchschauten, sie müßten ja vor mir ausspucken. Ich ertrage aber keine Mißachtung! Meine Seele verschmachtet nach Anerkennung, nach Ehre vor den Menschen – vor mir selbst! – Und nun will ich Ihnen sagen, warum ich Ihnen diese traurige Beichte ablege.

Ich denke zuweilen, wenn mich in den Bergen das wahnsinnige Grauen des Schwindels überfällt: noch ein wenig länger, und ich stürze mich kopfüber in den Abgrund, um diesem unerträglichen Angstgefühl ein Ende zu machen.

Hörten Sie noch nicht von denen, die zum Selbstmord griffen, weil sie die Furcht vor dem Tode nicht mehr ertragen konnten?

Mir graute vor Ihrem in die Tiefen der Seele dringenden Blick. Mir wurde ganz elend bei der Vorstellung, wie der freundliche Nebel der Illusion, den Ihre Fantasie um mich gewoben, dem Sonnenblick naher Wirklichkeit weichen würde. Sie hätten Ihre Enttäuschung nicht verbergen können, vielleicht nicht einmal wollen.

Vor der Qual dieses Gedankens rette ich mich, indem ich einer Entdeckung Ihrerseits zuvorkomme und Ihnen mein Ich in seiner dürftigen Blöße selbst vor Augen lege. Ein von Eitelkeit und Ehrgeiz zerfressener Schwächling! – Kann man das lieben? – –

Ihnen begegnet zu sein, ist das Ereignis meines Lebens! Ihr Interesse, Ihre Sympathie wachgerufen zu haben, ist der einzige Erfolg, auf den ich stolz sein darf. Um nicht auch dies Schönste in einem kläglichen Fiasko enden sehen zu müssen, breche ich ab. Den schönen Augenblicken unseres letzten Zusammenseins zu zweien sollen keine minder schönen folgen. Den Schatz dieser Erinnerung werde ich hüten als ein Geiziger.

Darum verbanne ich mich lieber, so lang es noch Zeit ist,

selbst und kehre, um die beglückendste Erinnerung reicher, in meine Dunkelheit zurück.

Verzeihen Sie dem Schwachen den Egoismus der Schwäche, wenn Sie können!

Leben Sie wohl!

Ihr dankbarer Siegfried Rosenfeld.«

Es ist Spätherbst geworden. Der Wind spielt seine wilden Harfen-Melodien, und der Regen weint leise die Begleitung.

Ein Zimmer im Monopol-Hotel, Berlin: elegant, in dunklen Farben gehalten, voll von Polstern, Vorhängen, Teppichen.

Auf dem eckigen Tisch vor dem Diwan steht eine Korbschale mit dunkelroten Äpfeln, und daneben duften rote Nelken in einem hohen Kelchglas. Purpurfarben ist auch die Plüschdecke auf dem Tische. All dies freudige Rot leuchtet im Lichte der kleinen, tulpenförmigen Gasglühlampen, die als Kronleuchter von der Decke hängen.

Mit auf dem dicken Brüsseler Teppich unhörbaren Schritten geht Helga hin und her.

Sie trägt über dem marineblauen Reisekleid, »tailormade«*, einen kurzen ungarischen Schafpelz mit bunter Bauernstickerei.

Alles an ihr drückt Spannung und unruhige – nicht freudige – aber erregende Erwartung aus. Ihr Blick gleitet über die Gegenstände, ohne sie mit den inneren Augen zu sehen.

Sie stellt das Glas mit den Nelken auf einen anderen Platz; dann öffnet sie einen gelb gehefteten französischen Romanband, liest ein paar Zeilen, ohne den Sinn zu erfassen, und legt das Buch fort.

Sie zieht die kleine Uhr heraus, die sie an langer, doppelter Kette von venezianischem Dukatengold trägt, wirft einen Blick auf das Zifferblatt und nimmt eine auf dem Sa-

* maßgeschneidert

lonschreibtisch liegende Visitenkarte auf. Zum dritten Male liest sie:

»Dr. Hugo Lengner,
Wien«

darunter geschrieben: »wird sich die Ehre geben, zwischen fünf und sechs vorzusprechen.«

»Fünf Minuten nach fünf. Jetzt kann er kommen!«

Es klopft.

»Herein!«

Er ist es. Den nassen Regenmantel hat er draußen gelassen. Wie er jetzt vor ihr steht im schwarzen Gehrock, den Zylinder in der Hand, die weiten, schneeweißen Manschetten halb über die rot behandschuhten Hände fallend, sieht er so elegant aus, daß er ihr fremd erscheint – im ersten Augenblick.

Ihm fehlt auch der blasierte, etwas spöttische Ausdruck, den sie an ihm kennt. Sein Gesicht ist ernst und blaß.

»Als wenn er in der Kirche wäre«, denkt sie.

Sie gehen rasch auf einander zu und drücken sich warm die Hand.

»Gestern im Theater, im Foyer«, sagt sie, »konnte ich nicht. Es ist unmöglich, in diesem Gedränge über Intimes zu sprechen. Aber welch ein Glücksfall, Sie gerade zu treffen!«

»Sie sind also auf der Durchreise?«

»Ja, mit meinem jüngsten Bruder. Auf dem Wege nach Paris. Wir wollen lernen.«

»Wo ist Dr. Hansen?«

»Augenblicklich an einem Hospital in Kiel beschäftigt. Aber er kommt nach, sowie er sich freimachen kann. Was macht Ihr Freund Winowsky?«

»Oh, dem Max geht's gut. Sie haben in Prag eben sein neues Stück aufgeführt, und es ist ein ganz schöner Erfolg gewesen.«

»Ist er dort?«

»Ja.«

Ihre Lippen zittern plötzlich, und sie wird sehr blaß. Jetzt muß es kommen, fühlt sie.

Sie läßt sich auf den nächsten Sessel sinken und lädt ihn mit einer Handbewegung ein, sich gleichfalls zu setzen.

»Und nun« – ihre Nasenflügel zucken nervös, sie hebt das Kinn und sieht ihm leidenschaftlich erwartungsvoll in die Augen. »Erzählen Sie von Rosenfeld.«

Auch er wird um eine Schattierung bleicher, senkt den Blick und spielt mit den Quasten der roten Tischdecke.

»Sie wußten es?« fragt er leise.

»Aus der Zeitung!! Aus der Zeitung, denken Sie!«

»Ein schöner Tod!«

»Waren Sie dabei?«

»Nein; das heißt in Breslau war ich, als es geschah; den Abend vorher noch mit ihm zusammen. In Breslau hat man in jenen Tagen von nichts anderem geredet.«

»Erzählen Sie alles, was Sie wissen!«

Er spricht mit halber Stimme, die Stirn gesenkt.

»Also irgendein Bub, der Turnübungen am Brückenrand gemacht hat, hat das Gleichgewicht verloren und ist in die Oder gestürzt. Der Siegfried ist – auf dem Wege zu mir – gerade über die Brücke gegangen. Ohne sich nur zu besinnen, ist er dem Buben nachgesprungen.«

»Besonnen wird er sich schon haben«, meint sie nachdenklich leise; »das macht man manchmal sehr rasch. Und weiter?«

Er spricht erregt. »Es gelingt ihm, das Kind zu fassen und über Wasser zu halten, bis das vom Ufer abgeschickte Boot ihn erreicht. In dem Moment, wo man vom Boote aus den halb ohnmächtigen Buben packt, ist der Siegfried ohne einen Laut untergesunken.«

»Hat man ihn denn nicht herausgezogen?!« ruft sie.

»Ja, aber er war schon tot. Wahrscheinlich ist es ein Herzschlag gewesen.«

»War er ein sicherer Schwimmer?«

»Ziemlich.«

Sie seufzt und schlingt die Finger fest ineinander. Ihre Augen sind weit geöffnet, der Blick von einem Ernst, der fast streng aussieht.

Hugo fährt fort: »In seiner Tasche hat man einen Brief von mir gefunden, und da brachten sie ihn in meine Wohnung.«

»Sie waren zu Hause?« ruft sie erregt.

»Ja! Ich hab' ihn ja erwartet den Morgen! – das war furchtbar.«

»Wie sah er aus?«

»Schön. Ruhig. Weiß Gott, ich hab' ihn beneidet, den lieben Kerl.«

Sie ist aufgesprungen und geht mit raschen Schritten auf und nieder. Ihre blauen Augen leuchten seltsam.

»Lieber Gott, wie muß er das genossen haben!« ruft sie aus. »Diesen Augenblick des Sieges, des Heldentums! Davon hat er immer geträumt wie von etwas Unerreichbarem. Brennend hat er sich das ersehnt!«

»Ja«, sagt Hugo, »sein Leben ist durch den unglückseligen Zweifel am eigenen Wert vergiftet worden. Er war der liebenswürdigste, anständigste Mensch. Im Stillen hat er fort und fort wohlgetan. Wir alle liebten ihn. Und dabei hat er sich selbst nicht recht ertragen können.«

»Denken Sie, wie ihm vor jeder Gewaltsamkeit graute!« fährt sie in ihrem leidenschaftdurchzitterten Tone fort; »und wie er das hilflose Kind im Wasser sieht, vergißt er plötzlich alles! Und der ganze zentnerschwere Ballast von Angst und Zweifel und Grauen fällt von ihm ab wie morsche Lumpen, und er wirft sich mit einer Lust, die niemand ausdenken kann, dem Tode in die Arme! Von sich selbst erlöst durch sich selbst! – Mein Gott, was hab' ich ihn lieb!«

Hugo blickt mit lebhaftem Erstaunen auf.

»Und doch ließen Sie ihn gehen?!«

»Er ließ mich gehen. Er wollte ja nichts von mir wissen. Wollte nicht.«

»Aber auch Sie ließen los.«

Sie schweigt eine Weile, in Nachdenken versunken. Dann bleibt sie vor ihm stehen.

»Es war nicht möglich«, sagt sie; »wir konnten nicht zusammenkommen. Weil wir zu einer Zeit leben, in der die alte Ordnung sich verschoben hat. Alles Liebesverlangen rückt das nicht zurecht. Wir sind andere, als unsere Eltern waren: andere Männer und andere Weiber, – und doch verlangen wir noch von einander die Ergänzung nach der alten Weise. Es ist etwas Unmögliches, was wir vom anderen Geschlecht wünschen, und daran kranken wir Geschöpfe einer Übergangszeit. Wie die Unterschiede, die sonst zwischen Mann und Weib waren, sich zweifellos verwischen, so muß das alte Ideal des gegenseitigen Verhältnisses schwinden.

Und es schwindet – langsam, aber sicher. Was nutzt es, ihm nachzujammern? Das Naturgesetz der Weiterentwicklung stoßen wir nicht um.«

Ihre blauen Augen haben einen visionären Blick.

»Ja«, meint Hugo, »wir Männer sind halt Spätlinge einer überlebten Kultur, während Ihr Weiber erst anfangt, Euch freier zu bewegen und Eure unverbrauchten Kräfte zu erproben. An Euch ist alles jetzt Drängen und Werden. Aber wo soll's hinaus? Entbehren können wir einander ja doch nicht.«

Sie sieht ihn lieb und ein wenig traurig an.

»Nein, wir können und wollen einander ganz gewiß nicht entbehren. Aber wir Frauen müssen verlernen, uns als Eure Kinder fühlen zu wollen, weil Ihr uns kein Vater mehr sein könnt. Es kommt eben jetzt die Zeit unserer Mündigkeit. An Stelle des herrlichen Kindschaftsverhältnisses wird das geschwisterliche, das freundschaftliche treten.«

»Wird das schöner sein?« meint er zweifelnd.

»Danach fragen Sie nicht mich! Fragen Sie die Geschichte, die so viel Wunderschönes begräbt, um Neues zu bringen! Fragen Sie die rastlos ummodelnde, rastlos weiterschreitende Natur, nicht mich! Ich kann Ihnen nur sagen, daß es kommt.«

Vom Wintergarten, wo die Hotelgäste dinieren, tönt Musik herauf: klagende, jauchzende, schmeichelnde Walzer. Und die Töne wiegen den wachen Verstand in Schlaf und lösen das Denken auf in wehmütig süßes Träumen.

Laß mich nun vergessen!

Weiche, lieber Schatten, weiche
Störe nicht des Tages Leben!
Ist Dir doch der Traum ergeben
Daß Dein Bild mir nicht verbleiche.

Gehe, zu den Toten gehe,
Wo ich Dir den Platz gewiesen;
Will ich leben und genießen,
Kann ich's nicht, wenn ich Dich sehe.

Margarethe v. Bülow*

* Margarethe v. Bülow (1860–1884), Schriftstellerin; Schwester Frieda v. Bülows; ertrank im Rummelsburger See (heute Ost-Berlin) bei der Rettung eines im Eis eingebrochenen Jungen.

Gunhild erwachte.

Ein breiter Sonnenstreifen kam durchs Fenster. Gedämpftes Wagenrasseln und das dumpfe Rauschen und Brausen war hörbar, das den Zusammenklang der tausendfältigen Großstadtgeräusche abgibt.

Sie hatte gut geschlafen. Auch geträumt. Was es für ein Traum gewesen war, darauf konnte sie sich nicht besinnen, sie fühlte nur, daß es etwas Schönes gewesen sein mußte.

Im Korridor draußen ging und sprach man. War das nicht Edmunds Stimme? Jawohl. So früh ging er schon fort! Dann mußte sie wirklich aufstehen.

Aber schade! In dieser wohligen Stimmung liegen und träumen, das war zu schön!

Über ihrer Seele lag der Schatten einer alten, sehr lieben Erinnerung.

Plötzlich wurde sie ganz nachdenklich.

Ihr war eingefallen, daß sie heute dreißig Jahre alt geworden war.

»Das Ende der Jugend!« sagte sie leise.

Das stimmte melancholisch.

Sie stand auf und trat im Nachthemd, das sie schneeig bis zu den rosigen Fußspitzen umwallte, vor den Spiegel.

Ja, sie fand sich schön, – immer noch.

Mit den schlafgeröteten Wangen, den grauen Augen unter fein und ausdrucksvoll gezeichneten Brauen, den roten, etwas vollen Lippen, dem runden Kinn, den kleinen Ohren und der Fülle welligen aschblonden Haares.

Sie hatte sich ihr Leben lang schonen und pflegen können. Darum war sie nicht vor der Zeit verwelkt, wie viele andere, sondern frisch und blühend.

Und ihr Wuchs war einfach tadellos. Jeder Bildhauer hätte sie zum Modell für eine Göttin brauchen können.

Sie selbst konnte nicht anders urteilen. Gleichwohl verhehlte sie sich nicht, daß Fremde sie mit minder liebevollen Augen betrachteten, und daß die alten Verehrer demnächst von ihrer Schönheit sagen würden: sie »war«.

Es war einmal so im Gesetz der Natur, daß die Leibesschönheit der Jugend zukommen sollte und die Seelenschönheit dem Alter.

Wenn es aber dem weiblichen Teile der Menschheit hart ankam, von Jugend und Schönheit Abschied zu nehmen, so lag es an der verkehrten Auffassung, daß alles Frauenglück auf Manneslіebe basiere, und daß die Liebe des Mannes meist von Jugend und Schönheit des Weibes abhing.

Diese Gedanken zogen durch ihr Gemüt, ohne sie sonderlich aufzuregen. Es waren Gedanken, die in der Luft lagen, die das Gesprächsthema ihrer Freundinnen bildeten, die man alle Tage hörte, alle Tage las, die darum jeder halbwegs gebildeten Frau geläufig waren.

Gunhild stieg in ihre Kautschukwanne und übergoß sich unter Plantschen und Prusten reichlich mit kaltem Wasser.

Dann bearbeitete sie ihren Körper kräftig mit dem Frottierhandtuch und schlüpfte in die Normal-Unterkleidung.

Halb angekleidet öffnete sie das Fenster, um an der Luft turnerische Freiübungen zu machen, wie es ihr der Vetter Edmund, der Nervenarzt war, anempfohlen hatte.

Es war ein naßkalter Herbstmorgen.

Gunhild schaute zum Fenster hinaus und hinab auf das glänzend nasse Dach einer unten wartenden Droschke.

Der Gaul mit einer braunen wollenen Decke über dem Rücken spreizte die Beine und hing den Kopf. Ein Kutscher war nicht zu sehen. Der nahm wohl gerade in der Destille der nahen Ecke seinen Frühschoppen.

»Wäre ich ein Künstler«, dachte Gunhild, »ich würde die Geduld nicht als Engel, sondern als Droschkengaul darstellen.«

Gerade vor der Wohnung weitete sich der Kanal* zur Bucht und bildete mit seinen Parkanlagen am Ufer und dem an einen griechischen Tempel erinnernden van Lennepschen Palast einen der landschaftlich schönsten Punkte Berlins.

* Landwehrkanal

In der Bucht schwamm langsam, kaum bewegt, eine Schar wilder Enten.

»Nicht, daß ich das Feenhafte der Liebe nicht zu schätzen wüßte«, sagte der Kommerzienrat von Solmonsky zu Gunhild, »im Gegenteil! Es liegt ein Reiz darin; dann aber kommt die Überlegenheit, und die Sache stellt sich anders.«

Zum großen Erstaunen des reichen Gönners versteckte Gunhild ihr Gesicht in das Batisttaschentüchlein und verfiel in krampfhaftes, ununterdrückbares Lachen.

Herr von Solmonsky war der Hausfreund der verwitweten Professorin, Gunhilds Tante, der er seit Jahr und Tag in allen Vermögensfragen beratend zur Seite stand. Denn Tante Albertine war eine lebhafte und kluge Frau, aber von geschäftlichen Dingen verstand sie so wenig wie ein kleines Kind.

Herr von Solmonsky schwärmte aber für eine gewisse glänzende Geistespolitur und im Besonderen für Weltdamen, die damit brillierten.

Darum hatte er sich als Hausfreund in dem Salon der Professorin eingebürgert.

Für Gunhild, die früh verwaiste, schöne Nichte, hatte er eine ganz väterliche Zuneigung, weshalb er sie gern mit seinem ältesten, mäßig begabten, aber vom Vater nicht minder geliebten Sohne verheiratet hätte.

Leider mußte er, sooft er auf die Heiratsfrage anspielte, bemerken, daß es Gunhild in beklagenswerter Weise an dem Sinn für das Nützliche fehlte.

Wenn er ihr klar zu machen suchte, daß es nunmehr Zeit für sie sei, an eine solide Verbindung zu denken, sagte sie, wie ein Backfischchen, das seine Lebensauffassung aus Familienblatt-Romanen schöpft, man müsse doch lieben, um heiraten zu können.

»Sie lachen, mein liebes Fräulein«, sagte der Kommerzienrat, als er sich von dem Schreck über ihre Aufnahme seiner schönen Tirade erholt hatte, »aber, erlauben Sie, die Sache ist gar nicht lachhaft. Wie lange wird Ihnen Ihr wohlkonserviertes Exterieur noch annehmbare Bewerber garantieren? Wir werden älter, das wollen wir uns doch nicht verhehlen. Noch zwei, drei Jährchen, dann hören die Eroberungen auf. Bei der Nähe des Ultimo pressiert die Sache. Also wird eine kluge junge Dame unter so bewandten Umständen von dem poetischen Hauch der Liebe naturgemäß Abstand nehmen.«

Gunhild sah den alten Herrn aus grauen Schelmenaugen, in denen noch die Lachtränen glitzerten, an, und suchte sich zu fassen. Dann nickte sie, als sei sie nun überzeugt, ernsthaft mit dem Kopfe.

»Eigentlich hat er nämlich recht«, dachte sie, »und was das ›Feenhafte der Liebe‹ anbetrifft, so hab' ich davon genug. Ich werde also naturgemäß davon Abstand nehmen.«

Herr von Solmonsky war heute gekommen, um Gunhild zum Geburtstage zu gratulieren.

Man saß im Salon der Professorin, einem schönen, mit modischem Komfort eingerichteten Erkerzimmer.

Auf dem Diwan saß die Professorin, eine sechzigjährige Frau voll jugendlicher Lebendigkeit mit schneeweißem vollem Haar, rosigem Gesicht und lustigen braunen Augen.

Neben ihrer fünfundachtzigjährigen Mutter hatte Tante Albertine vollkommen das Wesen einer noch jugendlichen Frau behalten und deshalb wurde sie auch von keinem ihrer Bekannten für alt angesehen.

Die Großmama, die nahe dem Ofen in einem Rollstuhle saß, war vor Jahren vom Schlage getroffen worden. Ihr Kopf hing auf die Brust herab und wackelte unablässig hin und her.

Die alte Dame konnte sich kaum bewegen und nur ganz undeutlich sprechen. Doch folgten ihre kleinen roten Augen aufmerksam dem, was um sie her vorging.

Sie wollte immer bei der Gesellschaft sein. Keiner in dem Zimmer liebte das Leben so und war so darauf erpicht, es bis zum letzten Tropfen zu genießen, wie die Greisin.

Um die Großmama war ihre Gesellschafterin, ein bescheidenes Fräulein, um das sich niemand kümmerte, weil es nicht verstand, irgendwelche Ansprüche zu machen.

Außer dem Kommerzienrat war ein dem Hause befreundeter Professor der Malkunst als Geburtstagsgratulant erschienen.

Dieser bestürmte Gunhild, ihm für eine Walküre zu sitzen; er arbeitete gerade an einem Wagnerzyklus.

Das Zimermädchen meldete: »Fräulein Doktor Korella.«

Ein Wesen trat ein, bei dem sich auf den ersten Blick nicht recht erkennen ließ, war es ein verkleidetes Weib oder ein Knabe.

Ein schlankes, feingliedriges Geschöpf, in russischen Kniehosen, Gamaschen und russischer Bluse, ungefähr wie der ›Prinz‹ in der ›Fledermaus‹ anzusehen. Auf dem dunklen, kurz geschnittenen Haar saß eine Art Wagnermütze. Ein schmales, fein geschnittenes Gesicht schaute unter der verwegenen Mütze vor mit großen, dunklen, leidenschaftlichen und schwermütigen Augen.

Diese Augen widersprachen eigentümlich genug der Knabenhaftigkeit der Gesamterscheinung.

In der Hand hielt Senta eine lange Reitgerte. Ein prachtvoller Leonberger folgte ihr auf dem Fuße.

»Hier hat Nero doch auch Eintritt?« sagte sie. »Ich habe in den Familien, die einen wohlerzogenen Hund nicht im Zimmer dulden, einfach meine Besuche eingestellt. Übrigens guten Tag. Wie geht's euch allen?«

Die Professorin und Gunhild begrüßten das seltsame Mädchen freudig.

Dagegen schauten der Kommerzienrat und der Malprofessor sehr kritisch drein.

Senta grüßte die Anwesenden in corpore, indem sie die Reitgerte zur Mütze führte.

Sodann erhielt Gunhild extra einen kräftigen Händedruck.

»Ich wünsch dir zum neuen Lebensjahr einen Überschuß

an Nervenkraft«, sagte sie vertraulich; »darauf kommt doch schließlich alles hinaus, was man so Glück nennt.«

Ehe Gunhild antworten konnte, war Senta schon bei der Großmama, der sie ein freundliches Wort über ihr frisches Aussehen sagte, und dann tätschelte sie das lächelnd errötende Gesellschafts-Fräulein auf die Wange.

»Was machen wir denn, kleine Maus?«

Es war etwas vom Gewohnheits-Hofmacher und vom Lebemann in ihrer Art, mit Frauen zu verkehren.

Aber sie hielt sich nicht lange dabei auf, sondern setzte sich in einen Lehnstuhl, legte ein Bein über das andere und zog mit unbekümmerter Miene eine Zigarrentasche vor.

»Man darf doch rauchen, schöne kleine Professorin?«

»Wozu hast du eigentlich diese gräßliche Peitsche bei dir, Kind?« fragte die Professorin.

»Der Hunde wegen. Ich bin hergeradelt, um Zeit zu sparen, und wenn die Hunde sich vor Nero fürchten, rennen sie mir mit Vorliebe gerade ins Rad. Nero, komm her. So, hier leg dich.«

Sie war wie ein Wirbelwind. Von dem Augenblick ihres Eintretens an war sie der Mittelpunkt des Kreises. Man ahnte nie, was sie im nächsten Moment sagen oder tun werde, darum war die allgemeine Aufmerksamkeit ihr fortgesetzt zugewandt.

Senta Korella gehörte zur äußersten Linken der Frauenrechtlerinnen. Sie schreckte vor keiner Folgerung zurück, sondern war ihrer ganzen Natur nach radikal. Ihr Vater war ein neapolitanischer Revolutionär gewesen, die Mutter eine Deutsche von altem Adel. Vom Vater hatte Senta das Temperament und die Schönheit, von der Mutter die eiserne Kraft des Willens.

Sie hatte beide Eltern früh verloren und hatte sich dann aus eigenem Triebe zur Universität vorbereitet und in noch sehr jugendlichem Alter Jura studiert. Vor einigen Jahren hatte sie sich als Rechtsanwalt für Frauen in Berlin niedergelassen.

Sie übte auf Frauen einen eigentümlichen Zauber aus, und es fehlte ihr nie an Klientinnen. Neben ihren Amtsgeschäften fand die jetzt Achtundzwanzigjährige Zeit, alle Arten von Sport zu treiben und lief, wo es irgend anging, wie ein Junge herum.

»Ich glaube, Gunhild, du trägst schon wieder den verfluchten Panzer!« rief sie plötzlich in gewohnter Schroffheit und Unverfrorenheit durchs ganze Zimmer. »Ist es möglich, daß eine so kluge Person nicht begreift, daß sie damit die ganzen schönen Linien ihres Körpers verdirbt?! Wenn ich so gerade Flächen sehe, wird mir immer ganz schlecht. Als ob wir aus Platten und harten geradlinigen Kanten beständen!«

»Schaff uns eine andere Tracht«, sagte Gunhild. »Solang die heutigen Schnitte herrschen, trag ich den Panzer, auf den sie eingerichtet sind.«

Der Kommerzienrat und der Malprofessor entflohen. Männer hielten es gewöhnlich nicht lange in Senta Korellas Gesellschaft aus.

Senta schaute vergnügt nach der Tür, die sich hinter den Herren geschlossen hatte.

»Gott sei Dank! Jetzt ist man wieder unter sich«, sagte sie. »Das ist das einzige, was mir an euch nicht gefällt, daß ihr immer welche von diesen entsetzlich öden Mannsleuten um euch herum habt. Aber ich weiß, wie man sie fortgrault.«

»Und rühmst dich dessen!« lachte die Professorin. Sie selbst hatte sich ihr Leben lang des Gegenteils gerühmt; nämlich daß sie die Männer zu fesseln wußte.

»Ich an eurer Stelle«, fuhr Senta fort, »hätte mir diese Leute längst abgewöhnt.«

Sie blies mit Behagen kleine bläuliche Rauchringe in die Luft.

Aber die Freude war kurz. Draußen wurde mit dem Drücker die Wohnungstür geöffnet. Senta zog horchend die Brauen hoch.

Gleich trat auch schon der Störenfried ein. Es war der Sohn der Professorin, der Arzt, ein schlanker, blonder, recht hübscher Mensch mit klugem Gesicht, à la Sträfling geschorenem Haar und kurzem, nach der letzten Pariser Mode zugestutztem Vollbart.

Er verneigte sich ziemlich förmlich gegen Senta, die den Gruß mit einem herablassenden Kopfnicken erwiderte, und ging rasch auf Gunhild zu.

»Guten Morgen, verehrteste, allergnädigste Cousine! Ich hatte heute noch nicht den Vorzug, dich zu sehen. Du gestattest wohl, daß ich dir meine Glückwünsche zu Füßen lege.«

Damit reichte er ihr einen Strauß langstieliger blaßgelber Nelken.

Sie steckte die Nase in die Blumen und sagte in sehr herzlichem Tone: »Danke.«

Senta aber deklamierte spottend: »Das Schönste sucht er auf den Fluren.«

Edmund griff in die Brusttasche und entnahm ihr einen Pack Papier, aus welchen er einige Briefe hervorsuchte.

Senta beobachtete ihn dabei.

»Habt ihr schon bemerkt«, sagte sie, »daß alle Männer stets einen Haufen unnötiger Papiere in der Tasche herumtragen? Ganze Archive. Kein Mensch weiß, wozu.«

Der junge Mann blickte flüchtig nach der Spötterin.

»Wenn ich Zeit und Stimmung hätte«, bemerkte er obenhin, »wollt' ich ihnen schon heimzahlen.«

»Man muß einfach Zeit und Stimmung haben«, meinte Senta, »sonst ist das eben Pech.«

»Hier, diese Briefe sind nämlich für dich«, sagte Edmund zu Gunhild. »Ich nahm sie dem Postboten unterwegs ab.«

Gunhild nahm die Briefe, warf einen Blick auf die Handschriften und legte sie mit gleichgültiger Miene auf den Tisch.

Ihr Vetter beobachtete sie und gab ihr zuletzt noch einen Brief.

Gundhild sah die Adresse etwas länger an, als bei den vorigen, und legte ihn dann zu den übrigen.

Aber mit einer anderen Handbewegung, als vorher – langsam, wie zögernd.

Sie sah nicht mehr gleichgültig aus, sondern tief in Gedanken und dabei erregt.

Edmund zog fast unmerklich die Stirn in Falten und wandte sich Senta zu, mit der er boshafte Neckereien austauschte.

Die kleinen scharfen Wortgefechte zwischen ihrem Sohn und Senta bereiteten der Professorin das lebhafteste Vergnügen. Wenn Edmund schneidig parierte, freute sie sich als Mutter, und wenn Senta gute Antworten gab, freute sie sich als Geschlechtsgenossin.

Sowie Gunhild die anderen hinlänglich miteinander beschäftigt wähnte, stand sie leise auf und ging mit ihren Briefen aus dem Zimmer.

In ihrem eigenen Zimmer angekommen, warf sie die Briefe auf den Tisch und behielt nur den einen in der Hand.

Wieder schaute sie gedankenversunken auf die festen Schriftzüge.

Sie suchte die eigene Empfindung zu begreifen.

Ein Brief von dieser Hand kam jedes Jahr zu ihrem Geburtstage. Es stand wenig darin: Worte. Sie dachte gar nicht oft an den Schreiber. Auch heute war ihr noch nicht eingefallen, daß das jährliche Lebenszeichen von ihm fällig war.

Und doch war jäh beim Erblicken dieser Handschrift ein Sehnen über sie gekommen, so heftig, daß es wie ein Zerren in der Brust zu fühlen gewesen war.

Und darüber staunte sie.

Was hatte denn das zu bedeuten?! Was ging da heimlich in ihr vor, ohne daß sie darum wußte? Sehnte sie sich etwa nach ihm? Noch heute?! – Unmöglich! – Sie zerriß mit einer heftigen, ärgerlichen Bewegung den Briefumschlag, entfaltete den eleganten dicken Bogen und las.

Gleichmütig las sie konventionelle Worte. Mit einem Achselzucken legte sie das Schreiben aus der Hand.

Nein, wie still das alles in ihr blieb! Nichts von dem einstmaligen Zittern und Jubeln. Das war alles lang abgetan. Nein, nach ihm sehnte sie sich nicht mehr. Plötzlich verstand sie.

Nicht ihm hatte jener Augenblick brennender Sehnsucht gegolten, sondern ihrem eigenen toten Liebesgefühl. Einmal wieder jenes stürmische Entzücken zu erleben, das sie damals, vor langer Zeit, durchschüttelt hatte, wenn sie einen seiner Briefe in die Hand bekommen! Das einmal wieder fühlen zu können! Es umschloß doch alle Seligkeiten!

Sie lächelte.

Wie sie damals diese Briefe an die Lippen gepreßt hatte! Wieder und wieder, ehe sie Besinnung gefunden, sie zu öffnen!

Und heute? –

Mit einer Art sich selbst belauschender Neugier führte sie das Kuvert, wie sie damals getan, an den Mund. Aber sie empfand nur, daß ihre Lippen Papier berührten. Papier, das Gott weiß, welche Postbeamtenfinger befaßt hatten.

Es war wie ein Kuß des nicht mehr Gläubigen auf eine Reliquie, nichts Echtes, Spontanes, Begeistertes, sondern nur etwas künstliche Pietät, deren sich das Herz in seiner Tiefe schämt.

»Nein, nein!« Nicht ihm galt jener tiefinnere Schrei der Sehnsucht. –

Sie ging erregt auf und nieder.

»Laß mich nun vergessen!« murmelte sie, »laß mich vergessen!

Erinnerung, laß mich endlich in Ruhe! Ich will Ruhe haben. Ich verlange sie als mein gutes Recht. Ich will den Tag genießen, weil er mein ist. Die Toten zu den Toten!

Ich will nicht mehr das freundlich stille Licht des Augenblicks verdunkelt sehen durch das Andenken an eine Sonne, die unterging.

Ich will leben!«

Ihr Gesicht trug einen Ausdruck trotziger Entschlossenheit.

Nach und nach wurde sie ruhiger.

Sie sank in den Schaukelstuhl, legte die Hände auf die Armlehnen und wiegte sich leise.

Ihre Gedanken nahmen eine Richtung ins Praktische.

Onkelchen Solmonsky hatte ganz recht. Sie wollte nun endlich heiraten, um ihrem Leben eine feste Form zu schaffen. Nicht den trottelhaften Siegfried Solmonsky, aber vielleicht den Vetter Edmund.

Der war sympathisch und begabt und machte gewiß eine schöne Karriere. Er war auch wohlhabend genug, um nicht bei seiner Frau auf Geld sehen zu müssen.

Edmund hatte sich ein wenig in sie verliebt. Sie durfte ihn nur ermuntern.

Sie lehnte den Kopf zurück und sah an die Decke, die freilich mit farbigem Stuck mehr als schön überladen war. Dennoch fand sie, daß es sich so am besten träumen lasse.

Seit acht Monaten lebte sie nun ganz bei der guten Tante Albertine und sah Edmund täglich.

Da sie auch früher in stetem Verkehr gestanden, waren sie fast wie Bruder und Schwester miteinander gewesen, und sie hatte an etwas anderes nicht gedacht.

Aber sein Wesen hatte sich seltsam geändert.

Er gab sich nicht mehr so frei und unbefangen, schien sie zuweilen sogar zu meiden. Sie bemerkte aber, daß er sie beobachtete, ja studierte. Äußerungen, die ihm entschlüpften, verrieten ihr das.

Da wußte sie, daß er im Begriff war, sich in sie zu verlieben.

»Mit meinen dreißig Jahren!« dachte sie geschmeichelt. »Und er hat unter so vielen jungen Mädchen die Wahl.«

Anfangs, als er noch unbefangen war, hatten sie auch über das Heiraten gesprochen.

Sie hatte ihm gesagt, daß sie unverheiratet geblieben sei,

weil sie nicht über ihre erste Liebe habe fortkommen können. Er wußte auch, wer der Gegenstand ihrer Neigung gewesen war.

Und er hatte ihr geantwortet, so eine ausschließliche Passion tauge nichts. Dergleichen sei auch eigentlich nicht Liebe, sondern Hysterie.

Worauf sie, leuchtend von glücklicher Erinnerung, entgegnet hatte: »Dann ist Hysterie das Allerschönste auf der Welt.«

Er seinerseits hatte ihr anvertraut, daß er sich schon sechsmal verliebt habe, aber immer nur ziemlich flüchtig in niedliche kleine Dinger, die ihm immer bald langweilig geworden seien. Einmal werde er aber nun doch Ernst machen und sich eine Frau suchen. Sie müsse über zwanzig und unter fünfundzwanzig sein, das sei zum Heiraten das beste Alter. Seine Frau müsse blondes Haar haben und glatte Scheitel. Auch dürfe sie weder rauchen, noch Rad fahren, noch sonstige empanzipierte Moden mitmachen.

Tags darauf hatte sie sich aus purem Übermut ein Fahrrad gekauft und Zigaretten.

Sie lächelte bei der Erinnerung. Das war wirklich sehr lustig gewesen.

Leise öffnete sich die Tür, ohne daß ein Klopfen vorhergegangen war.

Senta sah herein.

»Stört man?«

»Nein.«

Nun trat sie ins Zimmer und der große Hund nach ihr.

»Ich wollte doch sehen, wo du bliebst, Ausreißerin! Ist das schön, mir so deine Gesellschaft vorzuenthalten? Nicht mal höflich kann ich es finden. Glaubst du vielleicht, es macht mir sonderliches Vergnügen, mich mit deinem aufgeblasenen Vetter herumzubeißen?«

»Jedenfalls freut es die Tante.«

Hierauf blieb Senta die Antwort schuldig.

Ihr scharfer Blick hatte neben den vielen noch ungeöffneten Geburtstagsbriefen den einen offenen erspäht, der unterzeichnet war: »Ihr in alter Verehrung ergebener –« Der Name war etwas unleserlich.

Senta kombinierte rasch.

Ihr Finger zeigte auf den Brief, ihre dunklen Augen loderten.

»Aha. Dies also.«

»Was?« fragte Gunhild ruhig; aber sie errötete.

»Du bist vorhin nur weggelaufen, um ohne Zeugen diesen Brief zu lesen. Und er hat dich so beschäftigt, daß du die anderen nicht einmal geöffnet hast. Der Brief von einem Mann!«

Jetzt lachte Gunhild.

»Wenn du nicht Hosen anhättest und eine Hundepeitsche in der Hand und nach Tabak röchst, würde man dich nach diesem Entrüstungsschrei für eine zimperliche alte Jungfer und würdigen Tugenddrachen halten.«

Senta hatte sich auf dem Fußboden niedergelassen neben dem gewaltigen Nero. Sie legte jetzt die Arme um des Hundes zottigen Hals und die Stirn gegen seinen Kopf.

Gunhild wartete auf eine scharfe Entgegnung. Nichts kam. Senta verharrte regungslos und stumm.

»Senta!«

Der dunkle Kopf mit der Wagnermütze hob sich. Ein vorwurfsvoller düsterer Blick aus feuchten Augen traf Gunhild.

Dies trotzige, traurige, verhaltene Leidenschaft verratende Gesicht war unstreitig sehr anziehend.

»Du bist wie alle!« sagte Senta im Tone eines schweren Vorwurfs.«

Gunhild entgegnete: »Warum soll ich denn anders sein, als alle? Du weißt, daß ich deine Liebhaberei für das Absonderliche nicht teile. Da ich eine Frau bin, will ich am liebsten eine recht normale Frau sein. Die Abnormitäten gehören in Spiritus.«

»Ja, wenn es nur normale Frauen gäbe!« rief Senta. »Dazu hat man uns aber niemals werden lassen. Um uns normal, das heißt unserer Natur gemäß entwickeln zu können, mußte man uns nicht in Fesseln legen und mit unzähligen Hemmnissen umgeben. Was wir heute sind, das sind vom Manne abgerichtete Last- und Luxus-Sklavinnen, die fast jede Ahnung verloren haben von dem, was sie hätten sein können. Alle starren sie auf einen und denselben Fleck, wie der indische Büßer auf seinen Bauch, bis sie völlig hypnotisiert sind.«

Gunhild wiegte sich langsam im Schaukelstuhl. Ein leises Lächeln umspielte ihren Mund.

Senta hatte das rechte Bein in die Höhe gezogen und die Hände um das Knie geschlungen. So saß sie auf dem Fußboden.

»Normale Frauen gibt es noch nicht«, wiederholte sie. »Das normale Weib gehört der Zukunft.«

»Das ist ein schöner Wahn.«

»Es ist *kein* Wahn. Unser ganzes Elend kommt daher, daß wir unfertige, haltlose halbe Menschen sind und ohne den Mann noch nicht bestehen können. Nur wenn wir lernen, den Schwerpunkt unseres Daseins in uns selbst zu suchen und zu finden, können wir von dem Fluch unserer heutigen Existenz erlöst werden.«

»Das Weib wird immer den Mann begehren und der Mann das Weib. Oder nicht?«

»Gewiß. Das schadet ja auch nichts, solang dieses bei uns Frauen nicht so ganz unverhältnismäßige Dimensionen annimmt. Bis jetzt sind wir aber geistig auf die Liebe gemästet worden, wie Straßburger Gänse auf die Leber.«

Gunhild lachte und mußte an Solmonsky denken, »nicht, daß ich das Feenhafte der Liebe nicht zu schätzen wüßte ... dann aber kommt die Überlegenheit, und die Sache stellt sich anders«. Hier hatte die Liebe im Leben allerdings nicht die ungeheuerlichen Dimensionen angenommen, von denen Senta sprach und die sie mit gemästeten Gänselebern verglich – nicht mit Unrecht. Denn wurde nicht durch sie jener unstillbare Durst hervorgerufen, jenes ruhelose Verlangen, das die wenigsten Frauen zu der inneren Stille kommen ließ, die doch für das Wachsen und Wirken des Geistes Bedingung ist? –

Sie selbst, hatte sie nicht zehn der besten Jahre ihres Lebens damit hingebracht, jene heilige, unheilvolle Flamme zu hüten?

Und hatte es sie nicht verhindert, irgend etwas anderem volle Teilnahme zu schenken?

So hatte sie ziel- und zwecklos hingelebt – für das Phantom!

Nun war es aber genug.

»Ich werde Senta eine Beichte ablegen«, beschloß sie; »ein ruhiges Aussprechen ist wie das reinliche Ausfegen der Aschenreste. Und es ist Zeit.«

Gunhild ging an die Ausführung ihres Entschlusses mit der Frage: »Sag mal, was hat dich eigentlich vorhin so stark erregt?«

Die großen schwarzen Augen blickten rasch auf.

»Das weißt du.«

»Der Brief eines alten Freundes?«

»Nein; aber der Umstand, daß du dich fortstiehlst, um allein den Brief des alten Freundes zu lesen. Du liebst diesen Menschen!«

»Ich *habe* ihn einst geliebt.«

Sentas scharf beobachtende Augen blickten ungläubig.

»Wenn es ganz vorbei wäre, hättest du den Brief erst später oder auch in unserer Gegenwart gelesen.«

»Dies wäre nicht höflich gewesen.«

»Nun, so zeremoniell stehst du doch nicht mit deinen Verwandten und mit mir. Faule Ausrede.«

»So war es Macht der Erinnerung«, gab Gunhild nach; »aber nichts weiter. Von der alten Leidenschaft ist auch kein Fünkchen mehr erwacht. Du kannst mir's glauben.«

»Er hat dich auch geliebt, wahrscheinlich?«

»Ja, – wie ein Mann liebt – neben manchem anderen, ihm noch wichtigeren.«

»Warum habt ihr euch nicht geheiratet?«

»Es fehlte am Geld, ganz einfach. Jetzt habe ich ja ein kleines Vermögen, wie es für meine Bedürfnisse ausreicht, geerbt. Aber damals, als die Eltern noch lebten, hatte ich gar nichts. Er ist Diplomat und ehrgeizig. Und ich war womöglich noch ehrgeiziger für ihn, als er selbst. Eine Heirat ohne Geld hätte seine ganze Karriere verdorben.«

Sentas Augen blitzten.

»Nun weiß man ja das Weitere«, sagte sie mit Hohn. »Er hat eine sogenannte Partie gemacht; und du hast ihm nachgetrauert und alle Anträge abgelehnt. So geht es ja immer.«

Gunhild sah träumerisch vor sich hin. »Ich habe an ihn gedacht und er an mich – natürlich. Ihn hat seine Frau dabei nicht gestört, mich hätte ein Mann gestört. Aber daß wir damals verzichteten, war mein Wille so gut wie der seine. Ich konnte den Gedanken nicht ertragen, ihm ein Hemmschuh zu sein. Nein, das wäre mir unerträglich gewesen! Darum sagte ich: Wir wollen es nicht tun. Er gab mir nach einigem Zögern recht, denn sein Ehrgeiz war doch noch stärker als seine Liebe, und das gefiel mir. Bei einer Frau würdest du es wahrscheinlich auch schön finden.«

»Allerdings. Weil es bei einer Frau ein Zeichen seltener Kraft wäre. Bei Männern ist es das Gewöhnliche und eher ein Zeichen von Schwäche.«

»O nein, schwach ist er nicht.«

»Nun, jedenfalls praktisch. Er hat doch bald darauf eine reiche Frau geheiratet!«

»Ja.«

»Siehst du!«

»Ich sehe nichts.«

»Dann bist du eben blind. Es tut mir leid. – O Gunhild! Hättest du doch den ersten besten Reichmeier genommen, um jenem zu beweisen, daß auch du dich trösten konntest.«

Gunhild lächelte. »Das sieht dir mal wieder ähnlich, du wilder Trotzkopf. Heiraten aus Liebe? Nein. Wie gewöhnlich! Tobst du nicht über jede deiner Getreuen, die sich verlobt? Aber aus dépit?* Gleich. Ist das vernünftig? Welchen Zweck hätte denn wohl ein solcher Beweis meiner Trostfähigkeit gehabt? Ich weiß es wahrhaftig nicht.«

»Er wird eitel darauf sein, daß du ihn nicht vergessen kannst.«

»Und wenn er es wäre? (Aber so dumm ist er nicht.) Was würde es mir schaden? Der Tiefe und Dauer eines Gefühls braucht man sich wahrlich nicht zu schämen.«

Sie sprang auf und sagte in anderem Tone: »Übrigens bin ich jetzt fertig damit, ganz fertig. Ich fühle nichts, nichts, nichts mehr.«

»Hast du ein gutes Bild von ihm?«

»Ja.«

»Bitte, zeig mir's!«

Gunhild öffnete ein Schreibtischfach und suchte unter einem Haufen Fotografien eine hervor, die sie, ohne einen zweiten Blick darauf zu tun, der Freundin reichte.

Senta, die gleichfalls aufgestanden war, betrachtete das Bild sehr aufmerksam. Endlich gab sie es stumm zurück.

»Ich möchte, daß du jetzt diesen Brief vor meinen Augen zerreißt!« sagte sie bittend.

»Wenn ich dir damit einen Gefallen tue, gern.« Gunhild riß den Brief lächelnd in kleine Fetzchen. Das Häufchen kleiner Papierfetzchen schaufelte sie in die Hand und überreichte es Senta.

»Auf dem Altar der Freundschaft geopfert.«

Sie lächelte die ganze Zeit etwas spöttisch, und doch war ihr nicht ganz wohl dabei. Irgendeine arme kleine Stimme

* Unmut, Trotz

am Grunde ihrer Seele rief: »Du begehst doch ein Sakrilegium!«

»Du scheinst in der Tat auf dem Wege der Heilung!« rief Senta befriedigt.

Dann sah sie nach der Uhr.

»Ich muß auf den Flügeln des Rades nach meinem Büro eilen. Arme Seelen warten im Fegefeuer. Adio, Carina! Ich habe dich sehr lieb!«

Ihre Stimme klang weich, die schönen Augen waren voll von warmer Zärtlichkeit.

Nachdem sie Gunhild mit einigem Ungestüm umarmt und geküßt hatte, nahm sie ihre Hundepeitsche wieder auf und eilte wie der Sturmwind davon.

Schwerfälliger folgte Nero.

Gunhild blieb in Gedanken versunken.

Ihr war, als schiebe sich weißes Nebelgewölk am Himmel ihres Lebens herauf und hülle alles in gleichmäßig graue Farblosigkeit. Der Sonnenglanz ist fort.

Alles schien so gleichgültig, so alltäglich, so wenig wert, daß man sich darum aufregte. Es ging eben seinen Lauf.

Es war ein Sonntag, und die Großmama wollte zur Kirche, denn sie fand, daß das einmal zum Sonntag gehöre.

Da die Gesellschafterin an diesem Tage auf Urlaub bei den ihrigen war und die Professorin eine Menge anderes vorhatte, begleitete sie Gunhild.

Der Diener Ferdinand fuhr den Rollstuhl, und Gunhild ging nebenher.

Sie tat es gern, denn auch sie hatte Verlangen nach einer feierlichen Stunde in der alten Kirche. Seit ihrem Geburtstage sehnte sie sich nach irgendeiner Gemütsbewegung, wie der in Windstille geratene Segelschiffer nach einem frischen Luftzug.

Denn diese Gleichgültigkeit war tödlich. Dem letzten leisen Nachzittern jener alten Sehnsucht und des alten Schmerzes hatte sie nun endgültig Ruhe geboten. Ruhe hatte sie haben wollen – die hatte sie nun. Nichts, wonach sie sich sehnte! Nichts, was sie lockte. Sie stand eben einfach am Wege und sah zu. Dabei lachte sie wohl, oder schüttelte den Kopf oder gab weisen, blasierten Rat, aber ihr Innerstes blieb unberührt. Sie erlebte täglich, daß man sie bewunderte. Klug und heiter und überlegen nannte man sie, die in Wahrheit doch nichts als ein halb gähnender, halb lachender Zuschauer der Lebenskomödie war.

Sie sagte sich: »Ich muß etwas Entscheidendes tun, meinem Dasein einen Inhalt, eine bestimmte Richtung geben. Entweder heiraten, oder mich über Hals und Ohren in eine Arbeit stürzen, wie die unverheirateten Freundinnen. Sie fühlen sich recht wohl, weil sie gar nicht zu sich selbst kommen.«

Wenn ihr nur nicht alles so unwichtig erschienen wäre! Hätte ihr eine Fee jetzt einen Wunsch freigegeben, sie hätte sich eben nur einen Wunsch gewünscht!

Warum nur die Menschen so viel Wesens von der Genügsamkeit machten! Wunschlosigkeit war doch einfach Stillstand und Versumpfung. –

In der Kirche war es dunkel. Gunhild konnte die Liederverse des Gesangbuches nicht lesen. Das störte sie etwas. Und die Großmama wackelte so sehr mit dem Kopfe, daß die Nachbarn sich ganz ängstlich nach ihr umschauten.

Die Akustik war schlecht. Sie mußten wegen Großmamas Rollstuhl ganz hinten bleiben, wo die Stehplätze waren, und von hier aus konnte man den Prediger schlecht sehen und schlecht verstehen.

Ein einziges Mal wurde sie lebhafter berührt.

Der Prediger appellierte an die Leidgeprüften und sagte: »Denn unter jeder Kanzel sitzen kummerbeladene Herzen!«

Nach diesem Ausspruche machte er eine Pause, und da hörte man einen Chor von leisen Seufzern, der etwas Geisterhaftes hatte.

»So viel traurige Menschen!« dachte Gunhild mitleidig.

»Und doch ist es vielleicht glücklicher, Schmerz zu fühlen, als gar nichts.«

Von der Kirche aus wollte die Großmama in den Kunstsalon. Es dauerte eine ganze Weile, bis Gunhild dies aus dem Stammeln der gelähmten alten Frau verstand.

Obwohl die Großmama neue Eindrücke kaum mehr aufnehmen konnte, war sie darauf erpicht, sich und anderen ihre jugendliche Rüstigkeit zu beweisen.

Also ging es in den Kunstsalon.

Dort hing ein köstlicher Böcklin, in dessen heiterer Pracht Gunhilds Augen schwelgten.

Ein hypermodernes Dämchen blieb auch vor dem Bilde stehen und musterte es kritisch durch ein langstieliges Lorgnon.

»Du«, bemerkte sie gegen eine ihr folgende Freundin, »der Böcklin schnappt nächstens über. Das garantiere ich dir.«

Gunhild lächelte ironisch und machte, daß sie weiter kam.

Als sie wieder im Freien war, sah alles aus wie Bilder. Die Potsdamer Straße mit ihren herbstlich entblätterten Pappeln und dem ameisenhaften Gewimmel von Wagen und Menschen, alles in grauen und braunen Tinten, mutete an, wie ein Gemälde in Sepia und Tusche. Darüber spannte sich ein blaßblauer Himmel.

Die Großmama war in ihrem Fahrstuhl eingenickt. Ihr Kopf hing haltlos auf die Brust herab und schaukelte mit der Bewegung des Fahrens hin und her.

Sie bot ein klägliches Bild von Altersschwäche und gänzlicher Erschöpfung.

Zwei junge Künstler, mit Reißbrettern unter den Armen, warfen ganz bestürzte Blicke auf die alte Frau. Gunhild hörte, wie der eine zu dem anderen sagte: »Da wird man ja ganz blöd, wenn man so was nur sieht!«

Es gab an diesem Sonntag zum Mittagessen Gänsebraten mit Borsdorfer Äpfeln gefüllt und Rotkraut. Das war Edmunds Leibgericht.

Wenn der graueste Herbsttag durch die goldgelben Butzenscheiben des Eßzimmers sah, nahm er Sonnenfarbe an. Dies Eßzimmer war überhaupt verlockend.

Tante Albertinens Tafeldamast glänzte wie Seide. In Glasschalen standen Chrysanthemen in den seltsamsten Färbungen. Roter und lichtgoldener Wein funkelte in Karaffen von Kristallglas.

Ein loderndes Feuer im Kaminofen erhöhte noch das Behagen.

Die Hausgenossen sahen sonntagsmäßig aus.

Der Diener Ferdinand servierte in würdiger Hauslivrée. Edmund, der vor Tisch Visiten ›abgefahren‹ hatte, war im langen schwarzen Gehrock – sehr fein.

Die Großmama steckte in so viel seidenen Schals und Spitzen, daß sie fast darin verschwand.

Tante Albertine glänzte in einer Robe von schwerer malvenfarbener Seide und präsidierte dem Tisch in der Haltung einer Fürstin.

Und Gunhild sah in ihrem schwarzen Kirchenkleide nicht minder imposant aus.

Die Professorin und Gunhild saßen zu beiden Seiten der Großmama, der sie abwechselnd den Löffel mit gut zerkleinerten Bissen an den Mund führten. Dies war in der Woche das Amt der Pflegerin.

Trotz dieses mühseligen Gefüttertwerdens führte die alte Dame das Wort. Es war sehr schwer, sie zu verstehen, und gelang es endlich, ihre Meinung zu erraten, so war es selten etwas, das des Hörens lohnte.

Die Jüngeren überboten einander indessen an freundlicher Geduld und Rücksichtnahme. Sie litten nicht wenig unter dem naiven Egoismus der Greisin, aber sie waren zu pietätvoll und zu wohlerzogen, um davon etwas laut werden zu lassen.

Recht wohltuend war es, daß die geschwätzige alte Frau beim Nachtisch plötzlich vom Schlafe überrascht wurde.

Edmund stand auf und schob den Rollstuhl behutsam in

die Nähe des Kaminfeuers, denn die Großmama brauchte viel Wärme.

Jetzt erst konnten die anderen sich unterhalten.

»Ich war heute bei Wredes«, erzählte Edmund, »um meinen Verdauungskratzfuß zu machen. Das sind doch charmante Menschen. Aber alle immer geladen mit Unternehmungen. Raoul hat eine neue Komposition in Arbeit, Peter schreibt ein Drama, Else hat neulich einen Vortrag über wirtschaftliche Ausbildung der jungen Mädchen gehalten, und Mariella richtet eine Gärtnerinnenschule ein.«

»Die Wredes sind alle sehr tüchtig«, sagte die Professorin.

»Und haben das Talent, sich immer gleich für alles zu begeistern!« meinte Gunhild. »Es war äußerst nett, bis leider die schreckliche Korella hereinbrach.«

»Was hast du nur gegen die arme Senta?«

»Ich finde sie eben schrecklich – einfach schrecklich!«

»Aber, lieber Edmund, sie ist ja doch so entzückend hübsch!« protestierte die Professorin.

»Möglich, daß sie entzückt. Mich entzückt sie nicht. Bei Wredes verdarb sie jedenfalls sofort die Stimmung.«

»Deine Stimmung«, verbesserte Gunhild.

»Nein, die allgemeine. Sie lärmte und rauchte und setzte sich rittlings auf einen Stuhl und zuletzt machte sie uns noch Turnkunststücke vor. Da empfahl ich mich aber. Dieses fieberhafte Toben ist schon mehr Hysterie.«

Gunhild lachte. »Du nennst alles Hysterie, was du sonst nicht unterbringen kannst.«

»Willst du leugnen, daß das Wesen von Korella durch und durch hysterisch ist?«

»Du kannst es ja so nennen.«

»Scheint es dir vielleicht gesund und natürlich?«

»Gewiß, denn es ist der Ausdruck ihres Wesens. Im Grunde ist sie doch ein armes kleines Mädchen. So einsam.«

»Einsam?«

»Ja, glaube mir, sie ist es. Gerade weil sie ungewöhnlich ist und sich nicht anpassen kann.«

»Aber sie hat ja Dutzende sie umschwärmender Freundinnen.«

»Ja, sie ist mit allen gut und kaum mit einer wirklich vertraut. Sie ist von leidenschaftlichem Temperament und dabei stolz und trotzig und ohne häusliche Erziehung. Sie will sich selbst genug sein und kommt dabei zu kurz. Und ich sage dir, Edmund, in der Senta steckt viel, viel mehr, als du denkst. Das Tragische ist nur, daß sie mehr als viele andere gerade zum Lieben geschaffen ist und nicht liebt.«

»Wenn sie zum Lieben geschaffen wäre, liebe Gunhild, dann würde sie eben lieben.«

»Ach nein! Bei euch Männern ist das alles immer so erstaunlich einfach und klipp und klar. Senta gehört zu denen, die bezwungen werden müssen. Dazu habt ihr aber meistens keine Lust. Ihr mögt lieber, was euch in den Schoß fällt. Ihr seid im allgemeinen jetzt zermürbt und müde und drängt euch nicht mehr dazu, gläserne Berge hinaufzureiten, um eine spröde Dame zu gewinnen.«

Gunhild hatte die Ellbogen auf den jetzt abgeräumten Tisch gestützt und die Hände vor dem Kinn ineinandergelegt. So sprach sie mit ein wenig vorgestrecktem Hals, und in ihren Augen prägte sich der Wunsch aus zu überzeugen.

Edmund betrachtete sie sinnend und schwieg.

»Sieh mal, das wäre eigentlich eine Mission für dich!« fiel ihr plötzlich ein. »Du könntest vielleicht diese Seele von sich selbst erretten.«

Er lachte. »Du traust mir ja Erstaunliches zu!«

»Soll ich das nicht?« entgegnete sie ein wenig kokett.

Ferdinand reichte Kaffee herum. Edmund steckte sich eine Zigarre an und und präsentierte seiner Cousine ein niedliches Etui mit Zigaretten.

Sie nahm und rauchte ihre Zigarette an seiner Zigarre an, wobei sie wieder ein wenig kokett war.

Ihres Vetters Abneigung gegen zu freie Allüren der Damen fand sie pedantisch. Sie wollte ihm das allmählich abgewöhnen. Pedanterie, meinte sie, erträgt man wohl bei alten Leuten, denen sie sogar ganz wohl ansteht, bei der Jugend aber ist sie unerlaubt.

»Jetzt werde ich Tabaksringe machen«, erklärte sie und blies den Rauch stoßweise aus gespitzten Lippen.

Allein er regte sich nicht darüber auf. Was Gunhild tat, gefiel ihm – bei ihr.

Die Professorin goß sich einen Benedictinier ein. Den gönnte sie sich gern zum Kaffee. Es erhöhte das Behagen.

»Wenn doch heute nicht zu viel Besuch käme!« seufzte sie in ihrer Sofaecke. Sie fühlte sich etwas matt.

»Habt ihr zum Abend etwas vor?« fragte Edmund.

»Ja, ich habe Billetts fürs Opernhaus bekommen. Hänsel und Gretel. Es soll reizend sein. Und für morgen hab' ich Billetts für das Beethoven-Konzert. Hoffentlich kommst du mit, Edmund, denn Gunhild hat ihren Clubabend.«

»Ich kann leider nicht, Mama. Überhaupt hab' ich in der ganzen nächsten Woche keinen Abend mehr frei.«

»Meine Abende sind schon ziemlich auf vierzehn Tage besetzt«, übertrumpfte ihn die Mutter. »Man kommt wirklich nicht zu sich selbst. Ich fange auch schon an, nervös zu werden.«

»Mamachen, wenn du lieber nicht alles mitmachen wolltest und morgens etwas früher aufstehen!« bat der Sohn.

»Das ist einfach unmöglich, Edmund!« rief die Professorin ärgerlich. »Entweder nichts oder alles. Man kann nicht anfangen, Ausnahmen zu machen.«

Nun fing auch Gunhild an, aufzuzählen, was sie vorhatte.

»Montag: Clubabend, Dienstag wird eine frische Doktorin gefeiert, Mittwoch: Vortrag von Irene Schmidt, Donnerstag: Philippine Welsungs Première, Freitag: Vorstandssitzung des Müttervereins, Sonnabend: Dinner bei Solmonsky. Letzteres ist sehr langweilig, aber mein väterlicher Freund und Gönner würde es doch zu übel vermerken, wenn ich fortbliebe. Also: Sklavin der Pflichten.«

»Ihr geplagten Menschen!« lachte Edmund und trank rasch ein Gläschen Benedictiner aus.

Dann zog er die Uhr. »Ich muß mich leider von euch trennen.«

»Ach, Edmund! Jetzt?« rief die Mama bedauernd.

»Ja, es geht nicht anders. Ein auswärtiger Kollege hat mich zu Siechen bestellt.«

»Jetzt schon?«

»Ja, er muß wahrscheinlich mit der Bahn fort.«

Die Mama war betrübt.

»Der Sonntag ist der einzige Tag, an dem man dich ein bißchen für sich hat«, klagte sie, »und nun läufst du auch noch fort! Warum hast du deinen Kollegen nicht einfach hierher bestellt?«

»Weißt du, Mama, zu Haus, das ist immer gleich was ganz anderes. Man muß ihm was vorsetzen, und dann fühlt er sich verpflichtet, Visite zu machen usw. An einem neutralen Orte, wo jeder zahlt, was er verzehrt, ist das viel zwangloser.«

Gunhild dachte: »Ja, über dieser Sehnsucht nach Zwanglosigkeit, die wieder von der allgemeinen Übermüdung kommt, geht die häusliche Geselligkeit zu Grunde.«

Die Professorin aber klagte weiter: »Wenn du nur die enttäuschten Gesichter der Gukowschen Töchter nachher sähest! Die kommen immer gerade am Sonntag à cause de vos beaux yeux* und die Kronbergs auch. Sicher kommen sie heute und müssen sich dann mit uns Frauenzimmern langweilen.«

»Mama, du denkst von der Anziehungskraft deiner eigenen Gesellschaft entschieden zu gering«, entgegnete der Sohn galant. »Es ist mir unmöglich, deine Gäste zu bemitleiden, selbst wenn deine für mich allzu schmeichelhafte Voraussetzung mehr sein sollte, als eine mütterliche Illusion. Auf Wiedersehen also!«

* ironisch: wegen deiner schönen Augen

»Morgen mittag bei Tisch wahrscheinlich«, sagte Gunhild phlegmatisch.

Sie saß in einer Diwanecke, die Füße auf eine Fußbank gestreckt, die Zigarette zwischen den Fingern, ein Bild behaglicher Unbekümmertheit.

Es tat ihm leid, dies Behagen und besonders Gunhild verlassen zu müssen, und noch dazu war der durchreisende Kollege eine Finte. Er flüchtete eigentlich nur vor dem Schwall ihn langweilender Visiten, die am Sonntagnachmittag die Mama zu überfallen pflegten.

Als er die Tür hinter sich geschlossen hatte, legte Gunhild ein paar Scheite Holz auf das herabgebrannte Kaminfeuer und warf die eben angerauchte zweite Zigarette dazu.

Sie fand: Rauchen, ohne daß Edmund es sehen mußte, hatte wenig Sinn.

Es war dämmerig geworden und ganz still. Die große Stutzuhr tickte eilig, und die Großmama schnarchte ein wenig. Doch kam jetzt Ferdinand und stellte die große Lampe auf den Tisch.

»Ist im Salon schon Licht gemacht?«

»Jawohl, gnädige Frau.«

»Auch im Vorsaal?«

»Jawohl!«

»Bitte, Ferdinand, reichen Sie mir das kleine Juchtenfutteral, das rote – dort auf der Etagere. – Schön.«

Der Diener ging.

»Ich will versuchen, rasch noch eine Patience zu legen«, sagte die Tante und entnahm dem Futteral niedliche kleine Karten.

Die Professorin gehörte zu den Frauen, denen es fast unerträglich ist, einen Augenblick ohne Unterhaltung zu sein. Konnte sie nicht plaudern oder sich vorplaudern lassen, so mußte sie nach einem Ersatz greifen.

Und mit Gunhild wußte sie wenig zu sprechen, besonders unter vier Augen.

Für Gunhilds Natur waren im Gegenteil die Stunden des

Sichselbstüberlassenseins, des Träumens und beschaulichen Nachdenkens das Allerunentbehrlichste.

Jetzt schaute sie ins Feuer und dachte an Edmund und daß sie ihn vor kurzem hatte heiraten wollen. Gewiß, er war ihr lieb, und sie unterhielt sich lieber mit ihm, als mit den anderen Herren ihres Kreises. Aber heiraten? Dazu gehörte eben doch noch etwas ganz anderes. Und das fehlte. Ihr Gefühl für ihn war schwesterlich. –

Die Wohnungsklingel ertönte. Ferdinand meldete Besuch, und die Großmama erwachte.

Fein, kühl, geräuschlos sank nebeliger Regen nieder.

Gunhild ging unter den kahlen Linden am Ufer hin.

Es war gegen acht Uhr abends.

Nahe der schönen roten Sandsteinbrücke streckte ihr ein seltsam gekleidetes weibliches Wesen ein Zeitungsblatt entgegen und sagte dabei: »Schwester, erwache!«

Gunhild nahm das Blatt und sah neugierig und teilnehmend die Straßenmissionarin an.

»Sie gehören zur Heilsarmee?«

»Ja. Ich diene im streitbaren Heere des Herrn.«

»Welche Charge bekleiden Sie, wenn ich fragen darf?«

»Nach dem letzten Manöver bin ich zur Sergeantin avanciert. Wenn Sie Freudigkeit zum Kriegsdienste haben, Schwester in Jesu, so besuchen Sie morgen unsere Versammlung. Alte Wegstraße 113.«

»Danke«, sagte Gunhild und ging weiter.

Wie schlangenklug die Gründer dieser Heilsarmee menschliche Schwächen und Eitelkeiten in ihren Dienst genommen haben, dachte sie. Und wie sie sich auf die große Krankheit der Kulturmenschen verstanden haben: die Langeweile mit ihrem Hunger nach Fantasiereizen und Emotionen! Nur im Heilmittel vergriffen sie sich. Ihr Armee-Apparat ist ein Papiermaché-Aufbau mit aufgeklebten Etiketten und Flittern. Die Wirkung kann nie greifen, wo Jahrmarktsplunder und Scharlatan-Geschrei geboten wird.

Nur organisch Gewachsenes, langsam, mit innerer Notwendigkeit Gewordenes ergreift als Ernst.

Bei der nächsten Straßenlaterne warf sie einen Blick auf das Blatt.

Es war betitelt ›Der Kriegsruf‹ und begann mit einem Verzeichnis der Avancements.

Sie wandte das Blatt um. Auf der letzten Seite standen Personalnachrichten. Ihr Blick fiel auf eine Todesanzeige, die diesen Wortlaut hatte:

›Die Gefreite Amalie Bauke hat am 18. des Monats den Halleluja-Hut mit der ewigen Krone vertauscht.‹

Gunhild lächelte, steckte den ›Kriegsruf‹ in die Regenmanteltasche und ging weiter.

Dann vergaß sie Halleluja-Hut, Sergeantin und ›Kriegsruf‹ über dem reizvollen Nachtbilde der Stadt.

Der Kanal schien Tinte statt Wasser zu enthalten. Am jenseitigen Ufer, wo eine Straßenperspektive sich auftat, blinkten lange Reihen von Lichtern, unzählige Lichter! Gelbe Lichter, rötliche Lichter, blauweiße, mondfarbene Lichter!

Jedes Lichtchen warf einen langen, strahlenförmigen Schein, und das alles, Lichter und Strahlenscheine, spiegelte sich in der glänzenden Feuchtigkeit des Erdbodens.

Gunhild blieb einen Augenblick bewundernd stehen.

Sogleich schloß sich ihr ein Abenteuer suchendes männliches Wesen an.

Rasch ging sie weiter.

Das Wesen blieb ihr dicht zur Seite.

»Mein Fräulein«, sagte es, »warum so allein? Zu zweien geht es sich ja viel besser. Erlauben Sie, daß ich Sie begleite?«

Diese Art Begegnungen waren Gunhild, die eine schöne Erscheinung war und auch abends allein ausging, nichts Neues. Gewöhnlich ignorierte sie die Zudringlichen bis diese ermüdeten.

Heute aber folgte sie einem schelmischen Einfall.

»Gewiß«, antwortete sie, »es ist mir sogar sehr recht.«

Das Wesen wurde sofort ganz sicher und nahm einen vertraulich nachlässigen Ton an. »Auf der Straße plaudert sich's nicht gut«, meinte es, »man ist nicht ungestört; wollen wir doch in ein gemütliches Lokal gehen und zusammen soupieren.«

»Bedaure, ich bin Abstinenzlerin«, bemerkte Gunhild, »und zwar radikal. Heute nehme ich nichts mehr zu mir, als einen Apfel und ein Glas Wasser.«

»Ich werde Sie schon rumkriegen«, sagte das Wesen unentmutigt. »Lassen Sie mich nur machen.«

»Im Gegenteil. Ich hoffe, Sie zu bekehren. Unser ewiges Teil steht sich so sehr viel besser bei der Enthaltsamkeit, und ich empfehle Ihnen mein Hungersystem angelegentlichst zur Nachahmung. Nur der absolute Vegetarier führt ein menschenwürdiges Dasein?«

»Aber mein Fräulein, wenn das Ihr Ernst ist? . . .«

»Zweifeln Sie?!«

»Das sind ja schauderöse Prinzipien!«

»Im Gegenteil«, sagte wieder Gunhild mit größter Ruhe, »nur denen, die noch in der Finsternis wandeln, erscheint unser Treiben eine Torheit. Ich fürchte, Sie stecken noch tief im Sumpfe der Irrtümer. Antworten Sie mir: Sind Sie schon erweckt oder nicht?«

Das Verhör wurde dem Wesen ungemütlich.

»Ja oder nein?« drängte Gunhild.

»Aber bestes Fräulein! . . . Gehören Sie etwa zur Stadtmission?«

»Nein: aber zur Armee.«

»Zur Armee? . . . ich verstehe nicht . . .«

»Ich bin Obristin – der Heilsarmee. Verlangt Ihnen nach dem ewigen Heil, mein Herr?«

»Nein, gnädige Frau!« stöhnte das unglückliche Wesen.

Gunhild hatte Mühe, ernst zu bleiben.

»Nein?« rief sie, »unselig Blinder! Dem Verderben Zutaumelnder! Welche Fügung schickte Sie in meinen Weg! Kommen Sie jedenfalls morgen in unsere Versammlung,

Alte Wegstraße 113. Hier der Kriegsruf!« (Sie händigte dem verschüchterten Wesen das Blatt ein.) »Wenn Sie bis morgen gründlich fasten und bereuen, so können Sie vielleicht zum Rekruten genommen werden. Einstweilen werde ich Sie, meiner Soldatenpflicht folgend, mit den wesentlichsten Heilswahrheiten bekannt machen. Sie haben hoffentlich ein Stündchen Zeit?«

»Nein, ich bedaure«, sagte das Wesen ganz ängstlich. »Ich habe eine feste Verabredung. Empfehle mich, gnädige Frau.«

Den Hut ziehend, schwenkte es ab, so rasch seine Füße es trugen.

Gunhilds Augen lachten schelmisch. »Das war dem mal gesund!«

Ein Bierpalast zog ihre Blicke auf sich. Er hatte so wenig feste Wand und so viel große, elektrisch erhellte Fenster, daß er wie ein riesiges Transparent anzusehen war.

Man konnte von außen in einen ungeheuren Biersaal sehen, der fast bis zum letzten Stuhle besetzt war.

Tisch drängte sich an Tisch, und über den Häuptern der Zechenden lagerte ein dichtes Gewölk von Tabaksrauch.

»Hier verbringen unsere Männer ihren Feierabend, wenn sie können«, dachte Gunhild. »Und tags nimmt sie der Beruf in Anspruch. Darum kommen wir Frauen so wenig mit ihnen zusammen, daß man zuweilen meint, das Männergeschlecht sei am Aussterben. Hier freilich kann sich die finsterste Zweiflerin vom Gegenteil überzeugen.«

Der ›Club‹, dem Gunhild zugehörte, war eine Gründung Senta Korellas.

Man hatte zwei Hinterzimmer eines großen Restaurants gemietet.

Diese Zimmer waren hübsch und mit künstlerischem Geschmack eingerichtet.

An den Wänden hingen gute Bilder, und den Boden bedeckten orientalische Teppiche.

Ein sogenannter Diplomatenschreibtisch war mit allem

zum Schreiben Dienlichen ausgestattet und sah sehr würdig aus. Auf einem langen, mit grünem Fries bezogenen Tische lagen Zeitungen und illustrierte Blätter.

Sonst bestand die Einrichtung des Hauptzimmers aus etlichen hübschen Sitzplätzen, runden Tischen, von bequemen Sesseln umgeben, und kleinen Eckdiwans.

Im Nebenzimmer stand ein Billard.

Der Club bestand aus zwölf zahlenden Mitgliedern und einigen Ehrenmitgliedern, sämtlich natürlich weiblichen Geschlechts.

Der jährliche Beitrag war ein so hoher, daß schon dieser Umstand eine rasche Vergrößerung unmöglich machte.

Als Gunhild eintrat, spielten zwei Damen Billard, und drei andere verzehrten an einem Ecktisch ihr Abendbrot, aus Bier und belegten Brötchen bestehend.

Niemand ließ sich stören.

Gunhild hängte Hut und Mantel an den Ständer, der nahe der Tür stand, und fuhr sich vor dem Spiegel mit dem Taschenbürstchen über die lockigen blonden Scheitel.

»Ist Senta noch nicht hier gewesen?« fragte sie.

»Nein«, antwortete man.

Gunhild sah eine Weile dem Billardspiel zu. Dabei hörte sie auf die Unterhaltung der Soupierenden.

Die waren alle drei leidenschaftliche Radlerinnen und redeten über ihre Maschinen, zurückgelegte Touren, kleine Unfälle, Verbesserungen usw.

Gunhild hatte sich gerade in die letzte Nummer der ›Jugend‹* vertieft, als die Dramatikerin Frau Philippine Welsung eintrat.

Gunhild ließ die ›Jugend‹ liegen und ging der Schriftstellerin entgegen.

Diese war ein kleines schmächtiges Frauchen, etwas sonderbar, aber elegant in wallende Gewänder gekleidet. Sie

* Humoristisch-satirische Wochenschrift für Kunst, Literatur, Leben und Politik; erschien 1896–1940 in München; Organ des Jugendstils

war eine verzogene kleine Person. Erst hatten die Eltern Philippinchens Genialität angebetet und nun tat es der Gatte. Nie hatte man ihr zugemutet, etwas Nüchterneres zu tun, als ihrem ›Genius‹ zu leben, das heißt jedem ihrer launischen Einfälle Folge zu leisten, und so war sie in allen praktischen Dingen jämmerlich ungeschickt geblieben. Mit Ausnahme der Toilette! Denn Philippinchen war nicht auf ihren Genius allein eitel.

Selbst an- und auskleiden konnte sie sich aber nicht. Sie nestelte nervös, mit zappeligen kleinen Händen an ihrem Hutschleier, bis Gunhild ihr half.

Philippine hatte sehr glänzende braune Augen, die durch die tiefen Schatten der Umgebung übernächtigt aussahen, aber auch überlebendig.

Mit diesen Augen sah sie kindlich hilflos zu der ruhigen Gunhild auf.

Das kindlich Hilflose kleidete ihr, wie sie wußte, darum kultivierte sie es.

Aber heute sah sie wirklich krank aus. Noch blasser, als sonst, bis auf ein Fleckchen hektischer Röte auf jedem Bakkenknochen.

Gunhild fühlte diesem unpraktischen, zappeligen, mageren Geschöpfchen gegenüber eine etwas herablassende Großmut.

Philippinchen preßte die Hände gegen die Brust.

»Ich fürchte mich so entsetzlich vor Donnerstag!« gestand sie vertraulich.

»Lampenfieber?«

»Ja. Ich werde sterben, wenn es schlecht geht.«

»Verreise.«

»Nein. Wenn es schwanken sollte, könnte die Abwesenheit des Autors alles verderben. Weißt du, wenn sie nur ein bißchen applaudieren, komm' ich vor. Und wenn ich dann recht lieb aussehe, können sie es doch nicht ganz durchfallen lassen! Meinst du nicht? Wenn aber nicht applaudiert wird, geh' ich in die Spree.«

»Sagst du das auch deinem Manne?«

»Natürlich. Fritz bekommt doch aus erster Hand alles zu hören, was mir durch den Kopf geht! Und ich bin ein toller Querkopf.«

»Was sagt er denn zu deinem Vorhaben, in die Spree zu gehen?«

»Fritz? Gar nichts. Er glaubt's nämlich nicht.«

Gunhild lachte.

»Ja, lach nur! Ihr werdet's glauben, wenn ihr's erlebt. Aber Fritz findet mein Stück so reizend, daß er einen Mißerfolg für absolut undenkbar hält. Ist das nicht süß von Fritz?«

»Sehr süß. Aber ich wäre dafür, daß wir jetzt erst mal 'ne Stärkung zu uns nehmen. Du siehst mir ganz so aus, als ob du es nötig hättest.«

»Ja, nämlich ich kann schon seit acht Tagen nicht essen und nicht schlafen«, berichtete Philippine wichtig. »Ich existiere tatsächlich von Geist und schwarzem Tee.«

»Na, wenn ich das Edmund erzähle!«

(Edmund war Philippinens Arzt.)

»Auf deinen Vetter bin ich nun mal ganz böse«, sagte Philippine schmollend.

»Der Arme! Was hat er denn verbrochen?«

»Der entsetzliche Mensch hat die Passion, mir alles zu verbieten, was mir zum Leben notwendig ist. Ich soll keinen Tee und keinen Kaffee trinken! Und das sind gerade meine Zaubermittel, die mich zum Schaffen anregen. Und ich soll früh zu Bett gehen und früh aufstehn. Kann man das denn in Berlin? Außerdem ist meine beste Schaffenszeit zwischen Mitternacht und vier Uhr morgens.«

Die Peitsche in der Hand, in schneidigem Sportskostüm, grüne Bluse, dunkle Samthosen, rehbraune Gamaschen und eine spanische Mütze auf dem Kopf, trat Senta ein. Hinter ihr der Hund Nero.

»Piccolo, nehmen Sie mal meinem Hunde den Maulkorb ab!« kommandierte sie.

Dann grüßte sie die Anwesenden nach ihrer Manier, die Gerte zur Mütze hebend, hing darauf die Mütze an den Ständer und fuhr sich mit den Fingern durch das kurzgeschorene braune Haar.

»Bist du denn zu Rad gekommen?« riefen die Radsport-Enthusiastinnen.

»Ja.«

»Bei diesem Wetter? Das würde ich meiner Maschine nicht antun.«

»Ich habe keine Zeit, meine Maschine zu schonen«, sagte Senta in etwas müdem Tone; »der Diener hat eben morgen etwas länger zu putzen.«

»Sentachen, du überarbeitest dich!«

»Redet kein dummes Zeug, Kinder.«

Nichts konnte Senta mehr irritieren, als daran erinnert zu werden, daß sie eben doch auch nur ein Weib mit begrenzten weiblichen Kräften sei.

Sie setzte sich rittlings auf einen Stuhl und machte den Sportsfreundinnen in ihrer Pagenrolle etwas den Hof.

Senta liebte die Frauen und feindete die Männer an. Dabei wünschte sie leidenschaftlich selbst ein Mann zu sein. Von diesem Wunsche erfüllt, hatte sie sich so lebhaft in ihre Hosenrolle hineingedacht, daß sie sich anderen Frauen gegenüber als junger Mann fühlte und sich entsprechend benahm. Sie hofierte und schmeichelte oder beleidigte durch launenhafte Nichtachtung, je nachdem ihr gerade der Sinn stand.

Der große Widerspruch dabei wurde ihr nicht klar: daß sie einerseits die Frauen so emanzipiert wie möglich haben wollte, doch aber selbst in einer Art mit ihnen verkehrte, die alle jene weiblichen Schwächen voraussetzte, die sie überwunden wissen wollte.

Sie rief den Clubdiener.

»Bringen Sie mir die Speisekarte, Stephan.«

»Jawohl, Fräulein Doktor.«

»Und die Weinkarte. Schön. Lassen Sie sehen. Die Mischung gestern war gut. Machen wir wieder. Also Burgunder, eine Flasche von dieser Marke und eine halbe Mumm. Aber gut gekühlt, bitte.«

Sie bestellte in kurzem, sehr bestimmtem Tone und wußte stets gleich, was sie haben wollte. Die Kellner hatten darum eine besondere Hochachtung vor ihr. Auch daß sie meist vom Besten nahm und ihre entsprechenden Rechnungen, ohne mit der Wimper zu zucken, bezahlte, imponierte den Befrackten.

Von den Sportgenossinen wandte sich Senta zu den Billardspielerinnen, die eben eine neue Partie in Angriff genommen hatten.

An die Wand gelehnt, folgte sie mit aufmerksamen Blikken den Bällen.

Dann fing sie an, der schwächeren Spielerin Dessins zu geben, und ihre Ratschläge waren gut.

»Nein, das ist unfair, Senta!« rief die andere Spielerin, eins der von Edmund gepriesenen Fräulein von Wrede. »Gegen so einen starken Verbündeten komme ich nicht an.«

»Als ob du nicht immer auf deine Rechnung kämest, Mariella!«

Philippine schaute sich unablässig nach Senta um.

»Aber wahrhaftig, der kleine Teufel will uns schneiden!« sagte sie entrüstet zu Gunhild. »Weißt du, das finde ich stark!«

Gunhild kannte ihre Senta besser.

»Warte nur.«

In dem Moment, wo der Kellner mit den bestellten Getränken erschien, machte Senta eine kurze Schwenkung und setzte sich an den Tisch, den Gunhild und Philippine innehatten.

»Dich heb' ich immer pour la bonne bouche* auf!« raunte sie Gunhild zu. Darauf wandte sie sich an Philippine.

»Also am Donnerstag, Philippinchen, werden wir dich

* als das Beste bis zuletzt

kolossal feiern. Iß recht viel Beefsteaks bis dahin, denn das Gefeiertwerden ist strapaziös.«

»Das weißt du wohl aus Erfahrung?« meinte Gunhild neckend.

»Ja.«

»Aber mich werdet ihr wahrscheinlich nur bei meinem Begräbnis feiern«, klagte Philippine. »Ich sterbe vor Angst.«

»Angst?! Du Hasenfuß! Lächerlich. Wovor ängstigst du dich denn, Philippinchen? Du hast ein gutes Stück geschrieben – das Weitere geht dich eigentlich gar nichts an.«

»Aber, Senta, denke doch nur, wenn man es nicht gut fände, und ich würde ausgepfiffen?!«

Senta entgegnete unbekümmert: »Nun, was wäre denn dabei? Dann pfeift man halt. Der Frieden Europas wird dadurch nicht erschüttert werden.«

»Aber meiner; – und das ist mir viel wichtiger!«

»Philippinchen, du bist ein Schäfchen. Dein Mann findet das Stück brillant, deine Freunde finden es gut – also. ›Wer nicht die Welt in seinen Freunden sieht, verdient nicht, daß die Welt von ihm erfahre‹ – sagt Goethe, Philippinchen. Gib mir lieber mal dein Glas – nein, das Wasserglas – so, nun stoßen wir an auf einen Bombenerfolg.«

Eine große blonde Frau von reinstem nordgermanischen Typus trat ein: Irene Schmidt.

Sie hatte bereits die ominöse Vierzig überschritten, sah aber mit ihrem göttinnenhaften Wuchs, ihrer prächtigen stolzen Haltung und dem feinen, von Geist und Willen gezeichneten Gesicht imposant und anziehend aus.

Irene Schmidt war eine Führerin der ›gemäßigten Rechten‹; sie hatte bereits ein reiches Wirken hinter sich und sah auf die extreme weibliche Fortschrittsjugend mit einer gewissen olympischen Ruhe herab.

Sie war mit allen gegen eine Stimme zum Ehrenmitgliede des Clubs gewählt worden.

Die eine Stimme war die von Senta Korella gewesen.

Jetzt, bei Irenes Erscheinen, sprangen alle Anwesenden außer Senta auf, um die verehrte Meisterin zu begrüßen.

Es sah aus wie im Offizierskasino, wenn der Oberst kommt.

»Guten Abend, Kinder!« sagte Irene in jovialem Tone.

»Nein, wie lieb, daß Sie kommen, Fräulein Schmidt! Legen Sie bitte ab!«

»Nein, Kinder, ich habe keine Zeit. Meine Mutter hat den ganzen Tag nichts von mir gesehen und wartet mit dem Abendessen. Ich hab' auch kein Geld, wißt ihr, um so wie ihr zu kneipen.«

»Aber Sie sind selbstverständlich immer unser Gast!«

Irene machte eine abwehrende Handbewegung. »Nein, ich kam nur 'mal 'ran, weil ich euch hier beisammen wußte. Das spart mir Wege und Porto. Sie wollten noch Karten für den Vortrag morgen, Aline. Wieviel?«

»Zwanzig, bitte.«

»Schön, hier. Sie wissen, daß es zum Besten des Mädchen-Asyls ist. Der Wohltätigkeit keine Schranken.«

»Jawohl. Vielleicht darf ich übermorgen mit Ihnen abrechnen?«

»Ja, in meiner Sprechstunde, Kindel. Kommen Sie eine Viertelstunde vorher. Und Sie, Hedwig, vergessen Sie doch ja nicht, in der Freitagssitzung das Protokoll vom letzten Mal mitzubringen. Sie haben es doch bei sich?«

»Ja.«

»Ich hoffe, Gunhild, Sie lassen uns diesmal nicht im Stich am Freitag. Sie sind mir immer ein bissel zu lau, Kind. Gerade unser Mütterverein liegt mir jetzt sehr am Herzen. Wenn wir nicht durchgreifen, hätten wir nicht erst anfangen sollen.«

Philippine fragte mit ihrem kindlichsten Augenaufschlag: »Um was handelt es sich eigentlich bei Ihrem Mütterverein?«

»Von Rechts wegen müßte er Vizemütter-Verein heißen«, meinte Gunhild.

Irene erklärte mit Propaganda-Eifer: »Es handelt sich um Beaufsichtigung und Pflege von Kindern, deren Mütter tagsüber außerhalb des Hauses auf Arbeit gehen. Wir stellen dazu zuverlässige Frauen und Mädchen an, die in den verlassenen Haushaltungen bis zum Abend die Mütter vertreten. Und wir wählen die Persönlichkeiten möglichst so, daß sie in die häuslichen Verhältnissen, in denen sie walten sollen, passen.«

»Man muß da als Vereinsmitglied selbst in die gräßlichen Armleute-Wohnungen gehen?« fragte Philippine.

»Ja natürlich; wie will man sonst urteilen? Sie sollten ruhig mal in die gräßlichen Wohnungen gehen, Frau Welsung. Das könnte Ihren literarischen Arbeiten gar nichts schaden. Die atmen mir zu ausschließlich Salonluft.«

Philippine zog ein Mäulchen und dachte: »Davon versteht sie nun gar nichts.«

»Fräulein von Wrede«, sagte Irene. »Sie können mir einen Gefallen tun. Nehmen Sie doch die kleine Rosa Tielen in Ihren Gärtnerinnen-Kursus auf.«

Mariella Wrede, die mit ihrem Billardqueue in der Hand dastand, antwortete bedauernd: »Ich habe leider schon keinen Platz mehr.«

»Schaffen Sie noch einen, Kind! Das muß ja gehen. Das Mädchen ist musterhaft fleißig, aber die Seminararbeit hält sie nicht aus, schon der Augen wegen.«

Mariella überlegte ernstlich und sagte dann: »Ich werde sehen, daß ich es einrichten kann.«

»Gut. Ich schick' Ihnen die Rosel morgen früh zwischen acht und neun. Ist Fräulein Dr. Korella nicht hier?«

Senta hatte die ganze Zeit in herausfordernd burschikoser Weise, ein Bein über das andere gelegt, an ihrem Tischchen im Hintergrunde gesessen und geraucht.

Sie und Irene Schmidt waren Gegenpole. Senta, im Vormarsch der Radikalen die Fahne absoluter Gleichberechtigung und Freiheit hochhaltend, sah in der einflußreichen, aber gemäßigten und fast konservativ zu nennenden Irene eine ärgerlichere Gegnerin, als in den offenen Bekämpfern der Frauenemanzipation; denn diese erschienen ihr als Reaktionäre und Dunkelmänner unbedenklich.

Aber der Umstand, daß Irene ihre leitende Hand in den meisten fortschrittlich gesinnten Frauenvereinigungen hatte, und daß Senta ein vielgesuchter Frauenanwalt war, brachte die Antagonistinnen doch vielfach miteinander in Berührung.

Als jetzt der suchende Blick der klaren tiefblauen Augen Irenes sie traf, erhob sich Senta und trat, die Zigarre zwischen den Fingern, zu den anderen. »Sie fragten nach mir, Fräulein Schmidt?« sagte sie mit etwas steifer Höflichkeit in Ton und Miene.

Aus Klugheit unterdrückte Irene ihre Entrüstung über den extravaganten Aufzug der schönen jungen Anwältin. Aber sie dachte ärgerlich: »Warum kann sie sich nicht wenigstens anständig anziehn! So muß sie ja doch Kritik und Spott herausfordern. Was sie der Frauensache durch ihre Tüchtigkeit nützt, verdirbt sie zehnmal wieder durch diesen Unfug.«

Laut sagte sie indessen sehr höflich: »Fräulein Doktor, ich möchte wissen, was Sie mit der unglücklichen Frau angegeben haben, die ich Ihnen heute schickte. Glauben Sie, daß Sie sie von dem Trunkenbold loskriegen?«

»Ohne Zweifel«, antwortete Senta ruhig. »Die Sache liegt so ...«

Sie legte kurz den Fall juristisch klar und deutete an, welchen Weg sie einzuschlagen gedenke, um den Buchstaben des Gesetzes zugunsten der bedrängten Frau auszulegen.

»Nämlich Auslegung und geschickte Anwendung ist dabei alles.«

Sie sprach in gleichgültigem, etwas müdem Tone.

»Als ob sie sich, wenn sie nicht den Jungen spielt, sofort leidend fühlte!« dachte Gunhild. »Arme Senta!«

Irene war von der Auskunft so erbaut, daß sie sogar den Ärger über die grünen Samthosen vergaß. Sie dankte, verabschiedete sich huldvoll und ging.

Senta eilte an ihren Tisch, stürzte mit Hast ein Glas Burgundersekt hinunter und schüttelte sich.

»Brrr! – Kinder, jetzt wird mir wieder etwas besser.«

Als Gunhild gegen Mitternacht in einer offenen Droschke nach Hause fuhr, plagte sie wieder das öde Gefühl der Gleichgültigkeit gegen alles und alle – dieser berühmte Zustand ›allgemeiner Wurstigkeit‹, den Männer häufig als Lebensweisheit empfehlen, den aber eine Frau nicht erträgt.

Alles hätte für Gunhild in solchen Momenten ebensogut nicht sein können. Was getan wurde, konnte ebensogut unterbleiben. Ihre Freunde mochten leben oder sterben, ihre Unternehmungen gedeihen oder nicht – was lag im Grunde daran?!

Das Leben lag da, ruhig und fein, aber nicht aufrüttelnd. Wie in Sepia und Tusche gemalt.

»Ja, das ist so«, dachte sie; »nicht allen wird ein Lebensinhalt auf dem Präsentierteller geboten: Not oder ein großer Schmerz oder eine große Liebe oder eine große Arbeit.

Wem das nicht von selber kommt, der muß sich einen Inhalt schaffen. Das ist wichtiger, als essen und trinken. Der Seele fehlt der Sauerstoff, sie kann nicht mehr tief atmen, wenn sie nicht etwas hat, was sie in den Tiefen bewegt.

Das ist es, was alle diese Frauen so rastlos macht. Sie entbehren einen vollen Lebensinhalt, sie müssen ihn haben, um nicht zu versinken, und sie schaffen ihn sich.

Und wenn das, was sie sich schaffen können, sie dennoch nicht ausfüllt, wie die arme Senta, dann übertäuben sie das unheimliche Gefühl von Leere mit Allotria. Ja, so ist es.

Aber ich bin »lau«, wie Irene Schmidt sagte; eine klägliche Nichtwollerin. So grau und lila getönt. Ziemlich fein, aber charakterlos. Ich könnte ebensogut nicht sein. Wo wäre eine Lücke? Zu denken, daß ein Wesen wie ich Ewigkeitsdauer haben sollte! –

Und heiraten kann ich auch nicht mehr, wirklich nicht, trotz meines vortrefflichen Gönners Solmonsky. Mit dieser Kälte im Herzen heiraten? Wer das möglich macht, muß ganz anders geartet sein, als ich. Ja damals – ihn –«

Sie machte eine ungeduldige Kopfbewegung. Nein, daran wollte sie nun wirklich nicht mehr denken.

Nur der heutige Tag und die kommenden sollten für sie Geltung haben, und mit denen hatte ›er‹ nichts mehr zu schaffen.

Philippine Welsung hatte wirklich Gelegenheit, am Donnerstagabend mehrmals auf der Bühne zu erscheinen, von einem »reizenden« Schauspieler rechts und einer »entzükkenden« Schauspielerin links an der Hand gehalten, wie zum Ringelreigen.

Das war ein Augenblick, gelebt im Paradiese! Das Stück fesselte und rührte. Einige Damen unter den Zuschauern weinten. Es versprach, ein Repertoirestück zu werden.

»Sah ich gut aus auf der Bühne?« fragte Philippinchen nachher.

Ihr Mann, der in sie verliebt war, sagte: »Zum Aufessen!«

»Es ist, wißt ihr, so eine Sache! Erstens der Kontrast gegen die Schauspieler, die doch stark geschminkt sind. Und dann das Bühnenlicht überhaupt. Man sieht zwischen den Schauspielern immer etwas nach ausgegrabener Leiche aus, finde ich.«

»Du sahst herzig aus! Eine Provinzlerin hinter mir hielt dich deshalb für eine Person aus dem Stück. Ich hörte sie sagen: Gott, das is ja eine, die ist noch gar nicht vorgekommen! Nee, so was aber!«

Man lachte.

»Wie nahm sich denn meine Toilette aus?«

»Tadellos!«

Mariella Wrede meinte bei Seite zu Gunhild: »Unbegreiflich, wie ihr in einem solchen Augenblick ihr Aussehen von solcher Wichtigkeit sein kann!«

Gunhild entgegnete in ihrem gleichmütigen Tone: »Sie hat ganz recht.«

Worüber die sachliche und tüchtige Mariella sehr entsetzt war.

»Wie kannst du so reden, Gunhild! Ich hoffe, es ist wenigstens nicht dein Ernst.«

An diesem Abend wurde Philippine gefeiert, wie selbst ein Dichter nur gefeiert wird, wenn er zufällig eine kokette und niedliche junge Frau ist.

Dann aber kam die böse Kritik in den Zeitungen. Ein paar galante Berichte zwar verweilten bei dem unzweifelhaften Bühnenerfolg; die meisten aber machten aus ihres Herzens Meinung kein Hehl. Sie nannten das Stück Gartenlaubenfabrikat* und ein Gebräu nach bewährtem Marlittschen** Rezept – die Welt, in der die Handlung sich abspiele, Wolkenkuckucksheim und die Charaktere zuckerwässerige und sentimentale Roman-Schablonen.

Einige dieser schauderhaften Kritiker waren sogar in ihren Auslassungen ganz niederträchtig boshaft! – Wenn nun auch Philippinens empörter Gatte sich bereit erklärte, die hassenswürdigsten dieser »Giftspritzer« auf Pistolen zu fordern (wogegen Philippine laut weinend protestierte), und wenn Senta auch immer wieder versicherte, diese Ausfälle seien purer Neid, weil die mit Vorliebe ungenießbares Zeug schreibenden Männer einer Frau einmal keinen Bühnenerfolg gönnten, so wurde Philippinchen doch vor Ärger und Aufregung krank.

»Jetzt haben wir ja den Salat!« sagte Edmund, der Philippinens Arzt war, ärgerlich zu Gunhild. »Sie ist eine wahre Musterkarte von Hysterie. Alle Tage sitzt das Leiden woanders.«

* ›Die Gartenlaube‹, eine 1853–1943 in Berlin erscheinende sehr beliebte Familienzeitschrift

** E. Marlitt, Pseudonym der Schriftstellerin Eugenie John (1825–1887); schrieb Unterhaltungsromane, die zuerst in der ›Gartenlaube‹ erschienen.

»Jedenfalls ist das Leiden an sich Tatsache«, meinte Gunhild.

»Ja, sie hat aber auch auf ihre Nerven losgewirtschaftet! Heil'ger Brahma! Der ihr Mann sollt' ich gewesen sein! Wie hat sie denn gelebt? Bis mittags geschlafen, dann Geselligkeit, Theater, Konzerte und wieder Geselligkeit bis Mitternacht und dann bis in den Morgen hinein bei starkem Tee oder Kaffee geschrieben. So was soll nachher unsereiner wieder in Ordnung bringen!«

Philippine lag in ihrem Boudoir*, das in japanischem Geschmack ganz reizend eingerichtet war, und trug ein ›morning-gown**‹ von zitronengelber chinesischer Seide, wie es die Duse*** unlängst als Magda in der ›Heimat‹ getragen.

Sie hatte die Vorstellung, ungefähr ebenso auszusehen, wie die himmlische Duse in jener himmlischen Rolle, und teilte diese Ansicht der sie treu besuchenden Senta mit.

»Seh' ich nicht ganz so aus?«

»Wie ein großer Mann mit Schlapphut, weißen Brauen und Schnauzbart ganz so aussieht wie Bismarck«, sagte die grausame Senta.

Edmund, der Entsetzliche, über den sich Philippine ohne Ende beklagen mußte, hatte ihr jeglichen Besuch verboten.

Zum Glück fand Senta, daß man sich nach den Marotten so eines wichtig tuenden Doktors nicht zu richten brauche, und durchbrach die Quarantäne.

Die echte Wärme ihrer Freundschaft verriet sich immer, wenn eine der Freundinnen krank oder in Not war.

Philippinens jüngstes Leiden war eine Drüsenanschwellung am Schultergelenk, die geschnitten werden mußte.

* Damenzimmer
** Morgenkleid
*** Eleonora Duse (1858–1924), ital. Schauspielerin

Und vor dem Schneiden hatte die nervenschwache kleine Frau natürlich schreckliche Angst.

Als Edmund, mit seinen Mordinstrumenten bewaffnet, eintrat, fand er Senta bei seiner ängstlich abgesperrten Patientin.

Das war auch gerade die Rechte!

Sie stand mit dem Rücken gegen Philippinens luxuriösen Schreibtisch gelehnt und sah ihm aus ihren geheimnisvollen dunklen Augen wie in verhaltener Drohung entgegen.

»Gerade so sieht manchmal eine Katze den Hund an«, dachte Edmund. Aber sie fiel ihm als schön auf, weil sie nicht ihr schreckliches Pagenkostüm trug, sondern Frauenkleider.

»Einzigster Doktor!« begrüßte ihn Philippine, »sagen Sie nichts gegen meine Senta! Wenn Sie nicht erlauben, daß Sie hier bleibt, lass' ich Sie nicht schneiden. Nur wenn Senta bei mir ist, kann ich so etwas Schauderhaftes aushalten.«

»So?«

»Ja. Ich schwöre Ihnen, wenn Sie Senta fortschicken, schrei ich so laut, daß das ganze Haus zusammenläuft.«

»Dann wollen wir lieber Fräulein Korella assistieren lassen.«

Sentas Gesicht verwandelte sich. Sie sah mit einem Male ganz sanft und verständig aus.

Diese Metamorphose überraschte Edmund. Die Senta, die er diesen Augenblick vor sich sah, hatte mit der Senta, die er kannte, kaum noch Ähnlichkeit.

»Es ist unglaublich, daß sie so aussehen kann und es vorzieht, als ungezogener Gamin* herumzulaufen!« dachte er.

Während er rasch und unauffällig sein Handwerkszeug zurechtlegte, sagte er, mit einer Kopfwendung nach dem Fenster: »Da draußen ziehen sie eben einen aus dem Wasser.«

»O wie gräßlich!« rief Philippine. »Ist er denn hineingefallen oder hineingesprungen?«

* Gassenjunge, Bursche

»Wie er hineingekommen ist, kann ich nicht sagen. Fräulein Korella, würden Sie die Liebenswürdigkeit haben, eben mal den Finger auf die Öffnung dieses Fläschchens zu halten, und wenn ich sage ›jetzt‹, ein paar Tropfen auf die Stelle zu gießen, die ich zeige.«

Senta tat ihm schweigend und pünktlich eine Reihe kleiner Handreichungen, die er, da sie einmal da war, von ihr erbat.

Während Philippine sich noch das Schicksal des vermutlichen Selbstmörders ausmalte, war auf einmal alles geschehen.

»Nun, soll denn nicht wenigstens ein klein wenig geschrien werden?« fragte Edmund.

Aber Philippine krallte sich nur mit ihren nervösen kleinen Händen in den Arm Sentas fest und biß die Zähne zusammen. Sie schien von Sentas willensfestem Blick hypnotisiert.

Edmund sah ein paar Mal flüchtig zu Senta hinüber und dachte: »Diese Macht sollte lieber ich haben.«

Beim Verbinden der Schnittwunde half Senta wieder mit tadelloser Geschicklichkeit. Dabei überhäufte sie Philippinchen mit liebkosenden Worten, die freilich immer das von der Höhe niederträufende Wohlwollen des Überlegenen an sich hatten.

Während Edmund seine sieben Sachen zusammenpackte und Verhaltensmaßregeln gab, zog Senta Hut und Handschuhe an.

»Aber du gehst doch nicht schon?!« jammerte Philippine.

»Ja, was denkst du wohl, Philippinchen? Um dir mein Versprechen halten zu können, hab' ich mich wie ein Dieb in der Nacht aus der Wohnung stehlen müssen. Die Hintertreppe hinunter und durch die Buchhandlung unten, statt durch den Flur. Meine Bürostunden haben ja schon angefangen, und arme Seelen drücken die Wände des Fegefeuers.«

Sie nannte ihr eigenes Arbeitszimmer ›Paradies‹ und das Wartezimmer ›Fegefeuer‹.

»Kannst du dich nicht mal 'n bißchen vertreten lassen?«

»Nein. Adieu, Schatz. Sei recht brav. Morgen komm ich wieder. Adieu, Herr Doktor.«

»Ich gehe mit, gnädiges Fräulein.«

Sie überhörte dies und lief wie der Wind die zwei Treppen hinunter und die halbe vom Hochparterre.

Er aber, mehrere Stufen auf einmal nehmend, holte sie an der Haustür ein.

»Sie dachten wohl, ich käme nicht nach?« lachte er.

Sie sah ihn an. Der Gegensatz zwischen dem heiteren Übermut jetzt und dem ruhigen, Achtung gebietenden Ernst, den sie oben an ihm beobachtet hatte, gefiel ihr.

Auch der Blick, mit dem er sie eben ansah, war recht angenehm.

»Man soll nicht über einen Menschen urteilen, ehe man ihn nicht bei seiner Arbeit gesehen hat«, dachte sie. »Nicht irgendeine beliebige Arbeit, sondern die Berufsarbeit.«

Es war kurz nach neun Uhr morgens. Die arme Philippine hatte sich sehr zeitig schönmachen müssen.

Am Ufer draußen stritt sich noch der Herbstnebel mit der Sonne. Die hohen Zinshäuser am jenseitigen Ufer schimmerten lila, wo sie noch im Schatten lagen, und rötlich-gelb, wo die Sonne sie beleuchtete. Die Äste und Zweige alle sahen schwarz aus von Feuchtigkeit und auf dem Rasenrande des Kanals lag Reif.

Das alles war schön und morgenfrisch, und die beiden vor der Haustür genossen es ein paar Sekunden freudig atmend.

Dann fragte Senta: »Das mit dem aus dem Wasser Gezogenen sagten Sie vorhin wohl nur, um Philippine zu zerstreuen?«

»Nein; gerade als ich kam, war dort an der roten Brücke ein gewaltiger Menschenzusammenlauf. Sie fischten mit Stangen von einem Äpfelkahn aus und warfen von der Brücke aus die Leine mit dem Rettungsgürtel. Jetzt, nach zwanzig Minuten, ist schon nichts mehr zu sehen und zu hören. Das hat hier doch alles ein unheimliches Tempo!«

»Ja, und man muß miteilen, wenn man nicht den Anschluß versäumen will«, bemerkte Senta. »Adieu. Grüßen Sie Gunhild.«

»Ich danke auch schön für die liebenswürdige Hilfe«, sagte er artig.

Sie lachte kurz auf und entgegnete schnippisch: »Um Ihren Dank tat ich's nicht.«

Dann steckte sie die Hände in die Taschen ihres Pelzjäckchens und schritt, einen neuen Gassenhauer pfeifend, rasch über den Straßendamm.

Er schaute ihr lächelnd nach.

Das war wieder die ihm bekannte, ungezogene Senta. Vorhin aber, oben, mit der sanften, verständigen Miene und den schnellen, ruhigen Bewegungen war sie wirklich sehr anziehend gewesen! Viel mehr, als er's bei ihr für möglich gehalten hatte.

Die Professorin gab eins ihrer hübschen kleinen Diners, zu denen sie aber doch die Einladungen acht Tage vorher auf lithographierten Kärtchen herumschickte.

Gunhild, die sich aus Liebhaberei zur Kochkünstlerin entwickelt hatte, pflegte bei diesen Gelegenheiten ziemlich den ganzen Tag in der Küche zu stehen.

»Ich mache das wirklich viel besser als irgendein Hofkoch«, erklärte sie.

Die Familie bekannte auch unumwunden, daß Gunhilds Puddings, Saucen und Ragouts einfach unerreicht daständen.

»Etwas muß der Mensch können«, pflegte Gunhild zu sagen, wenn man ihre Kochkunst rühmte, »ich meine, zu möglichster Vollendung gebracht haben. Und das, was ich kann, ist eben kochen.«

»Sonst nichts?«

»Nichts wenigstens, was viele andere nicht besser machen können. Wenn wir die große Revolution bekommen und jeder sein Brot erarbeiten muß, werde ich Köchin.«

Die Zimmer sahen aus, als gähnten sie. Alle Verbindungstüren standen auf, und alle die kleinen täglichen Gebrauchsgegenstände, als Schüsselkörbchen, Nähständer, Patiencekarten usw., die für gewöhnlich den Räumen das Gepräge von Bewohntheit und Traulichkeit gaben, waren entfernt worden.

Man hatte die Großmama aufs Würdigste in Spitzen und Seidenschals drapiert und ihren Stuhl in den Salon an ein warmes Ofenplätzchen geschoben.

Mit begierig funkelnden Äuglein sah die alte Frau den Gästen entgegen. Sie war ihr Leben lang Gesellschaftstrubel gewöhnt und liebte ihn jetzt mehr als je.

Sie klammerte sich an das, was ihr davon mitzumachen möglich war, mit der intensiven Genußfreude derer, die wissen, daß ihnen die Feststunden des lieben Lebens nur noch knapp bemessen sein können.

»Das ist die durch Wehmut gewürzte Luft, mit der wir in die sinkende Sonne schauen«, dachte Gunhild; »bald kommt die Nacht.«

Die heutigen Gäste gehörten der Finanzwelt an: der reiche Solmonsky und sein Sohn, der noch viel reichere Bankier van Lenepp und seine Frau und andere jener Kreise.

Die Professorin lud ihre Bekannten gruppenweise ein, wie sie zusammen gehörten: einmal die Geldaristokraten, einmal die Professoren und Mediziner, einmal ihre und Gunhilds »arbeitende« Freundinnen und endlich Jugendbekannte und Sippschaft sowie den kleinen Rest derer, die sich sonst nicht unterbringen ließen.

Gunhild hatte die Bemerkung gemacht, daß eigentlich jeder dieser Kreise einer kleinen Welt angehörte, die von den anderen kleinen Welten so gut wie gar nichts wußte.

Die Anschauungen und Lebensauffassungen dieser diversen Kreise waren erstaunlich voneinander abweichend. Jeder einzelne Kreis aber meinte mit unerschütterlicher Überzeugtheit die Welt der Vernünftigen zu repräsentieren.

Wenn Gunhild der schönen reichen jungen Frau van Lennep einmal von der sozialen Not der Frauen sprach, entgegnete Frau van Lennep mit ehrlichem Erstaunen: »Aber was fehlt denn den Frauen? Jede Frau kann es doch so gut haben, wenn sie will.«

Und sprach sie dagegen zu Irene Schmidt von der erdrükkenden Last gesellschaftlicher Pflichten einer ihrer nicht zu Atem kommenden Millionärsfrauen, so meinte diese unüberzeugt: »Niemand ist gezwungen, sich zum Sklaven gesellschaftlicher Torheit zu machen.«

Der junge Solmonsky, den sie heute aus lauter Langeweile von Irene Schmidts großartiger Wirksamkeit unterhielt, sah sie an, als ob sie ihm Märchen erzählte.

»Aber erlauben Sie, mein gnädiges Fräulein«, sagte der junge Lebemann, »warum macht sich denn diese Dame das Leben so unbequem? Kommt denn dabei etwas heraus?«

Sie blieb eine Antwort schuldig.

Die Finger ihrer rechten Hand spielten mit dem blumenstielartigen Fuß eines Kelchglases, und ihre graublauen Augen, die so gut zu sehen verstanden, wenn sie wollten, blinzelten beinah schläfrig unter den langen Wimpern vor.

Sie war müde von dem Stehen in der Küche, und keiner der Gäste interessierte sie genug, um sie wieder munter zu machen.

Siegfried Solmonsky war ihr Partner bei Tafel; dem alten Herrn zu Liebe mußte sie es so einrichten lassen.

Gegenüber saß der Papa Kommerzienrat mit seinem jovialen faltigen Gesicht und dem weißen, zu beiden Seiten des fetten Kinns herabhängenden Backenbart.

Das Gesicht wäre nicht unangenehm gewesen ohne den stechenden, etwas lauernden Blick der kleinen Augen.

Der Kommerzienrat sah, während er seine Nachbarinnen in seiner Weise schwungvoll unterhielt, doch immer lauernd auf das Paar gegenüber, um im Notfall seinem nicht eben durch Geist hervorragenden Sohn beizuspringen.

»Wie finden Sie das Muschelragout?« fragte jetzt Gunhild mit mehr Ernst und Eifer als bisher.

»Ausgezeichnet – selbstverständlich.«

Gunhild dachte, es ist auffallend, daß gerade die Menschen, die die beschränkteste Verständnisfähigkeit haben, mit solcher Vorliebe die Ausdrücke ›selbstverständlich‹ und ›selbstredend‹ brauchen.

Laut sagte sie: »Ich bin sehr stolz darauf, denn die Zubereitung ist meine eigene Erfindung.«

»Gnädiges Fräulein belieben doch wohl zu scherzen?«

»Nein.«

Ihm fiel zum Glück – wie er meinte – ein, daß junge Frauen und heiratslustige Damen gern vor den Männern mit ihren Kochkenntnissen groß tun. Diese Weisheit schöpfte er aus den Witzblättern, die seine Hauptlektüre bildeten.

»Nun, mein gnädiges Fräulein, dann beneide ich den Glücklichen, der ein solches Juwel von Häuslichkeit zur Frau bekommt.«

»Wie mich?«

»Selbstredend.«

»Ich bin kein Juwel von Häuslichkeit; aber ich bilde mir etwas darauf ein, kochen zu können.«

»Das ist ja auch die Hauptsache.«

»Von was?«

Er fand ihre Art, zu fragen, unbequem. Man sagt etwas so obenhin, ohne sich viel dabei zu denken, weil doch Konversation gemacht werden muß. Aber seine Äußerungen immer gleich begründen zu sollen, das ist ein bißchen viel verlangt.

»Von allem«, antwortete er abschließend. Nun, fand er, war es Zeit, diesen Gegenstand fallen zu lassen.

Gunhild nickte verständnisinnig und wiederholte: »von allem«.

»O weh!« dachte der Papa Solmonsky, der Gunhilds Gesicht sah, »jetzt hat mein Siegfried anscheinend eine Dummheit gesagt.«

Sowie er konnte, richtete er über den Tisch herüber das Wort an sie: »Glauben Sie mir, mein liebes und hochverehrtes Fräulein, eine kluge und schöne Frau ist eine Macht. Sie kann aber, auf das richtige, solide Piedestal gestellt, zu einer Großmacht werden. Immerhin wird ein geistig ganz ebenbürtiger Gatte sie nicht zu der Alleinherrschaft, die sie führen kann und darf, gelangen lassen. Darum gebe ich meinen geistreichen jungen Freundinnen immer den Rat, sich zum Gemahl einen gut situierten, aber geistig minder hervorragenden Mann auszuwählen. Seine materiellen Güter müssen ihr das Reich schaffen, in dem sie einer Königin gleich herrschen und sich huldigen lassen kann. Habe ich recht?«

»Vollkommen. Ich sehe das alles ein und werde mich nach einem reichen Trottel umsehen.«

Der Kommerzienrat wollte milde gegen den ›Trottel‹ protestieren, leider aber wendete sich seine brillantenbesäte Nachbarin ihm wieder zu, und er mußte sich ihr widmen.

Edmund, der bei den Diners seiner Mama für die Getränke zu sorgen pflegte, sparte dabei nicht.

In Folge der schweren und guten Weine war die Gesellschaft, als die Tafel aufgehoben wurde, sehr belebt.

Die Großmama hatte mit ihrer Gesellschafterin in ihrem eigenen Zimmer gegessen; jetzt aber erschien der Fahrstuhl wieder im Salon, und die gut aufgelegten Gäste machten der lebenslustigen Greisin der Reihe nach den Hof.

Die Großmama nahm das als etwas ihr Gebührendes mit Würde und Behagen entgegen. Sie verwechselt die Menschen und die Generationen und besann sich nie auf einen Namen der jetzt Lebenden; wenn man aber auf die Großväter und Großmütter zu sprechen kam, wußte sie vortrefflich Bescheid, was wiederum die pietätvollen Enkel jener Ahnen innig rührte.

Gunhild saß jetzt neben ihrer Jugendfreundin, der schönen Frau van Lennep.

Diese Frau, die einst mit Gunhild in der Schweizer Pension gewesen war, um den letzten Schliff einer vornehmen

Mädchenerziehung zu erhalten, hatte später einen märchenhaft reichen Millionär holländischer Abstammung geheiratet. Sie wohnte jetzt in dem Palast, der einem griechischen Tempel ähnlich sah, und machte ein großes Haus.

Frau van Lennep trug stets die neuesten Pariser Toiletten und sah kühl, hübsch und distinguiert aus.

Gunhild und Marion hatten in der Pension Freundschaft geschlossen und waren einander treu geblieben, aber mehr aus Prinzip, als aus innerem Drange. Obwohl ihre Wege später sehr auseinandergegangen waren, hatten sie die Beziehungen nie ganz abgebrochen.

In Marion van Lenneps Haus war es gewesen, wo Gunhild einst »ihn« kennengelernt hatte. Und nachher hatte sie ihn dort am häufigsten gesehen.

Heute abend waren Frau van Lennep und Gunhild die gefeierten Schönheiten der Gesellschaft. Ein Kreis älterer und jüngerer Herren stand Mokka trinkend und Zigaretten rauchend um sie herum.

Auch die Damen rauchten.

Siegfried, der eben eine kleine Privatvorlesung von seinem Vater bekommen hatte, trat auf die Gruppe zu.

Er hatte Ordre, auf alle Fälle vorzugehen.

»Gnädiges Fräulein«, begann er schneidig, »mein Papa schwärmt von einem kleinen Leistikow in Ihrem Boudoir. Dürfte ich den mal in Augenschein nehmen?«

Dieser kleine Leistikow, der einen Waldteich kurz nach Sonnenuntergang vorstellte, war eine Errungenschaft Gunhilds, auf die sie, wie der alte Herr wußte, gerade sehr stolz war.

Sie stand wirklich ebenso bereitwillig wie arglos auf und führte den Schaulustigen nach dem Bilde, das in ihrem, heute mit als Salon drapierten Zimmer hing.

Siegfried Solmonsky fand das Bild mit seinen scharf umrissenen runden und kahlen Bäumen lächerlich und abscheulich.

Er starrte lange schweigend durch sein Monokel. Endlich

äußerte er: »In der Tat schneidig gemacht. Von der letzten Mode, was?«

Gunhild sah verträumt in das Bild und fand es nicht nötig, etwas zu sagen.

Plötzlich begann Siegfried sein Sprüchlein, wie aus der Pistole geschossen.

»Mein gnädiges Fräulein, wie wäre es, wenn wir für dieses Leben in Partnerschaft träten? Papa meint, Ihr Esprit und mein Vermögen ...«

Sie unterbrach ihn erschrocken.

»Ein andermal. Dies Kapitel können wir jetzt und hier nicht besprechen – morgen. Ich muß zu der Gesellschaft zurück.«

Siegfried empfand, daß er etwas Wesentliches noch aussprechen mußte.

»Nur eins erlauben Sie mir hinzuzufügen: – selbstredend liebe ich Sie, gnädiges Fräulein.«

Sie wandte ihm den Rücken und rauschte aus dem Zimmer.

Er bewunderte ihre Haltung und ihre Schlepprobe von altrosa Seide.

»Papa hat eigentlich einen famosen Blick«, dachte er ganz vergnüglich.

Gunhild aber ärgerte sich. So ein Antrag war doch eine unerhörte Impertinenz, wie sie eben nur die heilige Dummheit fertig bekommt. Ganz allein aus Rücksicht für die gute Tante Albertine hatte sie diesen Idioten nicht gleich, wie es ihm zukam, abgefertigt.

»Gute Nacht, liebes Kind«, sagte die Professorin, ein Gähnen nur halb unterdrückend, »geh' nur jetzt rasch schlafen. Du siehst müde aus. Dies stundenlange Stehen in der Küche ist ein rechter Unsinn, wenn man sich danach nicht ausruhen kann.«

»Hat's nicht geschmeckt, Tantchen?«

»Aber natürlich! Herrlich wie immer, wenn du selbst Hand anlegst. Aber ein feine Kochfrau tut's doch auch!«

»Für euch wohl, aber nicht für mich. Mich packt von Zeit zu Zeit das Verlangen, in meiner Kunst zu schwelgen. Das ist mal so.«

»Du bist ein wunderliches Wesen. Aber ausgesehen hast du wieder superb in dem alten Rosa. Das Kleid macht sich wirklich bezahlt. Gute Nacht, Kind. Schlaf' dich aus.«

Noch ein liebevoller Kuß, dann rauschte die kleine Frau fort.

Edmund, der eben dem letzten Gaste selbst die Haustür aufgeschlossen hatte, trat, die Uhr in der Hand, mit etwas ärgerlicher Miene ein.

»Halb zwei ist's. Macht, daß ihr in die Koje kommt, liebe Leute. Ach, du bist nur noch da, Gunhild. Die guten Menschen konnten mal wieder nicht den Weg nach Hause finden.«

»Halb zwei ist doch gar nicht spät«, meinte Gunhild.

»Nicht spät? Du hast auch schon Begriffe! Dies wüste In-die-Nacht-hinein-leben muß auf die Länge den stärksten Mann umwerfen.«

»Ich finde dich gar nicht sehr gastlich, Edmund.«

»So?« – Er gähnte. »Pardon. Wir müssen die Lampen auslöschen. Ich habe die Leute zu Bett geschickt. Geh du auch, Gunhild. Schlaf gut!«

Sie saß auf einem Sesselchen und blickte in die verglimmenden Kohlen des Kamins.

»Ich muß dir noch was erzählen.«

Sein eben noch schläfriges Gesicht nahm sofort einen aufmerksam erwartungsvollen Ausdruck an. Er blieb vor ihr stehen. Sie sah ihn an und dachte, daß der Frack ihn kleidete, und daß er gescheit und männlich aussähe.

Er gefiel ihr immer besonders gut, wenn sie eben mit anderen jungen Männern zusammengewesen war.

Mit etwas zusammengezogenen Brauen sagte sie: »Denke dir nur, Siegfried Solmonsky ist so geschmackvoll gewesen, mir heute abend einen Heiratsantrag zu machen.«

»Nun?«

»Eben dies. Ist dir's nicht genug?«

»Gott, ich find' es gerade nicht aufregend.«

»Du machst dir offenbar die Situation nicht klar, Edmund.«

Er sah sie mit plötzlicher Unsicherheit an.

»Du denkst ... ich weiß nicht ...«

»Edmund! Du meinst doch nicht etwa ... ich könnte ... diesen ... Idioten ...«

Sie sprach langsam, wie gelähmt vor Staunen, und ihre Augen öffneten sich so weit, daß die blaugraue Iris in ihrem ganzen Rund zum Vorschein kam.

Er ließ sie nicht weiter kommen, machte eine abwehrende Bewegung mit der Hand und sagte halb ärgerlich, halb lachend: »Um Himmelswillen, verwandle mich nicht in Stein, Gunhild! Ich habe keinen Schild. Du solltest mir doch etwas mehr Menschenkenntnis zutrauen. Wenn Siegfried Solmonsky sich durchaus seinen Korb holen will, laß ihn doch.«

»Das sagst du wohl. Die Sache liegt aber doch nicht so einfach. Ich habe ihm deshalb noch keine Antwort gegeben.«

»Ich verstehe nicht ...«

»Begreifst du nicht, daß es den alten Solmonsky fürchterlich kränken wird? Und daß deine Mama ihn und seinen Rat schwer vermissen wird, wenn er sich nun von uns zurückzieht? Ich bin wütend auf diesen blödsinnigen Siegfried. Nie hab' ich ihm die geringste Veranlassung gegeben, zu glauben, daß ich ihn gern hätte.«

Edmunds Gesicht drückte einen leichten Zweifel aus.

»Ihr Frauen wißt das manchmal gar nicht, wenn ihr so 'nem armen Teufel was in den Kopf setzt.«

Sie lachte spöttisch. »In Siegfried Solmonskys Kopf läßt sich wohl nicht so leicht etwas setzen. Weißt du, wie er sich ausdrückte? Er sagte: ›Papa meint, daß mein Geld und Ihr Geist gut zusammenpassen, und selbstredend liebe ich Sie auch‹.«

Edmund lachte laut auf.

»Ich war ganz wütend – innerlich«, fuhr Gunhild fort. »Das ganze Essen über hat er mich gelangweilt, und ich hab' ihn zum besten gehabt. Und nachher das!«

»Siehst du, Gunhild, mit deiner heimlichen Schelmerei, die so wenig nach außen kommt, machst du eben Leute von mäßigem Scharfblick irre. Mit dummen Leuten muß man deutlich sein, wenn man verstanden werden will.«

Sie schüttelte den Kopf.

»Ich kann dir versichern«, fuhr er fort, »daß ich selbst ganz nah daran gewesen bin, dieselbe Eselei zu machen, wie der arme Solmonsky.«

Er sah, während er dies sagte, angelegentlich auf seine Füße.

Gunhild wurde glühend rot.

»Willst du sagen, daß ich geflirtet hätte – mit dir?«

»Ich will nur sagen, daß ich eine Zeitlang sehr entschieden den Eindruck hatte, daß dir ein Antrag meinerseits weder unerwartet noch unwillkommen sein sein würde.«

»Und warum, wenn man fragen darf, hast du ihn dann nicht gemacht?« fragte sie scharf.

»Weil ich mich vergewissern wollte, ob jener Eindruck nicht doch eine Täuschung war. Und es war Täuschung.«

Beide hoben jetzt den Blick und sahen sich groß an. Er ernst und ruhig, seiner Sache sicher; sie fast weinend vor Beschämung.

Endlich begann sie sich zu rechtfertigen. »Es war kein Spiel, wie du vielleicht denkst. Wir vertragen uns und mögen uns, und da dachte ich –«

»Am Ende könnte ich ihn nehmen«, half er mit etwas ironischem Lächeln ein.

»Ja«, sagte sie einfach.

»Na, und dann?«

»Dann wurde ich mir klar darüber, daß dies beinah schwesterliche Gefühl doch nicht zum Heiraten genüge. Es fehlt das Zwingende.«

Sie hatte dies mit sanfter, ein wenig trauriger Stimme gesagt.

Er schwieg.

Es war so still in der tiefen Nacht, daß sie einander atmen hörten. Eine ganze Weile blieben sie stumm.

Endlich sagte er: »Es ist vielleicht das Bessere. Heiraten unter Geschwisterkindern taugen ja im allgemeinen nicht viel.«

Da er die Sache so philosophisch nahm, wurde sie ganz vergnügt.

»Du willst ja auch keine Frau, die über fünfundzwanzig ist oder Zigaretten raucht und Rad fährt und dergleichen emanzipierte Gewohnheiten an sich hat.«

Er lachte.

»Wer den Schaden hat, braucht für den Spott nicht zu sorgen. Das ist ja eine alte Sache. Aber um auf unseren Hammel zurückzukommen, so denke ich, daß sich Mama schon eine Zeitlang ohne ihren geheimen Finanzrat wird behelfen können. Schließlich kommt der alte Herr schon wieder. Er entbehrt ja Mamas Unterhaltung und ihr gemütliches Haus noch viel mehr als sie ihn.«

»Meinst du?«

»Wozu habt ihr denn eure geliebte Senta? Ihr behauptet doch einstimmig, Fräulein Korella sei ein Finanzgenie und verwalte die Gelder ihrer gesamten Freundschaft ausgezeichnet.«

»Das ist wahr!« rief Gunhild ganz glücklich.

»Nun also. Werden wir jetzt ruhig schlafen?«

Sie sah nach der Uhr. »Wahrhaftig halb drei geworden! Edmund!« Sie stand auf und nahm seine Hände in die ihren.

»Bist du mir aber auch noch gut?«

»Ja.«

»Sieh mal, ich habe keinen Bruder, keine Geschwister! Du mußt mein Bruder sein. Du mußt mich ein bißchen lieb behalten, auch wenn du eine Frau nimmst. Ich habe es nötig. Versprichst du es mir?«

»Ja, meine liebe Gunhild«, sagte er ernst.

»Danke!« rief sie.

»Du bist ein seltsames Mädchen«, sagte er, in ihre Augen schauend, »so warm und so kalt. Frisch und heiter von außen gesehen und innerlich matt – wie abgestorben. Es ist mir oft, als ob du nur halb beteiligt wärest bei allem, was du treibst. Als ob du nur bis zu einer gewissen, nicht sehr tiefen Tiefe fühltest und dann: aus – einfach aus.«

»Ja, es ist so«, gab sie zu. »Ich will dir auch sagen, warum. Ich habe das heilige Feuer in mir erstickt, weil es mich verbrennen wollte. Und nun bin ich nur noch halb lebendig. Wie in einer ewigen Dämmerung taste ich herum. Das Licht ging aus.«

Sie hatte ganz träumerisch gesprochen. Plötzlich ging sie in einen frischen Ton über: »Und es ist ja gut; es ist ganz gut und richtig so. Gute Nacht, Edmund!«

An einem Dezembernachmittag ging Gunhild mit Paketen beladen die Leipziger Straße entlang.

Alle Welt machte jetzt Weihnachtseinkäufe.

Und so früh man auch von Hause wegging, immer überraschte die Geschäftigen die Dämmerung.

Es war ein klarer Tag gewesen.

Noch ragten die Erker, Zacken und Türmchen und die altertümlichen Dachformen der stolzen Häuserreihen, in ein uniformierendes Steingrau getaucht, in das fahle Blau des abendlichen Himmels hinein, und das scheidende Tageslicht küßte Abschied nehmend ihre Stirnen.

Aber unten auf der Straße war es schon grau, und plötzlich sprangen aus dem unsicheren Dämmer die mondscheinfarbenen Lichter. Augenblicks sank alles um sie her in Nacht.

Ein schlanker Herr in pelzverbrämtem Mantel wollte eilig an Gunhild vorüber.

Sie rief ihn an.

»Wohin so stürmisch, Edmund?«

Er trat rasch einen Schritt zurück.

»Du, Gunhild! Ich hatte dich nicht gesehen.«

»Das merkte ich.«

»Denke dir, ich komme eben von Senta Korella. Ihr ist ein Unfall zugestoßen.«

»Was?!« rief Gunhild erschrocken.

»Das brave Mädchen hat einen alten Mann vorm Überfahrenwerden gerettet, dadurch, daß sie ihn dicht vor den Pferden gepackt und zur Seite gerissen hat – vom Rad aus. Natürlich ist sie selbst dabei gestürzt.«

»Schlimm?‹«

»Nicht gefährlich, aber langweilig und schmerzhaft. Ein gebrochener Arm und ein paar Quetschungen.«

»Na, das heilt ihr Ärzte ja jetzt zum Glück sehr rasch. Aber wie kamst du gerade dazu?«

»Es ist nicht weit von unserer Wohnung passiert, auf der Potsdamer Brücke. Da hat sie nach mir geschickt.«

»Nach dir geschickt?! Senta?!«

»Ja.«

»Es geschehen noch Wunder! – Senta, die tausendmal versichert hat, wenn ihr je etwas Ernstes zustoßen sollte, nur einen weiblichen Arzt zu befragen! Konsequenz, dein Name ist Frauenzimmer!«

Er lächelte. »Das sagtest du. Übrigens ist sie das tapferste Frauenzimmer, das mir vorgekommen ist. Sie hat, wie die Augenzeugen einstimmig bekunden, den tauben Alten mit eigener Gefahr gerettet und mit erstaunlicher Geistesgegenwart. Und dann, bei dem schmerzhaften Einrenken des Armes – die Sache war schon stark angeschwollen, als ich kam – hat sie nicht eine Miene verzogen, nicht einmal beim Sprechen die Stimme verändert. Die reine Spartanerin.«

»Und das gefällt dir?«

»Es imponiert mir.«

»Findest du es denn nicht unweiblich?«

»Ich habe niemals Schwächlichkeit und Zimperlichkeit unter die weiblichen Tugenden gerechnet.«

»Ich dachte.«

»Dann hast du einmal unrichtig gedacht.«

»Aber wie geht es ihr? Darf ich heute noch zu ihr?«

»Lieber morgen vormittag erst. Gegen Abend wird es wohl etwas Fieber geben.«

»Ist sie in ihrer Wohnung in der Friedrichstraße?«

»Ja, sie wollte durchaus dorthin. Ich hätte sie viel lieber in das so nahe Elisabeth-Krankenhaus gebracht.«

»Wirst du sie weiter behandeln?«

Er zuckte mit den Achseln. »Ich weiß nicht, ob sie sich mein Regiment gefallen läßt.«

»Wenn sie dich aushält, Edmund, dann mache sie in dich verliebt! Eine solche herrliche Gelegenheit, die Wildkatze zu zähmen, kommt ja niemals wieder! Es wäre zu schade, wenn sie ungenutzt bliebe!«

»Wie macht man das, jemanden in sich verliebt zu machen? Unterrichte mich mal darüber.«

»Tu nicht so neugeboren, lieber Edmund. Das weißt du wahrscheinlich besser als ich.«

»In der Tat, nein.«

»Nun, dann kann ich dir nicht helfen.«

»Dein Rat scheint mir auch nicht gerade sehr freundschaftlich gegen Senta.«

»Er ist aber freundschaftlich.«

»Und wenn man ihn nun befolgen könnte und wollte, was dann?«

»Das ist Nebensache. Für Senta wichtig ist nur, daß sie ein einziges Mal das Gefühl kennenlernt, daß ... hm, wir wollen diesen Gegenstand lieber nicht weiter erörtern. Er eignet sich dazu nicht.«

Dicht fiel der Schnee nun schon viele Stunden lang.

Scharen blau bekittelter Straßenreiniger gossen und schaufelten und fegten.

Das Scharren und metallne Klingen ihrer Schaufeln gegen die Pflastersteine übertönte zeitweilig den durch den Schnee gedämpften Lärm der Wagen.

Die armen Gäule vor den schweren Pferdebahnwagen rutschten und stürzten.

Gunhild trat, warm in Pelz gehüllt, in den Winternachmittag hinaus.

Beinah etwas Feierliches hatte die Straße in diesem schwebenden Schleier von Schneeflocken.

Man sah nur halb, man hörte nur halb, und die eingewickelten Menschen eilten schweigend, wie verschüchtert, aneinander vorüber.

Als ob die Stadt den Atem anhielte.

Gunhild stapfte zum nächsten Briefkasten und warf zwei Briefchen in den Spalt.

Sie enthielten beide eine Entschuldigung.

Es paßte ihr gar nicht recht, dieser Fünfuhrtee bei den van Lenneps, denn sie hatte zu Senta gehen wollen und nachher in einer Mütterverein-Angelegenheit zu Irene Schmidt.

Als der van Lennepsche Diener heute mittag das Billettchen brachte, das sie hinüberzukommen bat, hatte sie eigentlich antworten lassen wollen, sie sei verhindert.

Aber die Aufforderung Marions war eigentümlich dringend gewesen.

»Wenn du irgend kannst, tu mir den Gefallen und komm!« hatte sie geschrieben.

Dieselben Worte hätten ihr bei der stürmischen und zärtlichen Senta keinen Eindruck gemacht; aber bei der kühlen, zeremoniellen Marion van Lennep war es etwas Außergewöhnliches.

Gunhild hatte sich deshalb doch nicht entschließen können, die Jugendfreundin im Stich zu lassen. Die Zuverlässigkeit war ja eigentlich das Wesentliche in ihrem sonst recht losen Freundschaftsverhältnis.

Der weiche Schnee ballte sich unter den Galoschen. Es war ein schlechtes Gehen.

Über der Bucht lag eine schwache Eisdecke, die unter dem feinen Schnee wie die mit Puderzucker bestreute glasierte Decke einer Torte aussah.

Die Wildenten watschelten mühsam darauf herum, nach den Brotkrumen fahndend, die ihnen unter Scherzen und Lachen die hier postierten Droschkenkutscher zuwarfen.

Gunhild war ganz froh, als die eisenbeschlagene Pforte des Lennepschen Palastes hinter ihr ins Schloß fiel und die behagliche Wärme des wohldurchheizten Treppenhauses sie umfing.

Im Vorzimmer legte sie, ohne zu eilen, Galoschen, Pelzmantel und Mütze ab und ordnete vor dem großen Spiegel ihr Haar.

Sie mußte lachen über das rotgefrorene Gesicht mit der blanken Nase und den glitzernden Augen, das ihr aus dem Spiegel entgegensah.

Und wie die Ohren jetzt brannten!

Dann, während der Diener sie meldete, erfaßte sie, wie jetzt so oft, das Gefühl einer lähmenden Gleichgültigkeit, ja des Überdrusses.

Was sollten ihr diese zwei Stunden bei Marion? Sie hatten einander nichts zu sagen – gar nichts.

»Die gnädige Frau läßt bitten!«

Sie folgte dem vorangehenden, steifen Livreediener kühl bis ans Herz hinan durch eine Reihe pompöser Zimmer und kam endlich in den Salon, in dem Marion ihren Tee einzunehmen pflegte.

Plötzlich stand sie starr still, ein jähes Erschrecken durchzuckte sie vom Wirbel zur Zehe, und ein Zittern durchlief ihre Glieder.

Neben Marion stand jemand – er! –

»Ich brauche nicht vorzustellen«, sagte Frau van Lennep in ihrem kühlen klaren Tone, »ihr seid ja alte Bekannte.«

Gunhild hatte sich bereits gefaßt. Sie lachte sich selbst aus. Wie kann man bloß so erschrecken!

Ihr Blick überflog forschend seine Gestalt, sein Gesicht. Sie wollte kritisch sein. Es ging nicht.

Er sah eben aus, wie er aussah, und kein anderer ähnlich.

Sie gaben sich die Hand zum Gruß, wie in alter Zeit, und sagten ein paar ruhige, konventionelle Worte.

Dabei fühlte sie: »Diese Hand ist anders, als jede andere Hand. Man möchte sie gar nicht loslassen.«

Man setzte sich, trank Tee und unterhielt sich zu dreien, wie man sich eben im Salon einer Weltdame beim Tee unterhält.

Er war auf der Durchreise, nur zwei Tage in Berlin. Gunhild selbst aufzusuchen, hatte er nicht gewagt, aber er hatte sie sehen wollen und sich zu diesem Zwecke hinter Frau van Lennep gesteckt.

Das wurde nicht ausgesprochen, ließ sich aber nach dem, was gesagt wurde, erraten.

Gunhild erkundigte sich nach seiner Familie.

Er erzählte ein paar hübsche Züge von den Kindern. Von seiner Frau sagte er nur, daß sie nervös sei von den weiten Reisen und Umzugsplackereien.

Jedes seiner unbedeutendsten Worte prägte sich in Gunhilds Gedächtnis ein.

Die Zeit jagte, und sie blieb zum sogenannten Mittagessen, das im Lennepschen Hause um sieben Uhr abends eingenommen zu werden pflegte.

Als er hörte, daß sie bleiben wollte, blieb auch er. Ausnahmsweise – aus Rücksicht auf den seltenen Besucher – waren Lenneps einmal unter sich. Nur der dicke Herr van Lennep vermehrte den kleinen Kreis.

Die Zeit jagte weiter. Unglaublich, wie die Stunden verschwanden! Unglaublich, wie heute der Zeiger um das Zifferblatt lief! –

Er sprach von der Türkei. Sogleich fühlte Gunhild ein lebhaftes Interesse für alles, was mit jenem Staate zusammenhing.

Er hielt einen kleinen Vortrag über die griechische Finanzlage.

Gunhild folgte auf dem ihr ganz fremden Gebiete mit Spannung. Sie strengte ihren Kopf an, seine von Sachkenntnis und Einsicht zeugende Auseinandersetzung zu begreifen, und nahm sich vor, sich ernsthaft mit diesen Dingen zu beschäftigen.

Er erwähnte einen englischen Schriftsteller, der ihm besonders sympathisch war.

Augenblicklich fühlte sie, daß sie mit brennendem Interesse die sämtlichen Werke dieses Autors lesen werde von Anfang bis zu Ende.

Was er berührte, hörte für sie auf gleichgültig zu sein und wurde ihr wertvoll und wichtig.

So rückte er die Dinge aus dem Dämmergrau der Gleichgültigkeit in die helle, lebenweckende Sonne der Liebe.

Ungewußt und ungewollt, – für sie allein.

Er begleitete sie den kurzen Weg zu ihrem Hause.

Sie berührten auch jetzt, da sie in der stillen Schneenacht miteinander allein waren, nichts Intimes.

Beide fühlten nur immerfort die Kürze der Gnadenfrist und das nahe unabwendbare Ende.

Darum wurden sie wortkarg. Nur daß die wenigen nichtssagenden Worte so schwer wogen von verhaltener Empfindung!

»Hier bin ich zu Hause«, sagte sie und blieb stehen.

Er nahm ihr den Hausschlüssel ab und schloß auf.

»Bitte, nehmen Sie meine Wachsstreichhölzchen mit«, sagte er mit seiner lieben Stimme.

Sie wollte ablehnen, denn sie kannte den Treppenaufgang genau und fand sich gut im Dunkeln zurecht.

Aber das Pappschächtelchen mit den plumpen Bildchen, das er ihr hinhielt, erschien ihr auf einmal sehr kostbar und begehrenswert, so daß sie verlangend danach griff.

»Danke!«

Er ließ sie eintreten und hielt die Tür in der Hand.

»Auf Wiedersehen«, sagte er gepreßt.

Sie konnte die Lippen nicht öffnen – nickte nur ein wenig.

Dann fiel die schwere Tür mit dem Patent-Selbstschließer geräuschvoll ins Schloß.

In dieser Nacht kam kein Schlaf für Gunhild.

Eine Traurigkeit und eine Sehnsucht quälte sie, so schwer und finster, daß sie nicht einmal weinen konnte.

Sie wußte jetzt, daß sie erst wahrhaft lebte – und zehnfach lebte – bei ihm. Er war der Meister, der alles wachrief, was in ihre Seele schlafend lag, so daß sie sich unter seinen Augen beglückt entfaltete wie die Blüte vor dem Frühlingssonnenstrahl.

Das wußte sie, und mußte doch ihr Leben fern von ihm in Dunkelheit und Kälte verdämmern!

»Seine Liebe hätte größer sein sollen!« dachte sie. »Er hätte mich festhalten sollen trotz allem! – Aber wir hatten beide nicht den Mut der großen Leidenschaft und nun müssen wir leiden.«

Sie schloß sich einen ganzen Tag lang in ihrem Zimmer ein und ließ weder die Tante noch Edmund herein. Sie habe starke Migräne, ließ sie durch das Stubenmädchen sagen, und müsse allein sein.

»Liegt das gnädige Fräulein?« erkundigte sich Edmund.

Das Mädchen berichtete, das gnädige Fräulein gehe unausgesetzt im Zimmer auf und nieder.

Edmund schlich sich einmal an ihre Tür und horchte. Er hörte ihre raschen Schritte – den Schritt eines aufgeregten Menschen.

Aber da sie seinen Beistand ablehnte, mußte er sie sich selbst überlassen.

Endlich, abends, meldete das Mädchen, sie habe, als sie den Tee hineingetragen, das gnädige Fräulein fest eingeschlafen gefunden.

Am anderen Morgen wachte Gunhild auf und staunte.

Sie hatte von ihm geträumt und wunderbare Ruhe und Freude gefühlt.

Jetzt wußte sie, daß es ein Traum war, und erinnerte sich ihres jüngsten Erlebnisses mit all seiner Süße und Bitterkeit.

Und doch blieb das tiefe Wohlgefühl. Ein großes, frohes Erwachen war es!

»O Gott, ich danke dir!« sagte sie laut.

Daß sie ihn heute noch so sehr lieben konnte, daß sie so um ihn leiden, sich nach ihm sehnen konnte - das war ja ein Geschenk!

Es war Leben! –

Senta Korella lag mit verbundenem Arm auf der Couchette in ihrem Wohnzimmer und diktierte ihrer Sekretärin.

Sie sah blaß und spitz aus. Ihre dunklen Augen waren noch größer und leuchtender als gewöhnlich.

Edmund hatte manches von ihr erreicht; aber nicht, daß sie sich schonte.

»Je mehr man sich nachgibt, desto hinfälliger wird man«, behauptete sie.

Und das ließ sie sich nicht ausreden.

Edmund hatte im Anfang zu ihr gesagt: »Wenn Sie nicht tun, was ich von Ihnen verlangen muß, dann, bitte, suchen Sie sich einen anderen Arzt.«

Sie hatte geantwortet: »Ich gehorche Ihnen, soweit ich Ihnen glaube, darüber hinaus nicht.«

Er war aber doch wieder gekommen.

»Zu gehorchen, wenn man glaubt, ist gar kein Kunststück«, sagte er einmal; »ich möchte Sie folgsam sehen gegen Ihren eigenen Glauben.«

Da hatte sie lange gelacht.

In Sentas Zimmer sah es aus, wie in dem Zimmer eines eleganten jungen Mannes.

Überall standen und hingen Fotografien anziehender Frauen, die Wände schmückten Tierfelle, Gehörn und Waffen.

Auf einem großen Bärenfell am Ofen lag sehr dekorativ der mächtige Nero.

Zu Füßen ihres Ruhebettes stand ein luxuriöses Rauchtischchen mit allem Zubehör, und der Duft feiner Havannas füllte den Raum.

Zur Zeit standen zahlreiche Blumenspenden teilnehmender Bewunderer und Freundinnen auf allen Möbeln.

Senta Korella war seit ihrem Unfall eine gefeierte Persönlichkeit, um welches Glück Philippine Welsung sie ehrlich beneidete.

»Ein bißchen krank sein«, meinte diese ehrgeizige kleine Person, »ist gar nicht schlimm, wenn alle Leute Blumen schicken und schrecklich nett sind. Ich möchte auch jemand retten.« –

Während also Senta ihrer Schreiberin diktierte, wurde leise die Tür geöffnet.

»Guten Morgen!«

Frisch wie der Wintertag trat Gunhild herein.

Sentas Augen sandten einen warmen Blick, sie sagte aber: »Du mußt dich fünf Minuten für dich unterhalten. Bitte, mach dir's bequem.«

Und diktierte ihren Brief ruhig zu Ende.

Dann gab sie der Sekretärin noch einige geschäftliche Weisungen, musterhaft klar wie immer.

»Dies also muß alles noch heute erledigt werden, Fräulein Müller. Sie stehen mir dafür.«

»Jawohl, Fräulein Doktor.«

»Ich danke Ihnen. Jetzt vertreten Sie mich also im Büro.«

Die junge Dame packte ihre Akten zusammen und empfahl sich.

Jetzt erst erlaubte sich Senta, Notiz von der Freundin zu nehmen.

»Du bist ja ein wahres Ungeheuer! Weißt du nicht, daß man Kranke besucht? Vier ganze Tage hast du dich nicht sehen lassen! Und dabei siehst du aus, wie die Sonne selbst! Was hast du denn gemacht, sag mal!«

Gunhild hatte abgelegt und stand in ihrem dunkelblauen Tuchkleide schlank und groß vor Sentas Schreibtisch, auf dem eine Serie neuer, sehr koketter Fotografien von Philippinchen lag.

Auf diesen Bildern weilten Gunhilds Blicke, aber nicht mehr ihre Gedanken.

»Was ich getan habe?« wiederholte sie Sentas Frage, »ich habe eine ›Erweckung‹ gehabt. Du glaubst wahrscheinlich nicht an Erweckungen. Ich habe selbst nicht daran geglaubt, bis ich's erlebte. Nun weiß ich's. Ich habe plötzlich allerlei begriffen. Zum Beispiel, daß Sturm besser ist als Windstille, und daß die wahrhaft armen, bedauernswerten Menschen die sind, von denen es heißt: es ist nichts, wonach sie sich sehnen.«

Senta hatte sie immer verwunderter angesehen. »Mein liebes Kind«, sagte sie, als Gunhild geendet, »du sprichst in Hieroglyphen. Ich jedenfalls bin nicht scharfsinnig genug, um dich zu verstehen. Möchtest du dich nicht meinen durch längeres Krankenlager geschwächten Fähigkeiten etwas anpassen?«

»Ja, wie geht es dir denn?«

»Nein, bleiben wir doch bei der Stange«, sagte Senta mit der ihr eigenen Bestimmtheit.

Gunhild zog den Schaukelstuhl herbei, welcher ihr Lieblingssitz war, und setzte sich zu Senta. Sie sah gedankenvoll und ernst aus, aber glücklich.

»Was ist vorgegangen?« fragte Senta.

»Ich habe ihn wiedergesehen.«

»Wen?«

»Ihn.«

»Ist seine Frau gestorben, und sollst du nun für treues Warten belohnt werden?«

»Seine Frau lebt und geht mich nichts an. Aber was mich angeht, ist, daß ich erfahren habe, daß ich ihn noch liebe. Alles, was wie tot in mir schlief, ist aufgewacht, als ich mit ihm zusammen war. Ich lebe wieder. Ich fühle wieder Sehnsucht und Schmerz und Freude mit voller Kraft. Das macht mich unbeschreiblich glücklich!«

»Wie bist du seltsam«, meinte Senta kopfschüttelnd, und nach einer dem Nachdenken gewidmeten Pause fügte sie hinzu: »Was sagt dein Vetter Edmund zu dieser sogenannten Erweckung?«

»Nichts; denn er weiß nichts davon. Es würde ihn auch kaum interessieren. Männer haben für unsere Seelenerlebnisse kein Verständnis.«

»Oho!«

»Bist du anderer Ansicht?!«

»Was deinen Vetter anbetrifft, ja. Der ist ein Psychologe. Übrigens muß er gleich kommen.«

Gunhild verschwieg, daß sie absichtlich Edmunds Visitenstunde zu ihrem Besuche gewählt hatte.

Nicht lange dauerte es, da meldete das Mädchen den Herrn Doktor, und Edmund trat ein.

»Guten Morgen, Fräulein Senta, sind Sie recht artig gewesen? – Ah, Gunhild! Guten Morgen.«

»Darf ich bleiben!« fragte Gunhild.

»Natürlich bleibst du«, dekretierte Senta.

»Natürlich bleibst du«, wiederholte Edmund.

Er setzte sich an das Kopfende von Sentas Lager auf einen Stuhl und fing an über allerhand Neues vom Tage zu plaudern.

Senta machte ihre schnippischen Bemerkungen, aber in Momenten des Selbstvergessens sah sie verträumt zu dem Doktor auf.

Die trauernden Augen in dem schmalen, geistigen Gesicht hatten zuweilen einen ergreifenden Ausdruck. Als ob sie sagten: »Ich leide an mir selbst, und niemand kann mir helfen. Behaltet mich doch nur ein bißchen lieb. Ich will euch auch lieben, denn das kann ich gut.« –

Sentas kurzgeschorenes Haar war etwas gewachsen und fiel in weichen, dunklen Ringen über die Stirn. Das gelbweiße Wollenkleid, welches sie trug, hob den Elfenbeinton der Haut sehr schön.

Während des Plauderns faßte Edmund ihre kleine

schmale, aber feste Hand am Gelenk und zählte die Pulsschläge.

»Lassen Sie es heute nicht wieder zum Fieber kommen«, sagte er ernst. »Sie können es vermeiden, wenn Sie wollen, und Sie müssen wollen.«

»Und was geschieht, wenn ich nun nicht will?« fragte sie herausfordernd.

»Dann werden Sie alle Tage schwächer.«

»Und dann?«

»Dann werden Sie mit einem Male begreifen, daß Sie sich Mühe geben müssen. Nur daß Sie dann massenhafte Zeit verloren haben. Aber wie Sie wollen.«

Sie schwieg ein Weilchen. Dann sagte sie, wie ein artiges kleines Mädchen: »Ich werde sehr vernünftig sein, Herr Doktor.«

An diesem Tage sahen sich Edmund und Gunhild erst beim Mittagessen wieder.

Während der Mahlzeit nahm, wie gewöhnlich, die Großmama die allgemeine Aufmerksamkeit in Anspruch. Aber dann schlief sie.

Die Gesellschafterin zog sich, der freien Stunde froh, zurück, und die Professorin mußte eilig zu einem Wohltätigkeitsbazar fahren, zu dessen Komitee sie gehörte.

So blieben Gunhild und Edmund in dem dämmerigen Eßzimmer bei Kaffee und Zigaretten allein.

Das war die Stunde des Tages, in der sich's am besten plauderte.

»Ich muß dir doch gestehen«, begann Edmund, sowie die Mama die Tür hinter sich geschlossen hatte, »daß ich über Senta Korella in manchen Punkten jetzt ganz anders denke, als früher.«

»Das schien mir so.«

»Es steckt wirklich viel Gutes in ihr; so viel Tüchtigkeit und so viel tatbereite Liebesfähigkeit. Es ist eigentlich unmöglich, sie nicht zu bewundern, wenn man sie erst kennt.«

Gunhild unterdrückte weise jedes »hab' ich dir's nicht gesagt?«, sie empfand, daß solche ›Wandlungen‹ zart und vorsichtig behandelt werden wollen, wie ganz kleine Kinder. Sie sagte darum mit scheinbarer Neutralität: »Aber ein Querkopf ist sie; eigensinnig ins Ungemessene.«

»Bei so klugen Menschen weicht immer am Ende der Eigensinn der Einsicht«, meinte er; »man muß nur überzeugen.«

»Hältst du das für leicht?«

»Nein; aber für möglich.«

»Und glaubst du, daß sie je von ihrer Exzentrik lassen würde?«

»So wie ich sie jetzt zu kennen meine, glaube ich, daß sie alles lassen könnte für einen Menschen, den sie sehr lieb hat.«

Gunhild betrachtete aufmerksam das lange Aschenende ihrer Zigarette und schwieg.

Edmund ging auf und nieder.

»Was die Exzentrik betrifft«, fuhr er fort, »das Auffällige in Kleidung und Wesen, so bin ich auch darüber etwas anderer Meinung geworden. Natürlich ist es lächerlich und albern, wo es nur Pose ist. Bei manchen aber ist es der Ausdruck oder besser: das ungeschickte Ringen nach Ausdruck einer sehr ausgeprägten Eigenart. Glaubst du nicht, daß die Uniformierung des sogenannten Brauchs darum so allgemeine Billigung findet, weil sie so bequem den Unterschied verwischt zwischen Nullen und Persönlichkeiten! In unserem Widerwillen gegen das Ungebräuchliche steckt doch ein mächtiges Stück Philistertum.«

»Ja«, sagte Gunhild einfach.

Sie fühlte, daß Senta und Edmund angefangen hatten, feinhörig und hellsehend für einander zu werden.

Plötzlich blieb Edmund vor ihr stehen und sah sie, die von den Flammen des Holzfeuers im Kamin beleuchtet war, nachdenklich an.

»Du siehst ganz anders aus wie sonst, Gunhild! Soll ich

dir sagen, wie du gerade aussiehst? Wie eine Frau, die liebt – und zwar glücklich.«

Sie lächelte sanft.

Im Herzen aber dachte sie: Ja, freilich liebe ich glücklich. Denn lieben und glücklich sein, ist eigentlich dasselbe. Und das Leben, das erst so farblos schien, hat wieder seinen Sonnenglanz, und Menschen und Dinge nehmen sich darin aus, wie mit feinem Goldrand umzogen. Wenn ich jetzt bete, soll es heißen: Laß mich nicht vergessen!

Dem Puck zu eigen!

Die stilisierte Frau

»Hier müßten Lilien blühen.«
(Frei nach J. P. Jakobsen.)

I.

In dem Rittersaal seines alten Tiroler Bergschlosses saß der Graf Joseph Gyrlani und unterhielt sich damit, Radierungen eines modernen Kunstgenies anzuschauen.

Die Mappe, die geöffnet vor ihm lag, enthielt Darstellungen aus dem Leben einer Dirne.

Es war ein ganzer Zyklus. Die Verführung erst; der Schmerz über das erste Verlassenwerden; dann die berufsmäßige Liebe, das Virtuosentum in der Gefallkunst, die Orgien, endlich das Sinken der früh Verlebten.

Besonders das letzte Bild fesselte den Beschauer durch seine Erbarmungslosigkeit.

Das elende Weib liegt schwer betrunken oder tot auf dem Straßenpflaster im Schmutz der Gosse, – Abscheu erregend, – zum Kehricht geworfen.

Gewiß, dies repräsentierte die denkbar tiefste Entwürdigung des Menschen.

»Aber das Weib ist kein eigentlicher Mensch« philosophierte der Graf, »es ist eine Heilige oder eine Null oder ein Gegenstand, den man braucht, abnutzt und wegwirft.

Und die Nullen und Heiligen zählen nicht. Die eigentlichen Weiber sind doch erst die, die man begehrt und verbraucht, für die man sich ruiniert und die man hinterher so grenzenlos verachtet.«

Ihm wurde plötzlich übel.

Mit einer nervösen Bewegung seiner langen Finger schob er das Kunstblatt fort und stand auf.

In einer Fensternische lag ein von der Sonne geborstener Pinienapfel. Gyrlani bog die symmetrisch vieleckigen kleinen Zapfen auseinander und steckte die Nase dazwischen. Der herbe Harzgeruch erquickte ihn.

2.

Joseph Gyrlani war ein kranker Mann.

Ein maßloses Genußleben hatte ihn vor der Zeit verbraucht.

Im besten Mannesalter stehend war er körperlich gebrochen.

Nun plagte ihn Überdruß und Ekel und ohnmächtiger Zorn. Des Lebens Neige schien zum Übelwerden schal!

Seine matte Seele lechzte nach neuen Emotionen, aber wo solche hernehmen?

Die Ärzte hatten ihm ein Asketenleben zur Pflicht gemacht. Nur die strengste Enthaltsamkeit in allen Dingen konnte ihn am Leben erhalten.

Er wurde gelb und grün vor Ärger, wenn er dachte, daß seine erzwungene Solidität jetzt den ehemaligen Genossen zum Gegenstand des Spottes werden sollte.

Ein Gegenstand ihres Witzes oder ihres Mitleids zu werden, das konnte seine Eitelkeit nicht ertragen.

Und darum setzte er sich vor, nicht zu *müssen*, sondern zu *wollen*.

Er wollte sein mönchisches Leben nicht als Niedergang angesehen haben, sondern als eine höhere Lebensstufe.

Er war eben fertig mit dem schalen Zeug, an dem die Weggenossen noch festklebten! Er war übersatt, er mochte nicht mehr! Ihm ekelte vor dieser losen Speise wie den Kindern Israels vor dem Manna. Es war nichts.

Jetzt galt es neue Genüsse schaffen und neue Ideale.

Nun er mit der groben Nahrung fertig war, sollte erst das Dessert auf der Tafel des Lebens serviert werden. Nun sollten Gerichte von köstlicherem Aroma und zarterer Feinheit an die Reihe kommen!

Ein Leben in strengster und edelster Form wollte er leben und die Seele in reiner Schönheit gesund baden.

Dann durfte niemand lachen oder die Achseln zucken! Sie mußten ihn bewundern und beneiden.

3.

Doktor Sadrach, Gyrlanis ärztliche Autorität, hatte täglich zweimal einen ruhigen, einsamen Spaziergang verordnet.

Und Gyrlani befolgte Sadrachs Anordnungen pünktlich.

Vor der Pforte des bergigen Schloßgartens stand eine alte Linde mit einem Muttergottesbild.

Der Weg führte von hier nach vier Seiten.

Talwärts, immer neben dem murmelnden Bergwasser, führte die Straße zum Dorf – an einer alten Mühle vorüber.

Rechts und links von der Burg zog sich zwischen Hecken der Fahrweg an der Berglehne hin.

Bergan führte ein Fußweg sanft steigend durch die Weinberge nach der Wallfahrtskapelle.

Gebetstationen begleiteten diesen Kalvarienweg. Durch bemalte lebensgroße Holzfiguren in offenen, nur leicht umgitterten Kapellchen mit kulissenhaftem Hintergrund war der Leidensgang von Gethsemane nach Golgatha veranschaulicht.

Diesen Weg pflegte der Graf zu nehmen.

Er achtete aber nicht auf den ernsten Kontrast der Leidensstationen zu der üppigen Frühlingspracht rings herum und nicht auf die herrlichen in blauem Fernduft ragenden Bergriesen mit ihren Schneespitzen. Die Natur, der er so ganz entfremdet gewesen, wollte noch nicht zu ihm reden.

Sein Blick war stumpf, – nach innen gerichtet, und was an seinem inneren Auge vorüberzog, waren Szenen persönlichen Triumphes, befriedigter Eitelkeit, gesättigter Begierde.

Er war dabei ohne es zu beachten im Steigen etwas zu rasch gegangen.

Mit keuchendem Atem mußte er stillstehen.

Das Empfinden seiner engen Grenzen, des nicht mehr

Ausreichens der Kräfte legte sich auf seine Seele als eine schwere Traurigkeit.

Er litt.

Es war niemand zur Stelle, der ihm weh getan, niemand, dem er hätte zürnen, an dem er seinen Unmut hätte auslassen können. So fehlte seinem Schmerz das Sicherheitsventil. Wehrlos und hilflos war er der Pein preisgegeben, die das Bewußtsein seines physischen Zusammenbruchs ihm schuf.

Er litt einfach.

Und mit dieser Tatsache veränderte sich für ihn das Gesicht des Lebens. Die Genußwelt, in der das Recht des Stärkeren galt und die er stolz bejaht hatte, verkehrte sich in ein Tränental. Leiden und Entbehren war die Losung und die Helden *dieser* Welt waren Heilige und Märtyrer.

Den Lodenhut hatte er vom Kopf genommen und hielt ihn in der linken Hand, mit der rechten stützte er sich fest auf die Elfenbeinkrücke seines Spazierstocks. Der Mund mit den blassen, feinen Lippen holte tief Luft.

Mit starren, vorwurfsvollen Augen blickte er auf die Hand nieder, die welk und alt aussah mit vortretendem Geäder.

Das war jetzt der schöne, der flotte, der unwiderstehliche Joseph Gyrlani!

Und kaum achtundvierzig Jahre alt!

Das Mitleid, das er mit dem eigenen, geliebten Ich empfand, war intensiv.

Als er nach geraumer Zeit sich erholt hatte, schickte er sich an, weiterzugehen. Da fiel sein Blick von ungefähr auf die Leidensstation, vor der er haltgemacht.

Es war die letzte vor der wundertätigen Kapelle. Der Weg führte hier an einer steilen Felswand hin.

Vor Zeiten hatte hier ein Bergrutsch stattgefunden; die Felstrümmer in der Tiefe waren jetzt mit Moos und Blumen freundlich überzogen, aber in den Höhlen, die sich zwischen dem Gestein gebildet hatten, schmolz das Eis niemals. Ein kalter Hauch kam von dort herauf.

In der Gegend hieß der Fleck »die Eislöcher«.

Oben hing der Erlöser am Kreuz, das edle, blutüberströmte Antlitz unter der Gewalt eines übermenschlichen Schmerzes gebeugt.

Rechts vom Kreuz stand im traditionellen blauen Gewand die Maria, links der Johannes.

Beide blicken in Entzücken zum Himmel, die edel geschnitzten, schwärmerischen Gesichter in der Manier Guido Renis.

Verklärtes Leiden, von tiefer Gottergebenheit geadelt, allem Irdischem abgekehrt. –

Gyrlanis Blick blieb an der Maria hängen, als sei sie ihm eine Offenbarung.

Seine Augen saugten sich förmlich fest in das mit Ölfarbe bemalte Duldergesicht der heiligen Jungfrau.

So, ja, *so* mußte das Weib sein, dem er noch Geschmack abgewinnen konnte: alles Herbheit und Reinheit, strenger Stil, unsinnlich, unirdisch, nonnenhaft, das ganze Wesen ein sanftes Dulden und Ergebung in Gott!

Und über dem allen der Schmelz des Unberührten und Unbewußten.

Ja, vor diesem Weibe wollte er noch knien. –

4.

Eines Tages, als Gyrlani den Schloßgarten durchschritt, um seinen Spaziergang anzutreten, kam ein Knecht vom »Rößli«, dem Dorfgasthaus, und überreichte dem Grafen eine Karte.

Auf der Karte stand lithographiert: »Georg August Ernst Freiherr von und zu Stubben, Königl. Hannoverscher Kammerherr a. D.«

Darunter mit Bleistift geschrieben: »erlaubt sich anzufragen, ob man Sie in der Trotzburg aufsuchen darf. Bin mit Familie auf der Durchreise.«

Gyrlani, den die unvermutete Aussicht, mit einem Bekannten aus seiner Welt plaudern zu können im ersten Moment gefreut hatte, runzelte die Brauen über den Zusatz »mit Familie«.

Die Baronin Stubben galt für steif und langweilig, eine echte Hannoveranerin; die Töchter für wohlerzogen, aber gleich der Mama unnahbar und langweilig.

Man machte sich in der Gesellschaft nichts aus ihnen.

Einen Augenblick dachte er daran, sich krank zu melden. Aber die Verlockung, die mehr als klosterhafte Einsiedlerhaft für einmal durchbrechen zu können, gab doch den Ausschlag.

Er ließ den Kammerherrn sagen, er werde sich unendlich glücklich schätzen, die Herrschaften in seiner Einsiedlerklause begrüßen zu dürfen.

Aber er schärfte dem Knecht ein, auf einem Umwege zum Rößli zurückzukehren und zu sagen, er habe den Herrn Grafen vom Spaziergang holen müssen.

Dadurch gewann Gyrlani Zeit für seine umständliche Toilette.

Er klingelte seinem Kammerdiener, einem gewandten Polen, namens Rakosky und ließ sich adonisieren.

Als er nach beendeter Prozedur vor den großen venetianischen Spiegel trat, sah er um vieles weniger verfallen aus als vorher.

»Rakosky, du bist schon mein eigentlicher Wohltäter«, sagte er huldvoll lächelnd.

Der Freiherr Georg August Ernst von und zu Stubben gehörte zu den Welfen, die sich aus Preußenhaß in Österreich niedergelassen. Sein einziger Sohn diente in der österreichischen Armee.

Er fand es schwerer als er gedacht, seine Töchter in Österreich zu verheiraten, da er ihnen wenig mitgeben konnte und da sie streng altlutheranisch waren, während der ansässige Adel fast ausnahmslos zur römischen Kirche gehörte. Und bürgerliche Freier kamen nicht in Betracht.

Die beiden Mädchen trugen heute gleiche graue Lodenreiseanzüge mit Batistblusen; dazu nach der Mode steife weiße Leinenkragen und Manschetten. Gleich waren auch die Matrosenhütchen, die Handschuhe und Schuhe von gelbem Juchten und die hochstieligen Sonnenschirme mit Überzug von roher Seide.

»Sehr comme il faut*, aber langweilig«, dachte Gyrlani.

Er geleitete die Gäste durch die altertümlichen, zum Teil wertvoll eingerichteten Räume seiner Burg, richtete das Wort aber fast ausschließlich an die Baronin Mutter, deren würdevolle Steifheit ihm in seiner jetzigen Stimmung gerade zusagte.

Einmal blieb das eine der beiden Fräulein vor den Erkerfenstern stehen, durch die das Dunkelgrün der Parkbäume, das Lichtgrün der Matten und das Duftblau der Berge leuchtete und rief: »Dies ist das Allerschönste von allem!«

Da wandte sich die Mutter und sagte mit eisig klingender Sanftmut: »Du äußerst deine Freude etwas lebhaft, meine gute Marie.«

Danach hörte man die Stimmen der Fräulein nicht mehr.

»So muß man Töchter erziehen«, dachte Gyrlani wohlgefällig.

Nachdem man das ganze Schloß durchwandert hatte, besah man es auch von außen.

Da war der uralte Mittelbau, ein plumper viereckiger Turm aus der Römerzeit, dem der übrige Teil der Burg mit seinen vier Ecktürmen später angebaut worden. Da war ein »tausendjähriger« Efeu mit Stämmen wie Bäume und runden Blättern, Kletterrosen, die einen Burggraben ganz übersponnen hatten, riesiger Tarus, Buchsbaum meterhoch und meterbreit, eine Wand von Lebensbäumen und eine schwarze Zypresse wie eine Pappel hoch.

* Wie es sich gehört, musterhaft

Es roch ganz moderich, – kirchhofmäßig.

Gyrlani freute sich zum erstenmal an diesen Dingen, weil sie die Bewunderung seiner Gäste erregten.

Er sagte aber in seinem Herzen: »Ihrer selbst wegen sollten mich die Dinge freuen, nicht um ihres Eindrucks auf beliebige gleichgültige Personen willen. Unendliche Quellen des Genusses sollen mir fließen.«

Inzwischen war im Rittersaal eine Jause aufgetragen worden.

Der Graf geleitete die Damen nach einem Gastzimmer, wo sie Hüte und Schirme ablegten.

Die jungen Damen sahen mit dem glatt aus der Stirn gebürsteten Haar überaus unschuldig und fein aus.

Gyrlani wandte ihnen erst jetzt Aufmerksamkeit zu.

Die Augenbrauen der Freiin Marie, der, die den zu lebhaften Ausruf getan, berührten sich beinah über der Nasenwurzel; was dem Gesicht etwas Besonderes gab.

Die Freiin Ludwina sah noch etwas zarter, stiller und sanfter aus. Ihre feinen, wie mit dem Bleistift gezogenen Brauen endeten schon über den äußeren Augenwinkeln wie bei den Madonnen Raffaels.

Diese müßte meine Hausfrau sein! dachte plötzlich Gyrlani.

Sie war etwa drei- oder vierundzwanzig Jahre alt, nach seiner Schätzung, – und er kannte sich aus, – aber gewiß hatte sie nie ein Buch gelesen, das ihr die Mama nicht in die Hand gegeben, gewiß nie einen Gedanken gehabt, den die Mama nicht eingeflüstert hatte.

Diese reinen Lippen hatten nie geküßt außer in töchterlicher oder schwesterlicher Zärtlichkeit. Sie wußte kaum, daß es andere Küsse gab.

Sie war vertrauend, demütig, unwissend, unbewußt und gut.

Diese langsamen ruhigen Bewegungen, dieser stille Blick, diese weiche und klare Stimme, das Ungekünstelte, Schlichte ihres ganzen Wesens!

Sie dachte offenbar nicht eine Sekunde daran, Eindruck machen zu wollen.

Und das hatte man in seiner Welt fad genannt und unbeachtet am Wege stehen lassen!

Dies tadellose Material zu der Frau wie sie sein soll!

6.

Sowie die Gäste fortgefahren waren, schlug Gyrlani die Familie von und zu Stubben im Gothaer Freiherrnkalender nach.

Er las: »Georg August Ernst, (Geburtsdaten) vermählt (Datum) mit Albertine Wilhelmine Karoline Friederike von Rötterer aus dem Hause Buchloe. Sohn: Ernst August Georg Heinrich, (Geburtsdaten und Rang in der Armee) Töchter: Ludwina Albertine Friederike (Geburtsdatum) . . .«

Mehr brauchte er nicht zu wissen. Die Stubben und die Rötterer waren von altem Adel und Ludwina, die ihm so sehr gefallen hatte, war bereits fünfundzwanzig Jahre alt. Das paßte vortrefflich.

Eine halbe Stunde lang ging er in der langen Suite seiner Zimmer nachdenklich auf und ab. Diese Ludwina lockte ihn, wie den von einer künstlerischen Idee erfüllten Bildhauer ein Block schneeweißen Marmors locken mag.

Aus dieser Mädchenknospe konnte sich das Weib entwickeln, was er erträumte. Es war fast nichts zu tun, als störende Einflüsse fernzuhalten.

Er sagte zu sich selbst: »Ich werde diese weiße Lilie in meinen Garten verpflanzen und ihr Gärtner sein.«

Diese Vorstellung übte einen großen Reiz auf ihn aus.

Nur ein Zweifel machte ihm noch zu schaffen: war das fünfundzwanzigjährige Mädchen wirklich noch vollkommen unwissend, was die Mysterien der Menschheit anbetraf?

Dessen mußte er sich zunächst versichern.

Denn seine jungfräuliche Heilige durfte nicht wissen, daß ihre Ehe mit ihm etwas Unvollkommenes, etwas Halbes bleiben mußte.

Er dachte eine Weile nach. Dann schrieb er einen langen Brief an eine ehemalige Freundin, eine hochgeborene Ordensdame, von der er wußte, daß sie mit der Baronin Stubben verkehrte.

Drei Wochen später erhielt er die Antwort.

Die diplomatische Ordensdame schrieb:

»Es ist mir gar nicht leicht geworden, die steife Albertine zum Reden zu bringen, aber ich hab's so schlau angefangen, daß sie zuletzt doch alles von der Seelen 'runtergesprochen hat. So ungefähr hat sie gesagt: Sie hielte es nicht für richtig, daß Mädchen sich in Gedanken irgendwie mit sexuellen Dingen zu schaffen machten. Dies sei jedoch nicht mehr zu vermeiden, sobald sie erst etwas darüber wüßten.

Es sei darum allezeit ihr Augenmerk gewesen, ihre Töchter in gänzlicher Unwissenheit über diese Dinge zu erhalten, was ihr auch, sie dürfe es mit Dank gegen Gott sagen, gelungen sei.

Sie habe nie gestattet, daß ihre Töchter sich in ihre Abwesenheit mit Personen unterhielten, von deren Reinheit und Wohlerzogenheit sie nicht hinlänglich überzeugt gewesen sei. Auch habe sie vorlaute Fragen nach den Verborgenheiten des leiblichen Lebens stets als ungehörig zurückgewiesen. Daß die Lektüre aufs sorgfältigste überwacht worden sei, verstehe sich von selbst. Sie hoffe ihre Töchter blütenrein in die Hände ihrer zukünftigen Gatten zu geben.«

Die Ordensdame schrieb noch viel, was aber Gyrlani nicht mehr interessierte.

Sein Entschluß war gefaßt.

7.

Kurz darauf erhielten Herr und Frau von Stubben eine Nachricht, die sie sehr überraschte: Der reiche, verwöhnte Joseph Gyrlani hielt um die Hand der Freiin Ludwina an.

Es war eine glänzende Partie für Ludwina, die weder vermögend war noch durch geistige Gaben oder Schönheit hervorragte. Eine verlockende Aussicht. Und doch schüttelte die Baronin sorgenvoll den Kopf.

»Der Joseph Gyrlani soll ein ganz lockerer Zeisig gewesen sein«, meinte sie bedenklich.

»Gewesen« versicherte der Freiherr, »jetzt ist er die Solidität in Person.«

»Du wünschest also, daß Ludwina einwilligt?«

»Gewiß wünsche ich das! Ein besseres Sort* kann sie niemals machen!«

»Er ist so viel älter als sie«, wandte die Mutter ein.

»So bedeutend ist der Unterschied gar nicht«, fand der Vater. »Ludwina ist schon fünfundzwanzig, na und der Gyrlani wird fünfundvierzig sein. Das paßt sehr gut.«

»Er sieht verfallen aus.«

»Weil er schwer krank gewesen ist. Das kann aber dem Jüngsten passieren. Fragen wir doch lieber die Ludwina selbst. Die soll ihn heiraten und nicht wir.«

Die Tochter wurde gerufen und befragt.

Sie hörte das Glück aus der Stimme des Vaters, wie sie es in seinem Gesicht sah.

Vor ihrer Phantasie tauchte der Rittersaal in dem romantischen alten Bergschloß auf und der uralte Efeubaum und die imponierende, vornehme Erscheinung des höflichen Schloßherrn, dessen blasses, etwas müdes Gesicht sie so interessant gefunden hatte.

Wie war es möglich, daß er der Vornehme, Reiche, von der Gesellschaft Verzogene gerade nach ihr verlangte?!

* franz. sort: Schicksal, Geschick

Ihr schien es wie ein Märchen: der fremde Prinz, der ein Aschenbrödel zu seiner Königin erliest.

Und ihre Seele dachte nicht daran, eine solche Ehre auszuschlagen.

8.

Joseph Gyrlani spazierte, die Hände in den Hosentaschen in kurzer Joppe auf der Gartenterrasse, bemühte sich seine Schritte elastisch zu machen und freute sich an seinem Schatten, der eine elegante Silhouette bildete.

»Wenn man versteht, sich anzuziehen und Tournüre und Aplomb* hat«, dachte der Graf, »und einen Kammerdiener wie diesen ausgezeichneten Rokosky, so bleibt man halt präsentabel. Ich glaube, ich ziehe heute noch die Blicke der Komtessen auf mich.«

Da rumpelte ein Mietwagen den Fahrweg daher und hielt am Gartentor der Trotzburg.

Gyrlani schaute mit einem hochmütigen unzufriedenen Gesicht zu, wie das Tor geöffnet wurde und einen unansehnlichen jüngeren Mann einließ. Dieser trug den runden Strohhut in der Hand und wischte sich mit einem großen Schnupftuch den Schweiß von der Stirn.

Der Graf erkannte seinen Wiener Arzt Dr. Sadrach. Erfreut ging er dem Besucher entgegen.

»Grüß Gott, Doktor! Das ist aber schön von Ihnen. Sie kommen gewiß, um zu gratulieren.«

Der Graf streckte dem Arzt die Hand hin; der aber konnte sie nicht fassen, weil er den Hut in der einen und das Schnupftuch in der anderen Hand hielt.

Gyrlani lachte gutlaunig. »Richtig! Immer zwei Hände zu wenig, Doktor. Nun sagen Sie, was halten Sie von meiner Verlobung?«

* Sicherheit im Auftreten und in der Haltung

»Die Fräulein Braut soll fünfundzwanzig Jahr' sein und kerngesund?« meinte Sadrach mit etwas bedenklicher Miene.

»Ja.«

»Etwas exaltiert?«

»Aber nein, gar nicht. Warum?«

»Ich meine halt so. – Richtung ins Asketische vielleicht? Sehr kirchlich?«

Beinahe hätte Gyrlani geantwortet: »Noch nicht.« Aber er setzte nur eine würdige Miene auf, weil ihm seine eigene neue Richtung einfiel, und sagte: »Die ganze Familie meiner Braut ist streng religiös, wenn auch leider lutherisch. Doch die Konfession ficht mich weiter nicht an; wenn nur Frömmigkeit da ist, Frauen müssen fromm sein.«

»Damit *wir* desto behaglicher drauf los sündigen können«, knurrte der Doktor.

»Nein, mein Lieber, um ihrer Schönheit willen. Eine Frau ohne Religion sinkt und versumpft. Nichts rettet sie. Aber die wahrhaft in Gott lebende Frau ist ideal. Der gesunkenste Mann kann sich an ihr wieder aufrichten.«

»Wie steht es denn mit dem Befinden?« fragte der Doktor abspringend. – Die jäh erwachte Tugendliebe seines Patienten widerte ihn an. –

Das weihevolle Gesicht Gyrlanis fiel gleichsam zusammen bei dem Gedanken an die Bresthaftigkeit seines Leibes.

Er seufzte und begann einen minutiösen Krankenbericht.

Sadrach wiederholte seine Vorschriften.

»Ich habe kürzlich mit einem jungen Kollegen gesprochen«, sagte er, »der bereit ist, auf Ihren Vorschlag einzugehen, das heißt für das von Ihnen gebotene Honorar Ihr Hausgenosse zu werden. Ein Dr. Schneider.«

»Heiliger Joseph, wie kann man Schneider heißen!«

»Soll ich ihn fest engagieren oder nicht?«

»Schicken Sie ihn mal erst zur Ansicht. In meinem Hause vertrage ich nichts Störendes. Wenn der Mann in den Rahmen des Ganzen paßt, soll er bleiben.«

Man war über diesem Gespräch im Rittersaal angelangt und nahm auf den steifen, alttiroler Ledersesseln mit gemalten Wappenlehnen Platz.

Rakosky reichte Kaffee und Gebäck.

Sadrachs bebrillte Augen ruhten auf dem spitzbübischen Gesicht des Dieners.

Als dieser den Saal verlassen, bemerkte der Doktor:

»Der Lausbub hat die richtige Galgenphysiognomie.«

»Nichtsdestoweniger ist er ein Juwel«, sagte Gyrlani.

Sadrach wandte sich kurz und scharf dem Grafen zu.

»Sie haben natürlich der Freiin von Stubben über die Natur der Ehe, die Sie einzugehen beabsichtigen, unumwunden gesprochen?«

»Sind Sie närrisch?!« brauste Gyrlani auf.

»Den Eltern jedenfalls!«

Gyrlani war blaß geworden vor Ärger. Er wollte eine heftige Äußerung tun, mäßigte sich jedoch rasch und sagte nach kurzem Schweigen kalt: »Diese internen Angelegenheiten wünsche ich unerörtert. Sie gehen außer mich selbst und meine zukünftige Gemahlin keinen Menschen etwas an, auch Sie nichts, mein lieber Sadrach.«

Das grünlich blasse Aristokratengesicht sah giftig aus.

Sadrach zuckte mit den Achseln. Er dachte: »Zur Gewissenhaftigkeit und Ehrenhaftigkeit zwingen kann ich ihn nicht. Wenn aber der alte Baron Stubben sich an mich wendet, was er von Rechts wegen nicht unterlassen sollte, dann würde ich ihm reinen Wein einschenken«. –

Aber der Freiherr dachte nicht daran, Erkundigungen über seinen zukünftigen Schwiegersohn einzuziehen! Er war froh genug, daß er einen solchen hatte.

9.

Die Trauung war vorüber und endlich auch das Hochzeitsfrühstück.

Ludwina kam sich immer noch vor wie das Aschenbrödel im Märchen, das den Prinzen bekommt.

Noch nie war sie so wie heute der Mittelpunkt eines glänzenden Festes gewesen, noch nie so kostbar und feierlich geschmückt.

Und nun fuhr sie an der Seite ihres Gemahls in einem wunderhübschen Wagen, von prächtigen Pferden gezogen, davon. Das war wirklich zum schwindlig werden!

Es ging direkt nach Putschatsch, dem zur Trotzburg gehörenden Dorf, denn der Doktor Sadrach und der neue Hausarzt hatten von einer Reise abgeraten.

Ludwina sagte sich, daß sie sich des unverdienten Glükkes einer solchen Heirat durch Pflichttreue und Hingebung nach und nach wert machen müsse.

Dabei sah sie von der Seite nach ihrem neuen Gebieter, vor dem sie noch große Schüchternheit empfand.

Er blickte, von ihr abgewandt, nach den Bergen. Die ungewohnten Strapazen der letzten Tage hatten ihn angegriffen. Er fühlte Magendrücken und nervöse Übelkeit und wußte, daß er gelb und elend aussah.

Das war ihm recht peinlich. Immer wieder und bei der unpassendsten Gelegenheit daran erinnert zu werden, daß man nichts vertragen kann!

Die unvermeidlichen Zeremonien hatten ja durchgemacht werden müssen!

Das zu Bedenkende war jetzt, die jungmädchenhaft überspannten Empfindungen der Braut nicht in zu brüsker Weise zu verletzen. Er mußte sie mit aller Zartheit, aber auch mit allem Ernst darauf hinweisen, daß er ein schonungsbedürftiger Kranker war.

Ludwina, die den Grafen bisher nur in Gegenwart ihrer Angehörigen gesehen hatte, wagte jetzt nicht, ihn anzureden. Sie fing an, sich sehr unbehaglich zu fühlen. Sie hatte bisher nicht gezweifelt, daß sie bald mit ihm vertraut werden würde. Zum erstenmal beschlich sie die Furcht, daß sie sich vielleicht schwer an ihn würde gewöhnen können.

Auf einmal fühlte sie Heimweh! Schreckliches Heimweh nach Vater, Mutter und Geschwistern, nach den lieben gewohnten Verhältnissen.

War eine Heirat wirklich immer ein Glück? –

Sie wünschte plötzlich, der Graf möchte nie an sie gedacht haben, sondern sie gelassen wo sie, – sie fühlte es, – hingehörte.

»Wenn ich doch jetzt aufwachte«, wünschte sie, »und alles wäre nur ein Traum gewesen!«

Gerade als sie dies dachte, wandte sich der Graf ihr zu.

»Entschuldige mein Schweigen«, sagte er gütig, »ich fühle mich etwas unwohl. Mein Herzleiden ...«

Sie wandte ihm den vollen Blick ihrer unschuldigen Augen zu, voll Besorgnis und Schreck, so daß er lächeln mußte.

»Beunruhige dich nicht! Diese Anfälle kommen und gehen vorüber. Sie sind immer eine Folge von Erregungen. Du wirst dich an ein sehr stilles Leben gewöhnen müssen, geliebte Ludwina.«

»Wie gerne!« antwortete sie sanft. »Die Hauptsache ist natürlich, daß ...«

Sie stockte errötend, denn sie hätte jetzt »Du« sagen müssen und daran konnte sie sich noch nicht gewöhnen.

Er beendete den angefangenen Satz anders als sie beabsichtigt hatte:

»Daß wir als wahre Edelleute ein Gott wohlgefälliges Leben führen in aller Demut und Ergebung, anderen zum leuchtenden Vorbild. Das wollte meine liebe Ludwina wohl sagen.«

Sie verstummte beschämt. Wieder dachte sie zaghaft: »Möge Gott mir helfen, dieses edlen Mannes würdig zu werden.«

10.

Das Glück war nun da: Ludwina war die beneidete Schloßfrau auf der schönen Trotzburg und die Gemahlin des vielbewunderten Gyrlani. Aber das Glücksgefühl stellte sich nicht ein.

Im Gegenteil. Es schien, als habe sie all ihre Unbefangenheit und Heiterkeit im Elternhaus zurückgelassen.

Nachts, wenn sie in ihrem schönen Himmelbett lag, so allein in dem großen Zimmer und leere Zimmer an allen Seiten, denn der Graf hatte seine Gemächer am anderen Ende des Schlosses, dann konnte sie vor unruhigen, unklaren Gedanken nicht recht schlafen und weinte oft bitterlich vor Heimweh.

Heimweh nannte sie alles, was so schwer und dunkel auf ihr lastete, denn was sonst sollte es sein, daß sie meist traurig war?

Sie hatte alles, was eine Frau zum Glück nötig hatte und mehr.

Das wiederholte sich Ludwina fort und fort, in dem eifrigen Bestreben sich selbst zu überzeugen.

Nur weil die Eltern so unendlich gütig gewesen waren, nur weil sie als Mädchen glücklicher gewesen war, als viele, ja vielleicht als die meisten anderen, darum litt sie jetzt so schwer unter der Trennung.

Die Mama hatte gesagt: »Nun tritt dein Mann an die Stelle deiner Eltern; ihm mußt du vertrauen und gehorsam sein in allen Dingen. Sein Wille ist von nun an bestimmend für dich.«

Ihr Mann hätte ihr nun Eltern und Geschwister und Heimat ersetzen müssen. Aber sie fühlte sich ihm gar zu fern, konnte zu keiner Vertraulichkeit kommen.

Er war so unnahbar, daß sie ebenso leicht darauf gekommen wäre mit dem von der Mama so hoch verehrten Herrn Superintendenten harmlos zu scherzen, wie mit Gyrlani.

Die erste Nacht hatte Ludwina in dem großen altertümlichen Zimmer, in dem sie ganz allein war, nicht schlafen können, weil sie so aufgeregt war und auf allerlei unheimliche Geräusche hören mußte.

Sie stand früh auf.

Man teilte ihr mit, daß der gnädige Herr Graf immer in seinem Schlafzimmer frühstücke und daß niemand dort Zutritt habe, außer dem Herrn Doktor und dem Kammerdiener seiner Gnaden.

Sie ließ sich also ihr Frühstück gleichfalls auf dem Zimmer servieren, dann band sie sich eine große Wirtschaftsschürze vor und begab sich an die Inspektion des Haushalts. Es war ihr, als sehen sie die Leute sonderbar an, so, als ob irgend etwas Auffallendes, nicht ganz Richtiges an ihr wäre.

Aber sie sagte sich, daß wohl nur ihre Schüchternheit und Fremdheit ihr dergleichen törichte Dinge vorspiegelte. Sie war eben diesen guten Leuten etwas Neues.

Als sie um elf Uhr mit geröteten Wangen, das Schlüsselkörbchen in der Hand und glücklich im Gefühl ihrer neuen Hausfrauenwürde, durch die Halle ging, traf sie Gyrlani.

Sie streckte ihm die Hand entgegen und um ihre frischen Lippen spielte ein Lächeln, das zu zärtlicher Neckerei aufzufordern schien.

Ihr Anblick überraschte ihn.

Mit Schrecken fiel ihm ein, daß er schon manches Mal gesehen hatte, wie aus einem stillen bescheidenen Mädchen im Handumdrehen eine lebenslustige, vergnügungssüchtige Frau geworden war.

Steckte dies in ihr, so mußte bei Zeiten »gestoppt« werden. Später würde es schwierig. Ein zielbewußter Mann bezeichnet von vornherein den Kurs, den er einzuhalten beabsichtigt.

So dachte Gyrlani. –

Er küßte seiner Frau die Hand und erkundigte sich in seiner kavaliermäßigen Weise, wie sie zum erstenmal unter ihrem eigenen Dache geruht habe.

Sein Wesen war dabei, als stehe er einer Herzogin gegenüber und übersähe absichtlich ihre kleinen bürgerlichen Hausfrauenallüren, weil sie nicht ganz »comme il faut« seien.

Diese Art schüchterte sie sofort wieder ein. Verwirrt dankte sie ihm und frug nach seinem Befinden. –

»Um ein Uhr nehmen wir den Lunch ein«, bemerkte er mit einem etwas kritischen Blick auf ihr Hauskleidchen. »Mach dir nicht zu viel im Haus zu tun. Die Gräfin Gyrlani darf nur ganz von oben etwas dirigieren. Meine Leute denken sonst, ich hab' mir irgend ein kleines Bürgermädel geholt.«

Sie sah beschämt und betrübt auf ihren Schlüsselkorb nieder.

»Fehlt es dir vielleicht an eleganten Morgenkostümen?« fragte er, nachdem er sie nochmals musternd von oben bis unten angesehen hatte. »Du bist ja sehr herzig so; aber weder deiner Frauenwürde, noch deiner Stellung als Gräfin Gyrlani eigentlich angemessen. Ich möchte, daß deine Erscheinung imponiert.«

»Oh, ich habe andere Kleider!« versicherte sie sehr beschämt.

Er nickte ihr freundlich zu. »Wir sehen uns also im Speisezimmer wieder.«

Sie ging geduckt in ihr Ankleidezimmer, wo die Kammerjungfer noch im Begriff war, die Koffer auszupacken.

Zum Lunch erschien sie dann in einem langen nonnenhaften schwarzen Kaschmirkleid, das sie sehr schlank machte und ihr Gesicht blaß erscheinen ließ. Damit hatte sie den Geschmack ihres Eheherrn getroffen.

Als sie mit scheuem Ernst in den Zügen, das Haar so glatt aus der reinen weißen Stirn gestrichen, schlank und vornehm anzusehen, das Speisezimmer betrat, war Gyrlani entzückt.

Sie bemerkte wohl, daß sie ihm jetzt gefiel, – während sie ihm vorher in Hauskleid und Wirtschaftsschürze in ihrer arbeitslustigen Stimmung *nicht* gefallen hatte.

Den Eßsaal, der unter dem Rittersaal lag, erfüllte ein starker Lilienduft.

Lilienstengel standen in hohen Gläsern auf den Seitentischen, während die Tafel in Kelchgläsern von buntem venezianischem Glas wunderlich gestaltete Orchideen schmückten.

Ein Hauskaplan und der junge Leibarzt nahmen an dem Frühstück teil.

Der Arzt, jener von Doktor Sadrach empfohlene Dr. Schneider, war trotz seines deutschen Namens ein Russe und Gyrlani, dem der Name Schneider nicht behagte, nannte ihn nach russischer Art Sergei Iwanowitsch.

Sergei Iwanowitsch war jung und sah sehr slawisch aus: breite schöne Stirn, dicke Nase, tiefliegende kluge, aber etwas unklare Augen und aufgeworfene, ziemlich breite Lippen.

Der Kaplan hatte ein Bauerngesicht und dabei sah er ziemlich stumpfsinnig aus.

Beide jungen Männer sprachen eigentlich nur, wenn Gyrlani das Wort direkt an sie richtete.

Gyrlani aß nichts, ohne vorher einen fragenden Blick auf den Russen zu werfen, den der Mediziner mit fast unmerklicher Kopfbewegung zu beantworten pflegte.

Der Graf führte fast allein das Wort. Heute erging er sich über moderne Kunst. Er tat sich etwas zugute darauf, ein ästhetischer Feinschmecker zu sein und freute sich an dem dummen, immer dummer dreinschauenden Gesicht seines Kaplans, der nichts von dem, was der Graf in blasiertem Tone vortrug, verstand.

Schneider machte ab und zu eine kurze, gescheite Bemerkung, doch schien er nicht eigentlich bei der Sache zu sein.

Ludwina saß dabei, als gehöre sie gar nicht dazu. Ihre klaren Augen hatten immer denselben stillen staunenden Blick, den Blick eines Menschen, der in die Irre geraten ist, und sich gar nicht mehr zurechtfindet.

Der Kaplan dachte: »Sie ist wahrscheinlich dumm, – wie alle Weibsleute.«

Der Russe dachte: »Sie ist wahrscheinlich eine kalte, berechnende, ehrgeizige Seele, die sich verkauft hat. Aber sie wird am Ende den Kaufpreis zu hoch finden.« Joseph Gyrlani freute sich an dem feinen Oval, den sanften ruhigen Linien und dem etwas leeren Ausdruck ihres Gesichts.

Er dachte sich aus, wie sie, ihrem Stil entsprechend, gekleidet werden müsse.

»Sie soll immer mehr Seele werden«, träumte er, »so etwas wie Geist und Willen dagegen darf man nicht hochkommen lassen; sie kleiden im besten Fall Männer. Der edle Frauentypus sei ganz Seele: Barmherzige Liebe, Demut, Sanftmut, Geduld, Ergebenheit und stilles Dulden. Dieses macht seine einzige wahre, unvergängliche Schönheit aus.«

II.

Gleich nach dem Lunch zog sich der Graf wieder in seine Gemächer zurück und Ludwina tat dasselbe.

Der Kaffee wurde ihr auf ihrem Zimmer serviert.

Um fünf Uhr ließ ihr der Graf durch Rakosky sagen, der Wagen stehe bereit, ob sie etwa eine Spazierfahrt in die Berge beföhle.

Sie eilte, dem Wink gehorchend, rasch hinunter, in der Erwartung, endlich ungestört mit ihrem Mann plaudern zu können.

Noch immer war er ihr ja wie ein Fremder.

Der schöne Wagen mit den prächtigen Pferdchen und dem in gräflicher Livree steckenden stolzen Kutscher stand vor der Tür und die Rappen scharrten schon im Kies. Gyrlani fehlte.

»Ist der Herr Graf noch oben?« fragte sie den am Wagenschlag stehenden Sergei Iwanowitsch.

»Der Herr Graf ist auf seinem Spaziergang«, sagte der Russe.

Ein Gefühl bitterer Kränkung machte sie erblassen.

Sie wäre nun gern zu Hause geblieben, fürchtete aber, etwas Unpassendes zu tun. Wortlos stieg sie ein, während der Russe den Wagenschlag für sie öffnete und schloß.

Sergei Iwanowitsch hatte ihre Enttäuschung aber doch bemerkt.

Er sagte: »Der Herr Graf muß täglich um diese Zeit etwa eine Stunde gehen und zwar allein, weil er nicht dabei sprechen soll. Doktor Sadrach hat es streng anbefohlen.«

»Gewiß«, sagte Ludwina.

»Der Herr Graf meinte, Frau Gräfin möchten vielleicht den Rockelsburger Tauensteiner Weg fahren, wegen der interessanten Schlösser.«

»Gewiß, – sehr gerne.«

Mit einer leichten Verbeugung trat er vom Wagen zurück.

So fuhr sie allein durch die sonnenbeleuchtete Pracht dieser herrlichen Gebirgslandschaft, die mit ihren Weinlaubgängen, mauereingefaßten weißen Wegen und Zypressen schon italienischen Charakter hat.

Als sie von Luft und Landschaft erquickt zurückkehrte, stand Gyrlani zu ihrem Empfang bereit an der Haustür.

Er trug eine kleidsame Joppe und war gut aufgelegt. An seinem Arm durchwandelte sie den Schloßgarten und er erzählte ihr von schönen merkwürdigen Blumen.

»Es wird schon noch alles ganz gut werden«, dachte sie hoffnungsvoll.

»Also um sieben Uhr dinieren wir«, sagte er, als sie wieder dem Haus zu gingen.

»Kann ich in diesem Kleid bleiben?« fragte sie zutraulich.

»Nein, du mußt dich *schön* anziehn, lieber Schatz!« meinte er in fast bittendem Ton; »Schau, ich hab meine Freude daran, wenn du wie eine Edelfrau einhergehst. Es gehört nun jetzt mal zu dir.«

Sie erschien bei Tisch in einem hellrosa Batistkleid, dessen Zartheit so wundervoll mit ihren blonden Farben harmonierte, daß das Ganze wie eine Rosenknospe anmutete und bei dem Russen, ja sogar bei dem Kaplan lebhaften Beifall fand.

Nicht bei Gyrlani.

Nach dem Diner setzte man sich in den Rittersaal, wo zwei Lampen und einige Wachskerzen Licht verbreiteten. –

Der Kaplan und der Russe spielten im Erker Domino.

Gyrlani bat Ludwina, von der er wußte, daß sie musikalisch war, ihm auf dem Piano vorzuspielen: Sebastian Bach!

Er ließ aus dem Eßzimmer den größten Lilienstengel heraufbringen und stellte ihn auf ein Marmortischchen neben das Piano.

Dann hing er einen blauen Gazeschleier über die Lampe, die das Klavier beleuchtete, und ließ statt des einfachen Stuhls einen hochlehnigen Sessel, mit altrotem Damast überzogen, herausrücken.

So mußte sie vor ihm sitzen und spielen.

Er beschaute sie mit Künstlerenthusiasmus. Ihre Kopfform, das reine Profil, die Nackenlinie, die leicht abfallenden Schultern, – das alles war vollkommen.

Nur der modische Schnitt und die Farbe ihres Kleides störten ihn.

Sie mußte noch besser in Szene gesetzt werden. Ganz wie eins von den naiv geistigen alten Bildern sollte sie aussehn.

Sie mußte ein weißes schweres golddurchwirktes Damastkleid tragen mit weiten offenen Ärmeln. Und der Hals mußte frei sein.

Auch wollte er sich ein Instrument in Gestalt einer kleinen, altertümlichen Orgel konstruieren lassen.

Und so sollte sie ein großer Künstler malen.

Mit Behagen dachte er daran, wie die Schönheitskenner alle den Besitzer dieses entzückenden Modells beneiden würden. –

Punkt zehn Uhr mahnte der Arzt zum Schlafengehen.

Ludwina, die eben mit großer Präzision eine Fuge zu Ende gespielt hatte, hielt noch die schlanken Finger auf der Klaviatur, neuer Wünsche wartend.

Gyrlani hob diese Hände, die im bläulichen Schimmer des Lampenschirmes fahl erschienen, langsam auf und führte sie nacheinander an seine Lippen.

»Ich danke dir für den Genuß dieses Abends, mein Engel, und wünsche dir, wohl zu schlafen.«

Er führte sie am Arm bis an ihre Gemächer. Sein Kammerdiener Rakosky leuchtete mit einem goldenen Dreiarm.

Zuletzt hielt Rakosky mit der einen Hand die Tür auf, mit der anderen hob er den Leuchter hoch.

Sie wollte auch ihm noch ein freundliches gute Nacht sagen, begegnete aber, als sie ihm das Gesicht zuwandte, einem Blick, der ihr Schreck und Widerwillen einflößte.

Hastig zog sie die Tür hinter sich zu und eilte in ihr Schlafzimmer.

Sie entließ die Jungfer, die ihr beim Auskleiden helfen wollte, und saß noch lange, den Kopf in die Hände gestützt, am Mahagonitisch.

Sie versuchte sich über ihre Empfindungen klarzuwerden.

»Das war nun der erste Tag, – der erste Tag ... so sollte also die Ehe sein? Sich schön anziehn, kritisiert oder bewundert werden, sonst nichts? ...«

Eine dunkle Unruhe quälte sie.

Sie fühlte, daß es doch nicht ganz das Richtige war, aber wer war daran schuld, oder was? Lag es an diesen besonderen Verhältnissen oder an ihr? Oder irrte sie sich und es mußte so sein?

Dann war es doch aber kein Glück! –

Die Mutter hatte freilich gesagt, sie dürfe sich nicht irre machen lassen, wenn ihr anfangs in der Ehe manches seltsam und nicht angenehm erschiene. Das hätten fast alle jungen Frauen durchzumachen; es gehöre einmal dazu und gäbe sich mit der Gewöhnung von selbst.

Also mußte sie vertrauen.

12.

Die mit altrosa Seide bekleideten Wände ihres Schlafzimmers schmückten Gemälde alter Weiber: eine heilige Barbara, eine heilige Cäcilie, ein Augustinus mit seiner Mutter Monika und eine Pieta.

Wenn der frühe Sommertag durch die Fenster sah, und das Dunkel aus den Winkeln trieb, fielen Ludwinas Blicke auf diese Bilder.

Sie lernte sie in allen einzelnen Zügen kennen und gewann sie lieb.

Sie trank ihren Morgenkaffee stets allein. Der Graf wurde nie vor elf sichtbar und in seine Privatgemächer hatte sie noch keinen Fuß gesetzt. Sie wagte es nicht. Nur der Kammerdiener ging dort ein und aus.

Gegen diesen Rakosky hatte sie einen entschiedenen Widerwillen, dem eine ihr selbst unerklärliche Furcht beigemischt war.

Sie zürnte sich fast darüber, denn Rakosky hatte ihr nie das geringste zuleide getan und daß ihr sein Gesichtsausdruck zuwider war, dazu konnte er doch nichts.

Und doch: Er sah nicht brav, nicht ehrlich, nicht anständig aus.

Als sie ein einziges Mal etwas dieser Art gegen den Grafen erwähnte, sagte dieser lachend: »Aber ich bitt' dich! Der Rakosky ist ja ein bildhübscher Mensch. Alle Dirndln laufen hinter ihm her.«

»Hübsch mag er ja sein«, meinte sie, mochte aber nicht fortfahren.

Gyrlani war zufrieden mit ihm, also mußte sie es auch sein.

– Sie benutzte die Morgenstunden, die der Graf verschlief, – wie sie meinte, – um sich ihrem Haushalt zu widmen. Mit der ihr anerzogenen Gewissenhaftigkeit kümmerte sie sich um alles.

Da Gyrlanis Haushalt in viel größerem Stil eingerichtet war als der ihrer Eltern und der Hausherr keine Abänderung wünschte, mußte sich Ludwina anfangs auf Schritt und Tritt belehren lassen.

Das war, wie alles Neulernen, nicht bequem und nahm Aufmerksamkeit in Anspruch. Solange ihre Gedanken und ihre Tätigkeit dergestalt auf praktische Dinge gerichtet waren, befand sie sich wohl. Aber Ruhe und Sicherheit und Wohlbefinden schwanden, sowie Gyrlani sichtbar wurde.

Sie war ängstlich beflissen sich ihm nicht mehr im Hauskleid zu zeigen, weniger ihm zu Gefallen, sondern weil sie fürchtete, er möchte ihr das Herumwirtschaften, das ihre einzige Beschäftigung war, verbieten. Darum sah sie gegen elf ängstlich nach der Uhr und unterbrach sich oft in etwas, das sie brennend gern noch fortgesetzt hätte.

So gewann das Überwachen der Haushaltung, das sie stets als Pflicht der Frau angesehen hatte, in ihrem neuen Leben den Charakter einer heimlichen, halb verbrecherischen Liebhaberei.

Gyrlani hatte einen Wiener Schneider kommen lassen, der ihr nach seinen Ideen Kostüme komponieren mußte.

Es wurden sehr prächtige Kleider, aber sie kam sich darin vor wie auf der Maskerade.

Gyrlani dagegen war sehr erbaut. Sie mußte malerische Stellungen einnehmen, und er probierte allerhand Farben und Lichteffekte aus.

Einmal setzte er sie an ein altes Spinnrad, aber sie konnte nicht spinnen.

»Das ist schade«, sagte Gyrlani. »Es würde dir vorzüglich stehen. Wie patriarchalisch würde es sich ausnehmen, wenn du an den Winterabenden beim schnurrenden Rädchen säßest, während ich dir z. B. aus einem guten Buche vorläse.«

»Ich könnte ja dazu stricken oder nähen oder häkeln«, meinte sie.

Er verzog das Gesicht. »Ach geh!« sagte er mit einer fortscheuchenden Handbewegung. »Das alles sieht ja ekelhaft trivial aus.«

Sie wagte nichts einzuwenden aus Furcht, wieder jenen gepeinigten, nervösen Zug in seinem blutlosen Gesicht zu sehen.

Im stillen dachte sie darüber nach, wie sie es anfangen könnte, heimlich spinnen zu lernen.

Zeit hatte sie übergenug; aber kein Geld. Ludwina hatte noch nie eigenes Geld besessen, nicht einen Heller.

Gewiß war eine alte Frau aus dem Dorf bereit, ihr das Spinnen zu lehren; aber Zeit und Mühe mußten vergütet werden.

Nach langem Überlegen beschloß sie, die Eltern um ein paar Gulden zu bitten. Wenn sie schrieb, daß sie mit dem Geld eine kleine Überraschung für ihren Mann ins Werk setzen wollte, würden die Eltern ihre Bitte ganz natürlich finden.

Sie pflegte einmal in jeder Woche nach Hause zu schreiben.

Damit ging es ihr seltsam.

Wenn sie nachts nicht schlafen konnte, oder wenn sie stundenlang allein war, ohne etwas zu tun zu haben, dann klagte sie in Gedanken der Mutter ihr Leid mit vielen Worten.

Sowie sie aber, die Schreibfeder in der Hand, vor dem weißen Briefbogen saß, kamen nur die konventionellen schönen Redensarten in die Feder.

Sie schrieb etwa so:

»Meinem lieben Mann geht es leider noch immer nicht so gut, wie ich wünschte; aber er trägt sein Herzleiden und die damit verknüpften Entbehrungen mit christlicher Ergebung. Seine immer gleiche Güte, sein Ernst, seine Frömmigkeit können allen, die das Glück haben in seiner Nähe zu leben, ein Beispiel sein. Ich bete zu Gott, geliebte Mama, daß er mich immer mehr zu einer pflichttreuen guten Frau macht und meines vortrefflichen Mannes würdig.«

Wäre die Baronin Stubben nicht ihr Leben lang in schöne Worte gehüllt einhergegangen, so hätte sie vielleicht etwas in den Briefen ihrer Tochter vermißt.

Aber sie gehörte zu den Damen, die eine unbezwingliche Abneigung gegen alles Natürliche, Unverhüllte, Allzumenschliche haben und die sich fort und fort über das störend Menschliche durch verschönernde Phrasen wegzutäuschen bestrebt sind.

Da sie es nie anders gehalten hatte und auch von ihren Töchtern nichts anderes gelitten, fand sie die frömmelnden und sentimentalen Redensarten, die die Briefe Ludwinas füllten, ganz befriedigend.

Das Geld, das Ludwina zaghaft erbeten, wurde mit liebenswürdigen Begleitworten geschickt und Ludwina lernte bei der alten Mariandel spinnen.

Die Alte hatte im Anfang dieser Lehrstunden viel geschwatzt; Ludwina hörte freundlich zu, bis eine Bemerkung gefallen war, die, so fühlte die Gräfin, ein Gebiet berührte, das die Mama als unpassend und häßlich streng verpönt hatte.

Sie wußte, es gab in der Welt häßliche Dinge, an die ein anständiges Mädchen und eine anständige Frau nicht einmal rühren durfte.

Und nun fiel ihr ein, daß die Mama stets gewarnt hatte, müßigem Geschwätz zu lauschen. Wenn die Leute nicht etwas Bestimmtes zu einem bestimmten Zweck zu sagen hatten, sollte man auf ihr Geschwätz niemals eingehn.

»Über Menschen, denen wir nicht nützen können«, pflegte die Mama zu sagen, »und über Dinge, mit denen wir nichts zu tun haben, sollen wir weder reden, noch andere durch unser Zuhören zu Gerede ermuntern; denn Gott wird am jüngsten Tage für jedes unnütze Wort Rechenschaft fordern.«

Durch die ernste Zurückhaltung der jungen Gräfin belehrt, daß die Dorfchronik nicht beliebt werde, verschloß die Alte schweren Herzens den Schatz ihrer Erfahrungen.

Eines Abends nach dem Diner, als man sich gewohnter Weise in den Rittersaal begab, stand vor Ludwinas Stuhl ein Spinnrad mit kunstvoll gewickelten Rocken, buntem Rokkenband und wassergefülltem Erzbecher.

Errötend vor Aufregung zog sie das Mädchen heran, setzte den Fuß auf das Tretbrettchen und fing an zu spinnen.

Gyrlani, der am Bücherschrank stand, war verstimmt und fühlte Langeweile. Beim Surren des Rädchens sah er sich verwundert um.

»Was, du spinnst! Ich dachte, du könntest nicht spinnen!« sagte er.

Sie blickte mit einem triumphierenden Lächeln auf: »Ich hab es für dich gelernt.«

Gyrlani wandte sich mit ostentativer Gleichgültigkeit ab. Daß sie da Parade saß, um ihm Eindruck zu machen, störte ihn. Alles an ihr sollte »wie von selbst« sein, wie organisch ihrem Seelenleben entwachsend.

Dabei ahnte er nicht, wie er mit diesem Verlangen seinem eigenen Tun und Treiben widersprach.

Sie ließ den Kopf hängen, spann aber schweigend weiter. Dabei ging etwas Schreckliches in ihr vor.

Sie fühlte mit einem Mal Haß gegen Gyrlani. Sie hätte aus dem Zimmer laufen mögen und aus dem Haus! Fort, nur fort! Ihn nie wieder sehen mit seiner Burg, zu derem alten Stil sie passen sollte, wie ein Stück Einrichtung.

Nein, das war schlimmer als tot sein.

Bittere Tränen tropften auf ihre Finger. Plötzlich stand jemand vor ihr. Sie sah ein wenig auf, ohne den Kopf zu heben: Sergei Iwanowitsch!

Er sah ihr zu, wollte gerne etwas sagen und fand nichts. Die viel schweigen, verlernen bald jede Wortgewandtheit.

»Es ist gewiß nicht leicht?« bemerkte er endlich.

Sie fühlte, daß er freundlich sein wollte, weil er sie bemitleidete, und obwohl sie nur leicht den Kopf bewegte in Verneinung seiner Frage, war sie ihm innig dankbar.

13.

Aber die Freude über den Anblick der Frau am Spinnrad kam bei Gyrlani nach.

Sie pflegte jetzt häufig in der frühen Herbstdämmerung im Erker des Rittersaales zu sitzen und zu spinnen.

Dabei traf sie eines Nachmittags Gyrlani.

Durch die Erkerfenster mit ihren romanischen Mittelsäulen sah das Abendrot.

Er sah Frau und Spinnrad als schwarze Silhouette vor dem flammenden Himmel und seine Augen folgten den reizvollen Konturen mit Entzücken.

Sie beugte sich über die Spule, denn bei seinem Eintritt war ihr der Faden zerrissen und hatte sich im Garn der Spule verloren.

Sie mußte ihn mit dem silbernen Haken, der an einer Kette hing, suchen und herausziehen.

Er blieb in ihren Anblick versunken stehen.

Sie fand ihren Faden und spann weiter, ohne Notiz von ihm zu nehmen.

Ihm gingen ein paar Zeilen aus einer Ballade der Annette von Droste durch den Sinn:

»Sie saß so still und spann,
da war kein Blatt geknickt.«

Gewiß, diese stillen spinnenden Frauen, sie waren die Silberfäden, die sich zart und schimmernd und dem Auge wohltuend, durch das große Gewebe der Menschengeschichte zogen!

In diesem Augenblick fühlte Gyrlani schwärmerische, zarte Neigung für Ludwina.

Er setzte sich auf einen niedrigen Schemel zu ihr und sah ihr mit vorgeneigtem Oberkörper zu.

Wie weiß ihre Hände schimmerten und wie seltsam unbewegt ihr Gesicht war!

Sie sah nicht einmal auf.

Man konnte darüber träumen, was für Geheimnisse hinter diesen stummen reinen Lippen in den dunklen Tiefen dieser ungeweckten, unentweihten Frauenseele schlummern mochten.

Eben in dem Verschlossenen lag der Reiz. Er liebte das Rätsel, weil es ein Rätsel war, und gewiß wollte er nie versuchen, es zu lösen.

Er war überzeugt, daß von dem Moment an, wo er sich ganz klar über sie sein würde, seine Freude an ihr das Ende erreicht haben würde.

»Sie saß so still und spann, –
da war kein Blatt geknickt.«

rezitierte er in weichem Unterton.

Und während er über ihre schöne, kirchenhafte Ruhe meditierte, tobte hinter dieser Stirn ein Chaos beunruhigender, unverständlicher Gedanken, und Gefühle machten ihr zu schaffen, die ihr hassenswürdig und unnatürlich erschienen.

Ihr armer kleiner Verstand wußte nicht aus noch ein. Niemals war sie zum Nachdenken angehalten worden, im Gegenteil: Wo sich eine Regung selbständigen Denkens gezeigt hatte, war sie unterdrückt worden.

»Über Dinge, die Gott in seiner Weisheit unseren Augen verborgen hat, sollen wir nicht grübeln«, predigte die Mama. »Wir sollen auch nicht vorwitzig fragen, denn das Wissenwollen hat schon die ersten Menschen zu Fall gebracht und uns das Paradies verschlossen.«

Diesen Maximen hatte Ludwina und ihre Schwester gehorsam nachgelebt und hatten sich wohl dabei befunden.

In jeder Ungewißheit wußte ja die Mama das befreiende Wort.

Hier aber, in der Trotzburg, gab es keine Seele, der sie sich aussprechen und der sie vertrauen konnte.

Sie verstand auf einmal sich selbst nicht mehr. Warum konnte sie nicht ganz ruhig und zufrieden sein? Warum konnte sie nicht ihren Mann, der nichts von ihr verlangte als sich nach seinem Geschmack anzuziehen und der sie so reich beschenkte, – warum konnte sie ihn nicht lieb gewinnen?

Nie hatte er ihr ein hartes Wort gesagt, nie sie böse angesehen und doch wurde er ihr fremder statt vertrauter!

Woher kam dies dumpfe Angstgefühl in seiner Gegenwart, das sie wortscheu machte und ihre Lebensgeister niederdrückte?

Und diese plötzlich aufwallende Empörung?! Als sei er nicht ihr natürlicher Freund und Beschützer, sondern ein unheimlicher Feind?

War sie im Begriff, irrsinnig zu werden? –

Still und monoton verflossen die Sommermonate, ein Tag wie der andere.

Ludwina besorgte ihren Haushalt, dann machte sie mit großer Sorgfalt Toilette und kam, zurechtgemacht wie ein Bild, zum Lunch. Nachmittags fuhr oder ging sie allein spazieren, wenn das Wetter es erlaubte, und regnete es, so saß sie mit einer Handarbeit in ihrem Zimmer oder las im Thomas a Kempis, dessen »Nachfolge Christi« ihr der Graf geschenkt hatte.

Ihre Hausgenossen sah sie nur bei den Mahlzeiten und die Abende.

Aber alle vier schienen immer mehr das Sprechen zu verlernen. Gyrlani schwieg, Ludwina schwieg, der Arzt schwieg und der Kaplan schwieg.

Abends las Gyrlani jetzt, wenn er frisch genug war, seiner Frau vor.

Dazu hatte er »récit d'une soeur« gewählt, jenes überschwenglich fromme, von der Akademie gekrönte Memoirenwerk der Madame Augustus Craven, née de la Ferronay.

Gyrlani, der alle schlüpfrigsten und gepfeffertsten Erzeugnisse alter und moderner Literatur kannte und dem die raffiniertesten Pariser Hautgout*-Erfindungen schon fad geworden waren, fand neuerdings Geschmack an der religiösen Ekstase und dem Gefühlsrausch dieser heiligen Schwärmerseelen.

Daneben erquickte sein Ohr das mustergültige Französisch und nicht minder der Klang seiner Stimme und seine eigene elegante Aussprache.

Wenn er die schwungvollen Auslassungen dieser hochgemuten Herzensaristokraten so schön las, hatte er ganz die Empfindung als seien es seine eigenen Regungen.

Und über der ganzen Situation lag für ihn eine Vornehmheit und edle Schönheit, die ihn turmhoch über das Niveau seiner ehemaligen Lebensgenossen hob. Er fühlte sich wie es seiner Gewohnheit und seinen innersten Bedürfnissen entsprach, als der Überlegene, Bewunderte, Respektierte, – als unter allen Umständen Herr der Situation.

Aber sein Befinden erlaubte ihm nicht immer sich auf dieser Höhe zu fühlen und nach dem jeweiligen Gesundheitszustand richteten sich die Spaziergänge, die Bäder, das Menü, kurz das Programm des Tages. Auch hing es davon ab, ob er bei Tisch unterhaltend war oder nicht.

Wenn es ihm schlecht ging, litt er an einer fürchterlichen Angst vor dem Abnehmen seiner Genußfähigkeit. Denn leben hieß bei Gyrlani: genießen!

Er wünschte das Leben bis auf den letzten Tropfen herunterzuschlürfen wie eine Delikatesse.

Eine Barbarei war es, den Genuß der Sinne immer nur im Allergrößten zu suchen. Aus tausend Quellen konnte die Lust Nahrung schöpfen.

Wie roh und plump war es zu meinen, man müsse um

* anrüchig

Lust zu genießen, immer eines Weibes Körper umfassen; die ganze unendlich reiche, ewig wechselnde, voll intimer Reize steckende Natur konnte ja die Sinne bis zur Ekstase reizen und erregen, wenn man sich auf sie verstand!

Man mußte nur sehen, hören, riechen lernen!

Er umgab sich mit schönen Pflanzen, wohlriechenden Blumen, prachtvollen Stoffen und stilvollen Gegenständen.

Er studierte aufs genaueste deren Wirkung auf das Auge, auf den Geist, auf die Stimmung.

Wie er die Gegenstände umstellte, gruppierte, beleuchtete, drapierte, so machte er es auch mit Ludwina.

Manchmal fiel es ihm ein, ihr das aufgesteckte Haar zu lösen und dann spielten seine überschlanken weißen Hände in der seidigen, dunkelblonden Haarfülle und seine Nase tauchte hinein.

»Der Duft deines Haares ist exquisit!« sagte er.

Wenn er sie so mit zarten Fingern berührte, wie etwas, das man nur eben mit den Fingerspitzen anfassen darf, um nicht den Blütenstaub abzustreifen, dann empfand sie eine seltsame Aufregung, die in dem heißen Wunsch gipfelte, er möchte sie einmal recht fest in die Arme schließen und küssen.

»Das würde gut tun!« dachte sie.

Einmal, als er besonders lieb mit ihr gewesen war, wagte sie es, ihrem Drang nachzugehen und schmiegte sich ihm an.

Er regte sich nicht und sie auch nicht.

Aber er fühlte, wie sie unter seiner Berührung in Lust erbebte und begriff mit Entsetzen, daß sich ihr junger Körper nach dem seinen sehnte! –

Fast heftig schob er sie von sich fort und ging aus dem Zimmer.

14.

Der totenstille Winter nahm endlich Abschied und der Frühling kam. Die Landschaft begann wieder prachtvoll zu duften und zu glühen, aber Ludwina wurde nur immer trauriger.

Aller Lebensmut war ihr abhanden gekommen, sie konnte nur immer weinen.

Ja, sooft sie allein war, mußte sie weinen.

Ihre Augen bekamen rote Ränder und wurden trübe, aber das gefiel Gyrlani. Er fand, es sah »seelenvoll« aus. Allerdings wußte er nicht, daß diese interessanten Tizianschen Tinten von durchsichtigem Weiß und fieberigem Rot eine Folge zahlloser Tränen waren.

Sie empfand immer schärfer, daß sie für ihn kaum etwas anderes war, als ein Zierat, der so oder so wirken mußte nach seinem jeweiligem Gelüste.

Als ein unter leblose Dinge rubrizierter, als Gegenstand aufgefaßter Mensch fühlte sie sich.

Nicht einmal wenn er krank war, durfte sie in sein Schlafzimmer kommen. Gerade dann, wenn sie es als Frauenrecht und Frauenpflicht fühlte, ihn zu umsorgen, bekam sie ihn oft tagelang nicht zu sehen.

Eines Nachmittags stand sie im Rittersaal am Erkerfenster und sah in den Regen hinaus. Der Himmel war weißgrau. Die beiden Pappeln am Tor bewegten ganz leise ihre Blätter.

Ein Vogel zwitscherte.

In der Burg war es totenstill. Der Graf ließ sich in seinem Zimmer von Sergei Iwanowitsch massieren, der Kaplan war ausgegangen, das Gesinde weilte in den dickummauerten Räumen des Erdgeschosses, aus denen kein Laut heraufdrang.

Nur den Kutscher hörte sie mit seiner im Pferdestall wohnenden Kaninchenfamilie sprechen.

Sie konnte über die Parkmauer weg in die zu Tal führende Dorfstraße sehen, mit ihrem rosenumrankten alten

Gemäuer, dem murmelnden Bächlein und der wassergedunkelten Mühle.

Auf einmal hörte sie eine süße, helle Kinderstimme. Die kleine Resi aus der Mühle saß auf dem Prellstein im Torweg und sang stillvergnügt ein Lied, das sie bei den Nonnen in der Kinderschule gelernt hatte.

Ludwina konnte die Kleine kaum erkennen, aber die rührende, frische Kinderstimme drang ihr ins Herz wie eine süße Schmeichelei.

Und da auf einmal nahm die Sehnsucht, die sie fast verzehrte, eine deutliche Gestalt an: »Kinder! Lieber Gott, gib mir ein Kind!«

Es war wie eine jähe Erleuchtung: Das fehlte ihr, hatte ihr die ganze Zeit gefehlt! Natürlich nur das. Wenn Gott ihr ein Kindchen schenkte, dann war alles, alles gut.

Von dieser Stunde an drehten sich all ihre Gedanken nur um den einen Punkt: die Sehnsucht, Mutter zu werden.

Vielleicht, dachte sie, hat Gott mir bis jetzt dieses Glück versagt, weil ich rebellischen sündhaften Gedanken nachgehangen habe und nicht die Kraft fand, meinen Mann von Herzen zu lieben.

Sie betete reumütig um ein liebevolles, demütiges Herz. Solange Gyrlani nicht bei ihr war, gelang es ihr auch, eine liebevolle Gesinnung für ihn zu hegen; kaum aber hörte sie seine verhaltene Stimme oder sah sie sein blasses, nervöses Gesicht, so stieg die alte Bitterkeit in ihr auf, sie mochte dagegen ankämpfen, wie sie wollte.

Dabei befestigte sich in ihr der Gedanke, daß sie die wahre Liebe für ihren Mann finden müsse, wenn sie Erhörung ihres Flehens solle erhoffen dürfen.

Allein diese Überzeugung geriet ins Wanken.

Der Sommer brachte vereinzelte Gäste nach der Trotzburg, Verwandte Gyrlanis.

Sie weilten niemals lange, weil die Nerven des Grafen die Unruhe und unterschiedlichen Rücksichten, die er sich als Mann von Lebensart Hausgästen gegenüber auflegte, nicht lange aushielten.

Immerhin war es endlich eine Berührung mit Menschen aus der Gesellschaft, die für Ludwina neue Eindrücke brachte.

Unter den Gästen war eine Kusine Gyrlanis, die seit vielen Jahren von ihrem Gatten getrennt lebte. Sie war als ganz junges Mädchen von der Familie verheiratet worden und hatte ihren Mann, von dem Gyrlani mit äußerster Geringschätzung sprach, nie geliebt. Nichtsdestoweniger war sie Mutter mehrerer Kinder.

Allerhand Zweifel kamen ihr. Wenn sie nur einen Menschen gewußt hätte, den sie danach hätte fragen können! Aber wen? Gyrlani? Eine Ahnung sagte ihr, daß sie von ihm keinen Aufschluß erhalten würde, auch wenn sie den Mut zu einer solchen Frage fände.

Die Mama? Sie schrak davor zurück, die Mutter, die ihre Tochter gut und glücklich glaubte, einen Einblick in die Verwüstung ihres Innern tun zu lassen.

Fremde Besucher? Das war ganz unmöglich.

Endlich verfiel sie auf den verschwiegenen, überaus diskreten Sergei Iwanowitsch.

Tagelang lauerte sie mit heimlicher Spannung auf ein ungestörtes Zusammensein mit dem jungen Mann.

Eines Tages begegnete er ihr im Flur, als sie eben im Begriff war, in den Garten zu gehen.

Sie sprach ihn an.

»Haben Sie schon die neu aufgeblühte Orchidee gesehn?«

»Nein, Frau Gräfin.«

»Kommen Sie, ich will sie Ihnen zeigen.«

Er verbeugte sich zustimmend und schloß sich ihr an.

Ihr Herz klopfte stürmisch, denn jetzt mußte sie sprechen, die Gelegenheit fand sich vielleicht nicht wieder.

Sie war so gewöhnt, alles was ihr auf dem Herzen lag, bei sich zu behalten, daß es sie die größte Willensanstrengung kostete, die lang vorbereitete Frage über die Lippen zu bringen.

Schweigend kamen sie zu der interessanten Blume.

»Hier! Sehen Sie! Ist sie nicht seltsam?«

»Mehr seltsam als schön«, meinte Iwanowitsch, »aber der Graf nennt meinen Geschmack einen Anachronismus.«

Er lächelte gutherzig.

»Jetzt muß es sein!« dachte sie und zeichnete in ihrer nervösen Erregung mit der Spitze des Sonnenschirms Buchstaben in den Sand.

»Sergei Iwanowitsch!«

»Frau Gräfin?« Er sah sie aus der Tiefe seiner klugen grauen Augen erwartungsvoll an.

»Gibt es viele unglückliche Ehen?«

»Leider ja.«

»Sagen Sie: kommt es manchmal vor, daß eine Frau ihren Mann nicht liebt, obwohl er vortrefflich ist?«

Er sah sie scharf an, sie aber hielt den Blick fort und fort auf die Spitze ihres Sonnenschirmes gerichtet.

»Ja, das kommt vor.«

»Hat eine Frau, die so etwas tut, trotzdem auch Kinder?«

Er sah sie konsterniert an. »Ich verstehe Sie nicht, Frau Gräfin,« sagte er unsicher.

Was wollte sie denn? –

»Ich meine . . .« sie sah errötend auf, mit dem unschuldigsten ehrlichsten Gesicht, »ob schlechte Frauen trotz ihrer Sünde von Gott mit Kindern gesegnet werden?«

»Herrgott im Himmel!« dachte er erschrocken, »ist sie denn ein kleines unwissendes Baby?!«

Laut sagte er: »Kinder sind unter Umständen kein Segen, sondern eine Strafe. Wünschen Sie sich keine Kinder, Frau Gräfin!«

Zu seinem Entsetzen brach sie in Tränen aus.

Er tat, als ob er es nicht bemerkte und erzählte ihr von einem Bergrutsch, der kürzlich bei einem Gewitterregen oberhalb von Putschatsch die Straße gesperrt hatte.

»Alle Männer von Putschatsch sind bei den Forträumungsarbeiten beschäftigt.«

Während er sprach, gingen sie ins Haus zurück. Er sah, daß sie wieder und wieder das Taschentuch an die Augen führte.

Als sie sich jedoch im Flur von ihm trennte, hatte sie sich gefaßt und verabschiedete ihn mit einem kühlen Lächeln.

15.

Als es zum zweitenmal nach Gyrlanis und Ludwinas Heirat Weihnachten wurde, lud der Graf seine Schwiegereltern sowie Schwägerin und Schwager zum Fest auf die Trotzburg ein.

Spätabends bei Laternenschein kamen die beiden zur Bahnstation entsandten Wagen mit den Gästen und deren Gepäck durch die Torfahrt gerasselt.

Ludwina, die die Ihrigen nur im Frühsommer flüchtig wiedergesehen hatte, war hinabgeeilt, als sie die Wagen hörte, und stand im Portal.

Sie trug eine schleppende Damastrobe von altem Rosa und darüber eine resedafarbene lose Jacke mit Silberfuchs verbrämt. Statt des glatt zurückgestrichenen Haars von früher trug sie ganz lose, tief über die Ohren fallende Scheitel, und das Haar im Nacken so lose geschlungen, als wolle es eben ganz herabfallen.

Die Baronin Stubben sah sie höchlichst erstaunt an.

Im Maskenanzug empfängt Ludwina Gäste?! dachte sie.

Dann lag die Tochter in ihren Armen und stammelte zärtliche Worte unter hysterischem Schluchzen.

Die Mutter erschrak tief.

Diese aufgeregte, theatralisch kostümierte Frau, die so jede Haltung verlor, war das wirklich ihre einfache, wohlerzogene Tochter Ludwina?! –

»Aber Ludi! Ludi!« mahnte sie.

»Es ist nur die Freude!« stammelte Ludwina.

Indessen war auch Gyrlani, der nicht so rasch wie seine Frau die steile alte Schloßtreppe hinunterkam, erschienen und begrüßte die Gäste in seiner kavaliermäßigen Art.

Aber auch ihn überraschte die Fassungslosigkeit der Gräfin aufs peinlichste.

Eine halbe Stunde später vereinigte man sich zum Abendimbiß im Speisesaal.

Ludwina weinte nicht mehr, sondern präsidierte der Tafel mit ruhiger Frauenwürde, wie es sich gehörte.

Aber wie hatte sie sich in den anderthalb Jahren ihrer Ehe verändert!

Ihr Gesicht war ganz schmal geworden, ihre Augen lagen tiefer und hatten einen scheuen stieren Blick, wenn sie nicht gerade sprach oder lächelte, und um ihren Mund lag ein festgewordener Zug des Leidens.

Der Mutter wurde schlecht zumute.

Wie frisch sah Marie dagegen aus, wie heiter und natürlich, obwohl sie einen Herzenskummer hatte, weil sie den armen bürgerlichen Oberleutnant, den sie liebte, nicht heiraten konnte.

Wirklich, Ludwina sah zehn Jahre älter aus, als die fast gleichaltrige Schwester! –

Was konnte ihr denn fehlen?

Alles, was Frau von Stubben bis jetzt in der Trotzburg gesehen, gefiel ihr. Überall herrschte vornehmer Geschmack und gute Ordnung. Die Dienerschaft machte den besten Eindruck. Die jungen Hausgenossen des Ehepaars, der Arzt und der Kaplan ließen an bescheidener Zurückhaltung nichts zu wünschen übrig.

Der Schwiegersohn war trotz seiner Kränklichkeit die Liebenswürdigkeit selbst und wenn er sich an Ludwina wandte, sprach er mit Ehrerbietung, ganz wie es einem vornehmen Mann in Gegenwart von Gästen ziemte.

Die Baronin Stubben war eine prinzipielle Gegnerin von sogenannten Aussprachen oder, wie sie sagte, »Szenen«, wie von allem, was die fein polierte Außenseite der Konvenienz durchbrach und etwas von dem zum Vorschein bringen konnte, was sie fürchtete wie den losgelassenen Pöbel, weil es ihr ebenso toll in seinem bestialischen Naturtrieb erschien: den Menschen ohne Verkleidung.

Nur gebändigt fand sie den mit der Erbsünde belasteten Menschen genießbar.

Religion, Anstand, strenge Sitte allein befähigten die sündigen und verkehrten Menschen in gottwohlgefälliger Gemeinschaft zu leben.

So fühlte sie und darum widerstrebte es ihr, eine vertrauliche Aussprache mit Ludwina herbeizuführen, obwohl sie sehnlichst wünschte, die Ursache des Kummers ihrer Tochter zu wissen.

Aber wenn Ludwina nicht selbst sprach, wollte sie nicht fragen.

Die Weihnachtstage mit ihren heiteren Feiern, den Bescherungen der Familie, der Dienerschaft, der Dorfkinder, brachten Geschäftigkeit und frohe Eindrücke und damit auch Farbe und Heiterkeit in Ludwinas Gesicht.

»Es ist am Ende doch nur eine vorübergehende Indisposition gewesen«, tröstete sich die Mutter.

Am Tage vor der Abreise der Stubbens saß die Baronin einmal mit Ludwina allein in deren Zimmer.

»Du hast keine Vorhänge im Erker«, bemerkte sie, »da wird die Sonne bald die schöne Farbe dieser Plüschdecke ausziehen.«

»Davon wird ja die Farbe erst schön«, meinte Ludwina.

»Wie? Ein verschossenes Rot soll schöner sein als ein neues?«

»Joseph schwärmt für verschossene Stoffe. Er findet das Frische aufdringlich und vulgär. Es muß alles welk, fatigiert* und abgeblaßt sein, um ihm zu gefallen.«

* ermüdet, verblichen

»Das ist ein recht origineller Geschmack«, lächelte die Mama.

Aber das Lächeln war sehr äußerlich. Ein erschreckend häßlicher Gedanke durchzuckte ihr Hirn: »Ob er auch bei Ludwina die Frische vulgär gefunden hat? Jetzt ist sie jedenfalls fatigiert und abgeblaßt!«

In einer bei ihrer kalten, reservierten Natur sehr seltenen Anwandlung von Zärtlichkeit, nahm sie den Kopf der jungen Frau zwischen ihre Hände und sah ihr gütig in die Augen.

»Mein liebes Kind, denkst du auch immer daran, daß Gott dich reich beschenkt hat? Du hast viel Ursache, dankbar zu sein.«

»Ach, liebe Mama!« rief Ludwina, »wenn ich nur ein Kindchen bekäme!«

»Nun, nun, wer wird so ungestüm sein. Gottes Wille geschieht so oder so. Betest du auch treu?«

»Unablässig, Mama!«

Wieder erschrak die Mama über die Leidenschaft im Ton der Tochter.

»Vor allem mein Kind, mäßige dein Verlangen. Ein zu ungestümes Begehren straft sich immer.«

»Mama!«

»Was willst du sagen?«

»Mama, kann man denn gar nichts dazu tun?!«

Es klang wie ein Schrei nach Hilfe.

»Zu was?«

»Um ein Kind zu bekommen?«

»Gedulde dich; weiter weiß ich dir keinen Rat. Du bist erst anderthalb Jahre verheiratet, da können noch viele Kinder kommen, wenn es Gott gefällt.« –

Die Mutter glaubte die Tochter jetzt wissend, und die Tochter war an Unerfahrenheit das Kind von ehedem geblieben.

Darum sprachen sie um einander herum und an einander vorbei.

16.

Ludwina hatte ihre Angehörigen fortfahren sehen und schlich sich bitterlich weinend auf ihr Zimmer.

Nicht nur die Abreise der Lieben schmerzte sie, – weher noch tat es ihr zu fühlen, daß zwischen ihr und jenen eine Fremdheit entstanden war.

Besonders wollte der alte Glaube an die Unfehlbarkeit der Mama nicht mehr vorhalten.

Die Mutter hatte ihr keinen Trost und keinen Aufschluß gegeben!

Als sie ihr Zimmer betrat, fiel ihr Blick auf das Weihnachtsgeschenk der Mama: eine Prachtbibel.

Noch nie bis dahin hatte Ludwina eine Bibel in Besitz gehabt.

Ihr kam der Einfall, die ganze Bibel vom ersten Kapitel des ersten Buches Moses an durchzulesen. Das, meinte sie, mußte doch Segen bringen.

In frommer Andacht begann sie zu lesen.

Bald jedoch wich die Andacht einem brennenden Interesse. Sie las und las, bis ihre Wangen glühten.

Flüchtig glitt sie über die Kapitel, die sie halb auswendig konnte; dazwischen aber fand sie Stellen, die man ihr vorenthalten hatte und die sie in leidenschaftliche Spannung versetzten.

Dabei war es ihr, als begehe sie einen Frevel.

Wenn in der Nähe eine Tür ging, fuhr sie zusammen und sah horchend auf, bereit die Bibel zuzuklappen beim ersten Schritt, der sich näherte.

Und sie tat doch nichts Verbotenes! Sie las doch nur in der Bibel! In der Bibel, die sie aus den Händen ihrer Mutter empfangen hatte! –

Gyrlani hatte sich in der Zeit des Hausbesuches zu viel zugemutet. Jetzt litt er an Nervenschmerzen und mußte das Bett hüten.

Mehrere Tage bekam ihn Ludwina nicht zu sehen.

Sie saß auf ihrem Zimmer und fieberte und las und kombinierte.

Bei den Mahlzeiten war es ihr mehrmals, als betrachte sie Sergei Iwanowitsch verstohlen.

Und begegnete sie zufällig seinem forschenden Blick, so wandte sie sich verwirrt ab.

Sie betrachtete plötzlich alle Menschen unter einem neuen Gesichtswinkel. Weiß er? Weiß sie? Hat er Erfahrung? Hat sie? Wie mögen sie darüber denken? – »Geht es bei den Menschen zu wie bei den Tieren?« dachte sie weiter. Und warum nicht? Die Tiere essen, trinken, schlafen und sterben wie wir, warum nicht auch das andere? –

Sie ging in die Stallungen und fragte die Knechte vorsichtig tastend nach dem und jenem und jede Antwort war ihrem lauschenden Geist eine Bestätigung leiser Ahnungen oder ein neues Licht.

Sie fing an, die Mägde und alten Bäuerinnen auszuhorchen.

Alles andere hatte jegliches Interesse für sie verloren. Eigensinnig richtete sich ihr ganzes Wesen auf das eine, es wurde zur Monomanie.

Sie ging versonnen umher, wie ein Mensch, der einer heimlichen Leidenschaft frönt. Sie wagte niemandem recht in die Augen zu sehen. Wenn man sie ansprach, störte man sie. Eine unbekannte Welt war im Begriff, sich ihr zu enthüllen und sie durfte keinem davon etwas sagen!

Wer ihr Antwort hätte geben können auf die tausend Fragen, die alle in der einen ausmündeten: Warum hat man mir das nicht erklärt?! Warum verheimlicht mir mein Mann das Wichtigste? Warum will er nichts von mir wissen?! –

Gyrlani lag indessen in seinem Zimmer und trieb Schönheitskultus.

Durch eine komplizierte Vorrichtung von verschiedenartigen Zuggardinen, die das Tageslicht bald voll bald gedämpft, bald von oben bald von unten einfallen ließen, erzielte Gyrlani eigenartige Beleuchtungen, die an den

Drapierungen von kostbaren Stoffen und seltsamen Farbentönen die reizvollsten Lichteffekte schufen.

Oft war die plötzlich durch dunkles Gewölk brechende Wintersonne oder ein »himbeerfarbener« Sonnenuntergang aufs wirkungsvollste mit seinem Licht- und Farbenkultus im Bunde.

Dann konnte er aus seiner bequemen Lage plötzlich aufspringen, um seine Augen mit leidenschaftlichem Entzükken weiden zu lassen.

Solche Momente nannte er seine »Erlebnisse«.

In diesen Zeiten körperlichen Siechtums und geistiger Wachheit war ihm nur wohl, solange er auf dem Rücken lag. Sein breites niedriges Ruhebett war erfinderisch raffiniert eingerichtet. Er lag auf seidenen Decken und mit Seide überzogene Roßhaarpolsterchen lagen für den Nacken, die Hand- und Fußgelenke und die Höhlung des Rückens bereit. Der ganze Körper mußte sich ruhend fühlen.

Wo die Blicke auch schweiften, mußte ihnen etwas begegnen, das ihm angenehme Empfindungen schuf.

An der in edler, sehr ruhiger Holzarbeit gehaltenen Zimmerdecke entlang lief ein Fries, dessen phantastische Zeichnung ein genialer Münchner Künstler entworfen hatte. Diese kühnen, freien, einander anmutig fliehenden und wieder suchenden Linien waren formgewordene Liebesempfindungen.

Wer sie ansah, mußte etwas von den Urgesetzen des Lebens fühlen.

Die Wände verhingen ausgesucht schöne Gewebe, deren satte Farben mit jeder kleinen Neustellung des Lichtverhängungsapparats variierten.

Jeder Gegenstand in dem Zimmer hatte einen strengen und edlen Stil.

Zuweilen freilich litt Gyrlani an schwerem nervösen Unbehagen und dann kam es wohl, daß ihn das Raffinement seiner Umgebung anwiderte.

Und dann schwärmte er plötzlich für die leere Zelle, den

Strohsack und das Kruzifix eines Asketen; aber die Liebe zum Asketentum blieb so platonisch wie die zu seiner lilienreinen Frau.

17.

Rakosky, der Kammerdiener Gyrlanis, dessen Blicke anfangs die Gräfin abgestoßen und beunruhigt hatten, war ihr schon lange nicht mehr damit lästig gefallen.

Da sie die Abneigung gegen den Vertrauten ihres Gemahls weder hatte erklären noch überwinden können, hatte sie jede Berührung mit dem Polen vermieden.

Rakosky hatte dies Ignoriertwerden schweigend hingenommen und erwidert.

In der letzten Zeit aber hatte sich zum zweitenmal sein Benehmen Ludwina gegenüber geändert.

Er zeigte sich beflissen, wo es anging, der Gräfin kleine persönliche Dienste zu leisten, ihr den Stuhl zurechtzurükken, die Türen zu öffnen, die Galoschen anzuziehen usw.

Alles dies tat er in einer schmeichelnden, sich bemerklich machenden Art.

Wenn sie ausgehen wollte, stand er sicher im Vorsaal, den Pelzmantel bereit haltend. Und wenn er ihr den Mantel umlegte, ruhten seine Hände länger als notwendig auf ihren Schultern. Besonders aber schien er zu lieben, ihr die weiten Kleiderärmel mit weicher, fast zärtlicher Hand unter die Mantelärmel zu streichen.

Er hatte das sofort den vornehmen Herren abgesehen, die ihren modisch gekleideten, mit Ballonärmeln geschmückten Damen diesen anmutigen Dienst leisten durften.

Wenn Ludwina ihn dabei zufällig einmal ansah, so wandte sie sich tief erschrocken ab.

Denn in seinen schwarzen lebhaften Augen flammte ihr etwas Leidenschaftliches, Begehrendes entgegen.

Und sie dachte: Weiß er? Gewiß weiß er. Und dann weiß er auch, daß mein Mann mich verschmäht. Dieser gräßliche Mensch!

Ihr Schamgefühl litt qualvoll. Es war ihr, als stehe ihr Schmach an der Stirn geschrieben.

Nachdem Adam und Eva vom Baum der Erkenntnis die verbotene Frucht genascht hatten, schämten sie sich plötzlich ihrer Nacktheit.

Ludwina wußte, daß sie unaufhörlich über Dinge nachsann, die ihr hatten verborgen bleiben sollen und daß ihre Phantasie in unreinen Vorstellungen sich erging.

Sie steckte also knietief in Sünde!

Und, was das Verwerflichste war, sie konnte und wollte den eingeschlagenen Weg nicht mehr verlassen. Lieber mit halbgeschlossenen Augen weiter taumeln!

Sergei Iwanowitsch sagte unvermutet eines Tages zu Gyrlani: »Es ist nicht gut für die Gräfin, so viel allein zu sein.«

Der Graf, der in einem Liegestuhl ruhte, sah etwas verwundert auf.

»Sieht die Gräfin leidend aus?«

»Ja«, antwortete Sergei Iwanowitsch kurz.

»Sie ist einsam! Sie leidet sanft und stumm!« sagte sinnend Gyrlani. »Wie rührend und verehrungswürdig ist doch so eine Frau!«

»Aber lieber Gott!« rief der jung Arzt ungeduldig, »man kann doch für etwas Zerstreuung sorgen, zum Beispiel eine unterhaltende Gesellschafterin engagieren.«

»Eine geschwätzige Gans? Ich danke.«

»Das ist nicht nötig. Es gibt immer noch liebenswürdige und taktvolle Mädchen genug.«

Gyrlani verzog den Mund zu einem boshaften Lächeln.

»So ein recht liebes herziges junges Ding, nicht wahr? Und hübsch auch noch. Das könnte Ihnen wohl passen, mein lieber Sergei Iwanowitsch? – Nein, nein, Doktor. Für Romane ist dies Haus nicht der Ort. Wenn Sie sich langweilen, fahren Sie doch in Gottes Namen sooft Sie Lust haben nach Meran. Meine Kasse steht Ihnen ganz zur Verfügung. Aber hier nicht.«

Das Ende war in vertraulich wohlwollendem Ton gesprochen.

Aber der junge russische Gelehrte fühlte sich so angewidert, daß er nicht einmal antwortete.

Die Verhältnisse in der Trotzburg fingen an, ihn stark zu bedrücken. Das Schicksal der Gräfin ging ihm zu nahe. Er beschäftigte sich bereits zu lebhaft mit ihr, – in Gedanken freilich nur. Und konnte nichts für sie tun.

Es war ihm ganz recht, daß sein Kontrakt bald ablief, trotz der fürstlichen Honorierung.

18.

Es war eine laue Märznacht.

Durch die offenen Fenster kamen warme Wellen von südlichen Frühlingsdüften.

Die Hausgenossen saßen im Rittersaal.

Ludwina spielte Klavier. Sie hatte die Empfindung, als sei in ihrem Körper ein beständiges wogendes Wallen. Spannung und Erregung durchzitterten sie bis in die Fingerspitzen.

Gyrlani horchte entzückt. So ausdrucksvoll war ihr Spiel sonst nicht gewesen. »Sie wird immer seelischer«, dachte er sehr erbaut.

Wenn sie pausierte, hörte man das Flöten einer Nachtigall, die vor dem Fenster in einem Baumwipfel saß.

Im Erker saßen der Kaplan und der Arzt beim Domino. Der Kaplan spielte bedächtig, Iwanowitsch unaufmerksam.

Sergei Iwanowitsch saß jetzt immer so, daß er die Gräfin im Auge behielt.

Ludwina spielte so schön sie konnte, sehnsuchtsvoll schwermütige Volkslieder, denen sie den Ausdruck der Leidenschaft gab. Sie flehte und lockte in Tönen, wie die Nachtigall.

Sergei Iwanowitsch mahnte zum Auseinandergehn.

Er versäumte diese Pflicht nie.

Gyrlani küßte seiner Frau beide Hände.

»Schlaf wohl, meine süße, weiße Nachtigall«, flüsterte er ihr zärtlich zu, – »und Engel des Himmels mögen dich behüten!«

»Joseph!«

Es war ein zitternder, halb erstickter Aufschrei.

Er sah sie bestürzt an. »Was fehlt dir?«

»Was mir fehlt? Du! Du liebst mich ja nicht.«

»Bist du von Sinnen?«

»Joseph ... ich ... erbarme dich, ... hilf mir ... ich möchte so furchtbar gern ein Kindchen haben!«

Sie hatte sich mit fiebernden Händen an die Aufschläge seines Rocks festgeklammert und das erglühende Gesicht an seine Brust gedrückt.

Noch nie hatte sie sich etwas Ähnliches erlaubt nach jenem ersten schüchternen und ganz mißglückten Versuch eines zagen Anschmiegens.

Gyrlani war aufs peinlichste überrascht. Obwohl es seiner Eitelkeit schmeichelte, daß sie sich in ihn verliebt hatte, wußte er doch, daß es etwas Gefährlicheres für ihn selbst und für sie nicht gab.

Diese Möglichkeit hatte er gar nicht ins Auge gefaßt. Sie war so rein, so ahnungslos und er hatte sie in einer so klösterlichen Abgeschlossenheit gehalten. Nie war in ihrer Gegenwart ein Wort gefallen, das ihre Sinne hätte wecken können. Er, der Lebemann von ehedem, hatte gelebt und geredet wie ein Heiliger.

War wirklich der gemeine Trieb unausrottbar in den Weibern?

Sie war ihm plötzlich zuwider. Er grollte ihr. So hätte sie nicht sein dürfen. Es war unedel, unweiblich, schamlos. –

Sanft, aber fest machte er sich von ihr los.

»Kindersegen steht allein in Gottes Hand«, sagte er mit strengem Ernst. »Ist es in seinem Ratschluß anders beschlossen, so haben wir entsagen zu lernen.«

Damit wandte er ihr den Rücken und ging aus dem Zimmer.

Sergei Iwanowitsch, der nichts von dem kurzen Zwiegespräch gehört hatte, folgte dem Grafen, wie immer, da er ihn noch elektrisch massieren mußte.

»Empfehl mich zu Gnaden«, sagte die hölzerne Stimme des Kaplans. Auch er verließ den Rittersaal.

Ludwina stand wie erstarrt.

Die Demütigung ihrer Bitte und die Abweisung, die sie erfahren, hatte vernichtend getroffen.

Sie meinte, den Kopf nie wieder aufrecht tragen zu können.

Plötzlich fühlte sie einen heißen Atem auf ihrem Nakken und Rakoskys Stimme raunte ihr ins Ohr: »Schönste, reizendste Frau! Laß mir nur einmal deine Kammer offen! Nur eine einzige Nacht. Soll dieser herrliche Leib ungenossen verblühen? Sag ja! Darf ich? Darf ich?«

Sie lauschte wie gebannt, unfähig sich zu rühren.

Da stahl sich des Polen Arm um ihre Hüfte.

Sie schrie plötzlich laut auf, wie jemand der in Todesschreck aus beängstigenden Träumen fährt.

Rakosky schlüpfte blitzschnell durch die nächste Tür.

Sergei Iwanowitsch kam herbeigeeilt. Er hatte ihre Schreie gehört.

Jetzt fand er sie an allen Gliedern zitternd mitten im Rittersaal stehen mit großen verstörten Augen, als habe sie eben ein Gespenst gesehen.

Sergei umfaßte sie und trug sie halb nach dem nächsten Sessel.

Dann holte er ihr ein Glas Wasser.

Sie trank ein wenig, da er ihr das Glas an die Lippen hielt.

Dann lehnte sie den Kopf zurück, schloß die Augen,

seufzte tief auf und fuhr wieder wie in Fieberschauern zusammen.

»Versuchen Sie ruhig zu werden, Frau Gräfin«, sagte Sergei Iwanowitsch eindringlich. »Was hat Sie erschreckt?«

Sie hauchte: »Ich fürchte mich.«

»Wovor?«

Sie griff nach seiner Hand. »Lassen Sie mich nicht allein!«

Er umfaßte ihr Handgelenk und fühlte nach dem Puls.

»Gehen Sie zu Bett, Frau Gräfin. Ich schicke Ihnen einen Schlaftrunk«, sagte er in herzlichem Ton.

Sie meinte, er wolle gehen und faßte ihn beim Arm.

»Lassen Sie mich nicht allein, Sergei Iwanowitsch!« sagte sie ängstlich.

»Vertrauen Sie mir doch! Hat Sie jemand oder etwas erschreckt?« Aber sie blieb stumm, nur ein Frösteln und Zittern überlief von neuem ihre Glieder.

Er führte sie am Arm bis in ihr Zimmer, wo er sie der Jungfer überließ.

»Sorgen Sie, daß die Frau Gräfin in einer Viertelstunde zu Bett liegt, Jeanette«, sagte er zu der Jungfer. »Ich sehe noch einmal nach.«

Genau in einer Viertelstunde kam er wieder, gab der Gräfin etwas zu trinken und setzte sich neben ihr Bett.

»Sie sind so gut ...« murmelte Ludwina.

Es war solch ein Gefühl von Sicherheit und Geborgenheit, sobald der Russe sich ihrer annahm.

Ihre Gedanken verirrten sich.

Durch halb gesenkte Lider sah sie immer seine Schulter und ein Teil seines dunklen Beinkleids.

»Er ist da, – er ist noch da«, dachte sie ganz glücklich, »ich habe ihn lieb; ja nur ihn. Er ist gut zu mir.«

Dann schlief sie ein.

Als der Arzt hörte, daß sie ruhig schlief, verließ er sie.

»Ich werde schon erfahren, was da vorgegangen ist«, dachte er und machte ein finsteres, entschlossenes Gesicht. »Ich werde meine Augen aufmachen.«

19.

Joseph Gyrlani stand am offenen Fenster.

Frühlingsluft kam herein. Auf dem äußersten Zweiglein eines knospenden Platanenbaumes sang ein kleiner Vogel, daß das Zweiglein unter ihm vibrierte.

Unten auf dem Gartenweg wandelte die Gräfin. Sie trug ein weißes wallendes Wollenkleid nach der letzten Caprice des Grafen, welches mit einem blauen Seidenband unter der Brust zusammengefaßt war.

Sie ging langsam, beinah schleppend, mit gebücktem Kopf. In der Hand hielt sie ein paar langstielige weiße Nelken.

»Wie ein Gedicht!« dachte Gyrlani. »Es müßte Goldgrund dahinter sein.«

Er war ihretwegen ganz beruhigt. Seit jener bedrohlichen Aufwallung hatte er auch nicht mehr das geringste Zeichen von Temperament bei ihr bemerkt.

Sie sah bleichsüchtig blaß aus, sprach fast gar nicht und sah mit geistesabwesenden Augen ins Leere.

»Einen visionären Blick« nannte er das.

Und ihre Bewegungen hatten etwas eigentümlich Mechanisches, wie bei einer Schlafwandlerin.

Gyrlani sagte: »Etwas Pflanzenhaftes.«

Er fand sie, gerade so, sehr anziehend.

In seinen angenehmen Betrachtungen störte ihn der Doktor.

»Was steht zu Diensten, Sergei Iwanowitsch?« fragte der Graf gutgelaunt.

Aber das Gesicht des jungen Mannes sah nicht Gutes versprechend aus.

Er sagte: »Ich halte es für notwendig, Herr Graf, Ihnen mitzuteilen, daß Rakosky die Gräfin in ganz frecher Weise belästigt.«

Gyrlani erblaßte. »Warum sagt die Gräfin kein Wort?« entgegnete er unwillig.

Iwanowitsch furchte die Stirn tief. »Fragen Sie das mich, Herr Graf, oder sich selbst?«

Gyrlani kniff die Augen zusammen. Er überlegte. Natürlich sagte Sergei Iwanowitsch so etwas nicht ohne hinlängliche Begründung. Auch war dem schönen Halunken Rakosky das Schielen nach seines kranken Herrn junger Frau recht wohl zuzutrauen. Die Weiber spukten dem Schlingel noch sehr in den Gliedern. Freilich, die Frechheit war unerhört. Leider konnte er Rakosky nicht entbehren. Von allen Menschen gerade nur diesen nicht.

Er nahm eine gelassene, kühle Miene an.

»Es ist gut, Doktor. Ich werde dem Unverschämten eine Lektion geben. Ich danke Ihnen.«

»Der Mensch muß vor allen Dingen entfernt werden«, sagte der Russe mit großer Entschiedenheit.

Gyrlani antwortete kalt: »Erlauben Sie, dies ist ausschließlich meine Sache, Herr Doktor.«

»Dann muß ich Sie aber als Arzt darauf aufmerksam machen, Herr Graf, daß der Nervenzustand der Frau Gräfin in hohem Grade besorgniserregend ist. Sie können leicht erleben, daß sie irrsinnig wird oder sich dem nächsten besten in die Arme wirft – und wenn's Rakosky ist. Meiner Ansicht nach haben Sie, Herr Graf, die Pflicht, Ihre Gemahlin über Ihren Gesundheitszustand und dessen Folgen möglichst aufzuklären.«

Gyrlani hätte den kecken Einmischling am liebsten beim Kragen genommen und zur Tür hinausgeworfen.

Das tat er nicht; aber er setzte sein hochnäsigstes Gesicht auf und sagte mit eisiger Ruhe:

»Die Einsamkeit bei uns bekommt Ihnen nicht mehr. Ich bitte Sie, packen Sie Ihre Koffer und reisen Sie nach Wien oder Petersburg zurück.«

Sergei Iwanowitsch verbeugte sich zustimmend und verließ mit hochgetragenem Kopf des Grafen Zimmer.

Beim Diner erwähnte Gyrlani ganz ruhig, es sei schade, daß Sergei Iwanowitsch so rasch abreisen müsse und nicht die acht Wochen, auf die seine Anwesenheit noch zu erhoffen gewesen sei, bleiben könne, doch sei unter den obwaltenden Umständen ja nichts dagegen zu sagen.

Welcher Art die obwaltenden Umstände waren, verriet er nicht und weder der Kaplan noch Ludwina getrauten sich zu fragen.

Aber Ludwina hatte Gabel und Messer sinken lassen. Ihr tief erschrockener Blick suchte den des Russen. Sergei Iwanowitsch sah undurchdringlich aus.

Die Gräfin aß nichts mehr. Den ganzen Abend war sie wie abwesend. –

Am anderen Morgen ließ sie den Doktor an ihr Bett rufen. Sie fühle sich unwohl.

Er war schon im Reiseanzug, kam aber natürlich sogleich.

Sie lag im Bett, hatte sich, auf den Ellbogen gestützt, etwas aufgerichtet und sah ihm mit aufgeregten Augen und etwas vorgestrecktem Kinn entgegen.

»Schließen Sie hinter sich zu«, sagte sie, »ich fürchte mich.«

»Wenn ich bei Ihnen bin?!« protestierte er.

Sie wiederholte. »Schließen Sie zu. Ich muß wissen, daß ich ungestört bleibe.«

Er lächelte. »Ein gewisser Rakosky wird in diesen Tagen keinen Schritt unnötig tun«, bemerkte er wie beiläufig. »Der Mensch erlaubte sich impertinent zu sein und ich nahm die Gelegenheit wahr, ihn mit meiner Reitpeitsche bekannt zu machen.«

»Er wird Sie verklagen!«

»Nein.«

Er stand vor ihr, fühlte ihren Puls und stellte ein paar Fragen, die sie so kurz als möglich beantwortete.

»Sergei Iwanowitsch«, sagte sie plötzlich erregt, »warum lassen Sie mich allein?«

Er sah sie verträumt an.

Ihr blondes Haar fiel lose um das schmale Gesicht und

die mädchenhaften von zartem weißen Linnen umhüllten Schultern. Sie sah rührend und reizend aus.

Er fand keine Worte, setzte sich neben sie und behielt ihr dünnes weißes Händchen in der seinen.

Beide verstummten in jenem überhitzten, gleichsam mit Elektrizität überladenen Schweigen.

Plötzlich, mit einer jähen Bewegung warf sie die Arme um seinen Hals. Er fühlte ihre brennenden Lippen auf den seinen, er fühlte das wilde Klopfen ihres Herzens an seiner Brust, – der Taumel erfaßte ihn und zog ihn hinab. –

Als man sich zum Lunch vereinigte, erkundigte sich Gyrlani mit Beflissenheit nach dem Befinden der Gräfin.

Sergei Iwanowitsch antwortete sehr einsilbig und vermied es, den Grafen anzusehen.

Der Russe sah grimmig und häßlich aus, – skrofulös, fand Gyrlani. Sooft er nach dem verbissenen Gesicht mit der starken Nase, den breiten Backenknochen und aufgeworfenen Lippen des jungen Mannes hinüberschielte, dachte er: »Unsereiner sieht doch besser aus als so ein Sklave.« Und dann kam ihm der Gedanke, daß der brave Sergei Iwanowitsch den Weibern wohl kaum gefährlich werden könne.

Darüber mußte er lächeln.

Er fand die Verschnupftheit des jungen Mannes natürlich, denn er war sich bewußt, sehr unangenehm zu sein, wenn er einmal unangenehm wurde.

Ihm selbst tat es leid, daß er sich im Zorn hatte gehen lassen.

Er konnte den Russen fast so wenig entbehren wie den Kammerdiener.

Wer sollte ihn elektrisieren? Wer sollte ihn kneten? Und wer kannte so genau seine Konstitution?

Jedenfalls wollte er noch einen Versuch machen, den Starrkopf herumzukriegen. Das Einmischen in Dinge, die ihn nichts angingen, würde er ihm schon abgewöhnen. –

Vorläufig freilich schien seine liebenswürdige Unterhaltung verlorene Liebesmüh. –

Am Nachmittag ging Gyrlani um seine gewohnte Spaziergehstunde langsam schlendernd, zwischen dem Gartentor und der Mühle auf und nieder.

Der Himmel war tief blau.

Über das alte Gemäuer am Weg quollen Massen blühender Kletterrosen.

Das Ockergelb der Mauer, die hellrosa Rosen und das blanke Dunkelgrün des zierlichen Blättergerankes stand scharf in Zeichnung und Farbe vor dem Duftblau der Berge.

Und die alte, windzerfetzte Zypresse dort, wie ein kohlschwarzer, ausdrucksvoller Strich in dem Sonnengeflimmer!

Plötzlich sah er Sergei Iwanowitsch, der vom Dorfe heraufkam, wo er einen Kranken hatte.

»Das einzige wirklich Hübsche an dem Menschen ist sein Gang«, dachte Gyrlani.

Dann fiel ihm die ärgerliche Ursache des Zerwürfnisses ein. Was er von der Ludwina gesagt hatte! Mochte sie leiden, wenn es einmal so war. Viele Menschen müssen klaglos leiden. Die Besten. Leiden verfeinert und veredelt.

Als der Russe mit kurzem Gruß an ihm vorüber wollte, hielt Gyrlani ihn an.

»Einen Moment, mein Lieber«, sagte er in seinem jovialsten Ton. »Nur drei Worte entre nous.«

Sergei Iwanowitsch blieb mit der Miene höflichen Erwartens stehen.

Gyrlani schlug ihn leicht auf die Schulter.

»Jetzt bitte ich Sie, Doktor, machen Sie mir nicht länger ein Gesicht hin und wägen Sie nicht ein paar rasche Worte auf der Goldwaage! Sehen Sie, jetzt, wo auch meine Frau etwas kränkelt, wär es mir schon recht lieb, Sie blieben ruhig bei uns. Ich werde Sie natürlich pekuniär so stellen, daß Sie nicht zu kurz kommen.«

Der Russe machte eine ungeduldige Bewegung.

Gyrlani sah verstohlen nach ihm hin.

Machte der Kerl ein Gesicht! –

Plötzlich war der Graf wieder hochfahrend.

»Über eins müßten wir uns allerdings sofort verständigen«, fuhr er in seiner Rede fort. »Ich spreche *keinem*, aber auch *keinem* Menschen, das Recht zu, mir in meinen privatesten Privatangelegenheiten Rat zu erteilen. Verstehen Sie?«

»O ja.«

»Nun? Sind wir einig, Doktor?«

Sergei Iwanowitsch warf einen kurzen Blick nach den Fenstern der Trotzburg, hinter denen er die Gräfin wußte.

Dann sagte er höflich und kalt:

»Ich werde Ihre Wünsche berücksichtigen, Herr Graf, und bleiben.« –

Sie und Er

Eine Treppe hoch, unter dem Glasdach, war das Atelier. Unten füllte das ganze Gebäude ein großer, schöner Empfangsraum aus.

Wenn man die Tür, die zu diesem Raum führte, öffnete, erklang ein sanftes, leises Tönen. Das kam von den schwingenden Klöppelchen einer Türzither.

Der Mann, der eben eintrat, blieb, ob des seltsam anmutvollen Tönens betroffen, lauschend auf der Schwelle stehen.

»Bitte näher zu treten!« rief von innen eine Stimme, die zu einem jugendlichen Frauenzimmer gehörte.

Nun schloß er hinter sich die tönende Tür und machte große Augen, denn wie eben dem Ohr, so bot sich jetzt dem Blick das Überraschendste an anmutiger Fremdartigkeit: Farben in Schattierungen, die er eigentlich nur von großen Levkojenrabatten her kannte; Ornamente, deren ausdrucksvolle Linienführung beinah aufregte; Formen eines ihm fremden Stils, die alle miteinander lebendige Seelen zu haben schienen.

Sanft gefärbtes Glas in wunderlich verschnörkelten Fenstern ließ über dies Märcheninterieur ein unwirklich fantastisches Licht fließen.

Mitten in dieser schönen Seltsamkeit, an einem seltsam schönen Tisch, saß eine gar nicht seltsame junge Dame und schrieb.

Stöße von Briefen, Rechnungen, bedruckten Umschlägen lagen vor ihr, und die paßten eigentlich gar nicht in diese Umgebung.

Noch etwas störte ihn als aus dem Rahmen fallend: Auf all den wundersamen Tischen und Konsolen standen Fotografien großen Formats, lagen Fotografiealben und ganze Haufen von Fotografien in kunstvollen Schalen. Die hätte er gern mit einer großen Handbewegung weggefegt – ganz weg.

Die schreibende junge Dame fragte, ohne sich im Schreiben zu unterbrechen:

»Was steht zu Diensten, mein Herr?«

»Ist Fräulein Wildenau nicht hier?«

»Jawohl, mein Herr. Die ist gerade bei einer Aufnahme. Kann ich ihr etwas ausrichten?«

»Ich kam nur, um Fräulein Wildenau zu besuchen. Wann ist sie wohl zu sprechen?«

»Sie wird in zehn Minuten spätestens herunterkommen, denn wir schließen um ein Uhr. Wollen der Herr nicht ein wenig Platz nehmen?«

Er wollte.

Die Wände buchteten in Nischen aus von unregelmäßiger Form und verschiedener Tiefe. Eine der tiefsten, in die das Licht durch blumenförmige mattlila Scheiben fiel, glich einem halb verborgenen Betkapellchen. Hier trat er ein und setzte sich auf eine mit welkrosa Damast überzogene Ruhebank.

Er dachte: »Aber dies ist ja ganz raffinierter Luxus! Sie muß reich geworden sein!«

Nach kurzem Warten sah er, daß sich die wundervolle, in kühnem Bogen niedersteigende Treppe mit dem Durcheinander von Farben und Formen und Bewegung füllte, wie sie das Zusammenspiel modekünstlerischer Ideen nebst deren individuellen Ausartungen und Einschränkungen hervorbringt.

Ein paar Damen in dunklen Promenadenkleidern raschelten mit den falbelbesetzten*, in leuchtenden Farben prangenden Seidenunterröcken die Treppen herab. Um die kleinen Gesichtchen und über die Taillen flatterten umfangreiche Federboas und üppige Tuffe künstlicher Blumen umgaben die Chevellüren** unterhalb und oberhalb der Hutkrempen, vorn und hinten.

Neben diesen Schmetterlingsblüten der dermals letzten Frühjahrsmode ließ sich ein männliches Wesen erkennen,

* rüschenbesetzt

** franz. chevelure: Federkrone

mit müdem Gesicht und einem Überrock á la Biedermeier: lange Schöße, kurze Taille.

Und noch jemand: »Als ginge die Kirche neben der Welt«, dachte der im Kapellchen Wartende. Die schlanke, mittelhohe Erscheinung trug ein braunes Gewand, das in losen Falten fast geradlinig von den Schultern bis zu den Füßen niederwallte und nur leicht in der Taille zusammengefaßt war durch eine starke, aus schmalen Lederriemen geflochtene Schnur. Der Hals war, entgegen der hochkragigen Tagesmode, bis zum Büstenansatz bloß und trug frei und stolz einen dunkellockigen, dunkeläugigen Knabenkopf von strenger Schönheit.

Der Mönch Ekkehard hätte so neben der Herzogin und dem Fräulein Praxedis die Schloßtreppe hinuntersteigen können; doch freilich hätte er in der Gegenwart der geliebten Frau nicht diesen Ausdruck trauernden, frierenden Alleinseins gehabt.

Der in der Kapelle hatte in dem »Mönch« diejenige erkannt, die er suchte: die Fotografin Maria Margarethe Wildenau.

Aber er mochte nicht vorkommen, solange noch diese modischen Menschen in geschäftlichem Ton mit Maria Margarethe über Probebilder, Zeit der Fertigstellung und dergleichen verhandelten.

Es war ihm, da er in seinem Schlupfwinkel beobachtend stand, als habe ihn ein Blick der dunklen Augen gestreift und erkannt. Doch wenn dem so war, dachte sie wohl wie er und schob die Begrüßung auf.

Jedenfalls nahm sie keine Notiz von seiner Anwesenheit, sondern leitete ihre Kunden in gemessener Höflichkeit zu der tönenden Tür, die sie selbst hinter ihnen schloß.

Und das »kling, kling, klang, kling!« folgte jenen wie ein leises Lachen.

Nun kamen sie aber rasch einander entgegen, sie und er.

»Welche unerwartete Freude!« sagte Maria Margarethe

lebhaft. »Sie sind in Dresden, lieber Jano? Wo kommen Sie her?«

Er ergriff ihre Hand, sah ihr forschend in die Augen und antwortete nach einer kleinen Gedankenpause etwas zerstreut: »Von weit her.«

»Was führt Sie nach Dresden?«

»Der Wunsch nach dieser Stunde.«

Sie lachte erfreut. In diesem Lachen lag eine Bescheidenheit, die ihn erstaunte.

»Heißt das: Ich soll Sie fotografieren?« fragte sie schelmisch.

Er schüttelte den Kopf.

»Nach nichts auf der Welt habe ich geringeres Verlangen. Aber danach verlangt mich: zu hören, wie es Ihnen geht und ob Sie mir über all Ihre Erfolge weg etwas von Ihrer schönen, warmen Freundschaft aufbewahrt haben!«

»Das will ich Ihnen nachher ›bei mir‹ sagen.«

Nach diesem dunklen Ausspruch ließ sie ihn fürs erste stehen, um einiges Geschäftliche mit der jungen Empfangsdame zu besprechen. Wie klar ihre Stimme, wie präzis ihre Ausdrucksweise, wie kurz und vernünftig ihre Anordnungen!

Ja, sie war ein außergewöhnliches Wesen.

Nachdem Maria Margarethe das schreibende Fräulein beurlaubt hatte, bat sie den Freund, ihr zu folgen.

Sie geleitete ihn durch ein Pförtchen, das einer uralten Burg anzugehören schien, und durch einen Gang, der kreuzgangartig einen Innenhof auf vier Seiten umgab. Kleine, dicke Bündelsäulen, die weder ägyptisch noch assyrisch waren, aber erst recht nicht griechisch oder gothisch, begrenzten, durch flache, wunderlich verschobene Bogen miteinander verbunden, die Hofseite, während die Wand gegenüber mit Thüringer Landschaftsfresken von Schulze-Naumburg geschmückt war.

Mitten in dem grasbewachsenen Hof stand eine Pappel und darunter eine steinerne Bank.

»Ist dieser Märchenpalast Ihr Eigentum?« fragte er staunend.

»Ja.«

»Ihre eigene Fantasieschöpfung?«

»Nur zum kleinen Teil. Das Beste daran taten einige mir befreundete Künstler. Wir wollten einmal etwas außerhalb der abgenutzten Vorbilder, ganz nach unserem Gefallen und unseren Einfällen. Und so wurde dies.«

Ihm blieb seltsamerweise das »wir« und »unser« ihrer Antwort in der Luftröhre stecken, ohne daß er sich über das »warum« hätte Rechenschaft geben können. Als er es still hinabgewürgt hatte, bemerkte er mit der Bissigkeit des Neides:

»Sie scheinen geradezu brillante Geschäfte zu machen.«

»Ja, es geht ganz gut«, gab sie zu; »Aber ich arbeite auch wie eine Maschine – ohne Rast.«

Der Säulengang mündete auf einige geschweifte Marmorstufen, die zu einer Art Altan aufstiegen. Von dort führte ein neues Burgpförtchen in Maria Margarethens Privathäuschen.

Dies Hinterhaus war weniger prunkvoll als das vordere, aber nach den gleichen Ideen ausgeführt.

Nur daß es ungewöhnlich kalt und leer war.

Ein unbehaglicher Geruch von frischem Kalkbewurf machte sich im Treppenhaus bemerkbar und in dem Speisezimmer, in das sie ihn führte, roch es nach Ölfarbe und neuen Möbeln.

Nirgends rührte sich etwas. Nur eine große, wunderlich geformte Uhr tickte sehr vernehmlich. Maria bat ihn, sich zuhause zu fühlen, und machte sich an dem Anrichteschrank zu schaffen.

»Wohnen Sie ganz allein?«

»Ja. Wer sollte bei mir wohnen?«

»Da essen Sie in diesem Saal an dieser Tafel mutterseelenallein? Alle Tage?«

»Ja, natürlich.« Sie lachte wie in Selbstverspottung kurz

auf. »Wenn ich nämlich etwas zu essen kriege! Mein Dienstpersonal verbummelt leider ganz und gar, weil ich gar keine Zeit hab', mich um sie zu kümmern. Jetzt zum Beispiel müßte das Gabelfrühstück* längst auf dem Tisch stehen, meine Damen ziehen aber vor, sich auf der Straße zu unterhalten, obwohl sie wissen, daß ich müde und hungrig aus dem Atelier komme und so wenig Zeit habe.«

Während sie diese Klage führte, stellte sie selbst Brot und Butter und ein Cabaret** mit Wurst und Käse auf den gedeckten Tisch.

Es lag eine unfreudige Müdigkeit über ihrem Hantieren. Offenbar war sie sehr des Ausruhens bedürftig.

»Jetzt hab' ich Ihnen wahrhaftig nichts vorzusetzen, als diese Restchen Wurst und Käse«, sagte sie stirnrunzelnd. »Zum Glück kann ich Ihnen wenigstens einen wirklich guten Wein anbieten.«

»Ich trinke keinen Wein.«

»Bier oder Schnaps vielleicht? Damit kann ich aufwarten.«

»Nichts von alledem, danke.«

»Totaler Anti-Alkoholist?!« rief sie entsetzt.

»Ja.«

»Aus Prinzip?«

»Ja. Man muß lernen, ohne die Nachhilfe dieser Nerven- und Gehirngifte zu leben.«

Sie sah ihm nachdenklich zu, während er sich ein Butterbrötchen mit Käse belegte, und schwieg.

»Warum nehmen Sie eigentlich keine Haushälterin?« fragte er dann.

Sie stützte die Innenflächen der Hände gegen die Tischkante und legte sich in den Stuhl zurück.

»Das ist nichts.«

»Warum nicht?«

* Kleine Mahlzeit am Vormittag oder Mittag
** Schüssel mit mehreren Teilen

»Das will ich Ihnen sagen: Wäre sie unter meinem Stand, einfach eine bezahlte Kraft, dann würde sie es, da sie den ganzen Tag sich selbst überlassen bliebe, bald nicht anders machen als die Mädchen. Wäre sie aber meinesgleichen, so müßte ich sie auch zu meiner Freundin machen. Und dabei würde eine übergroße Intimität herauskommen. Meine knappen Erholungsstunden müßte ich ihr widmen. Denn Sie müssen ins Auge fassen, daß ihre ganze Tätigkeit sich doch um mich und mein Behagen drehen würde. Dann also gäbe es zwei Eventualitäten, die mir gleich abstoßend scheinen. Entweder wir sind einander unsympathisch, dann hielte ich so ein störendes Etwas in täglicher Nähe einfach nicht aus, oder wir lieben uns. Und dann entsteht so ein übertriebenes und ungesundes einander Verzärteln, solche Unzertrennbarkeit, wie man es unter Frauenzimmern allzu häufig findet. Ich halte das für geistige Stickluft und hüte mich davor.«

»Hm«, machte er. – »Haben Sie nie daran gedacht, zu heiraten?«

Sie errötete wie ein Backfisch und lächelte mit einem breiten Lächeln, das ihre Zähne zum Vorschein kommen ließ, Zähne von etwas kränklicher Durchsichtigkeit mit hie und da einer kleinen Goldplombe.

Nach sekundenlangem Überlegen sagte sie mit der vornehmen Ehrlichkeit, die er besonders an ihr schätzte:

»Daran gedacht hab' ich in letzter Zeit oft und möchte auch wohl, aber ich finde keinen Mann.«

»Warum nicht gar!« rief er aus. »Ein schönes, kluges, vermögendes Mädchen wie Sie hat doch die Wahl!«

»Nein, aber so wie ich ihn brauchen kann, finde ich wirklich keinen.«

Er schaute sie verwundert an.

»Machen Sie so horrende Ansprüche, Maria Margarethe?«

»Nein, nur zwei ganz bescheidene: Er muß mir gefallen und er muß mein Haus in Ordnung halten.«

Er lachte laut.

»Ihnen den Haushalt führen? Die Küche beaufsichtigen? Ihren Gästen die Honneurs* machen? Wie?«

»Ja, sehen Sie, wie Ihnen nun das gleich lächerlich scheint«, sagte sie achselzuckend und etwas ärgerlich. »So seid ihr eben alle. Was außerhalb eurer gewohnten Ordnung liegt, scheint euch absurd. Als ob diese Einrichtungen eher dagewesen wären, als die Menschen, die sie sich nach ihrem derzeitigen Bedarf gemacht haben. Ich brauche einen Mann da, wo ich mir selbst nicht recht helfen kann.«

»Einen Hausmann!« lachte er. »Übrigens: warum nicht? Wer weiß, was für glänzende Fähigkeiten unsereins dabei entwickeln würde.«

»Ja, nun haben wir aber meine Angelegenheiten zur Genüge erörtert«, erklärte sie. »Nun möcht' ich endlich einmal von Ihnen hören, Jano. Wie ist's Ihnen ergangen, seit wir uns nicht gesehen haben. Sechs Jahre sind es mindestens her, daß wir in Rom gemeinschaftlich die Welt auf den Kopf stellen wollten!«

Er seufzte. »Sieben Jahre – ja.«

»Ich weiß, daß Sie inzwischen ein großer Dichter geworden sind. Wer wüßte das heute nicht? Man nennt den Namen Jano mit der gewissen Selbstverständlichkeit. Ich bin stolz auf meinen Freund.«

Seine Heiterkeit hatte ihn ganz verlassen. Düster starrte er vor sich hin.

»Ein großer Dichter!« lachte er ingrimmig auf. »Du lieber Gott! Ich hätt' es werden *können*, das weiß ich wohl, wenn der verfluchte Mammon nicht wäre, dieser Moloch, der uns zu Fronarbeit zwingt und uns bei lebendigem Leibe das edelste Herzblut aussaugt. Gott allein weiß, wie's der Kulturmensch machen soll, ohne Moneten gesund zu essen und zu wohnen und sich anständig zu kleiden! Ich für mein armes Teil habe es jedenfalls noch nicht

* Gäste empfangen und ihnen die nötige Aufmerksamkeit erweisen

herausgekriegt. Ich muß ein gewisses Maß von Komfort um mich haben, und das läßt sich für das lumpige bißchen Honorar, was mir meine Dichtungen einbringen – die, die ich selbst anerkenne – nicht beschaffen. Und darum ist es mir nicht vergönnt, in andachtvoller Sammlung zu warten, bis der Gott mich zu reden treibt, sondern ich muß meine armseligen Gedanken zusammenkehren und schmackhafte Ragouts für die große Garküche des Familienblatt-Lesepublikums davon zurechtbrauen. Sehen Sie, Maria Margarethe, das ist einfach der Tod des Genius! Aber was soll ich machen?! Ich kann nicht in abgeschabten Röcken mit spiegelnden Nähten und in zerrissenen Handschuhen herumgehen! Ich *kann* nicht vier Treppen hoch in einer kribbelnden Mietskaserne wohnen! Ich *kann* nicht billiges, unappetitliches Essen essen! Ich brauche das gute Essen, die guten Kleider, die gute Wohnung, wie ich Luft zum Atmen brauche.«

Er hatte mit Erbitterung gesprochen. Sein Gesicht drückte bis zum Ekel gehenden Widerwillen aus.

Sie hatte ihn bekümmert angehört. Plötzlich kam ein Aufleuchten in ihre Augen und überglänzte ihr ganzes Gesicht, daß es war wie Mondlichtblinken auf dunklem Gewässer. Sie erschien ihm überwältigend schön in diesen Momenten des Leuchtens.

Schweigend stand sie auf und holte von einem Büchergestell ein in Juchten kostbar gebundenes, kleines Buch. Das hielt sie ihm hin.

»Schöner Einband; sehr schön«, meinte er mit Liebhaberblick.

Sie schlug das Titelblatt auf. Da erst erkannte er sein eigenes Buch, sein Erstlings- und Meisterwerk: »Die Sonnenkinder«.

»Es ist mir wie ein Freund«, sagte sie innig.

Er überflog einige der Verse mit den Augen und seine Miene erhellte sich.

»Also das ist Ihnen lieb geworden, Maria Margarethe?«

»Sehr. Und die Gedichte auch. Wenn Sie mir doch ein paar schöne Stellen aus den ›Sonnenkindern‹ vorlesen wollten! Ich habe mir immer den Klang Ihrer Stimme und Ihren Tonfall dazu denken müssen.«

Sie sprach so mild, als spräche sie zu einem Kranken.

Er ließ sich willig einlullen, nahm sein Buch und las darin – und seine Seele war auf seinen Lippen.

Der Klang seiner alten Gesänge und ihr Inhalt berauschten ihn wie ein starker Wein. Er wurde lebhaft, feurig, redselig – fing an, von der modernen Kunst zu sprechen und von den Künstlern, die er bewunderte. Seine Wangen röteten sich wie im Fieber und seine Augen flammten im Feuer der Kunstleidenschaft.

Inzwischen hatte die endlich zurückgekommene Köchin allerhand Speisen aufgetragen, von denen die zwei wenig angerührt hatten.

Eine Uhr schlug zwei und noch eine – und noch eine. Da unterbrach ihn Maria Margarethe mitten in einer scharfsinnigen Definition.

»Ich muß an meine Arbeit.«

Rasch stand er auf.

»Wie ich die Kürze dieser Stunde bedaure!« sagte er lebhaft. »Darf ich recht bald wiederkommen?«

»Am liebsten heute abend!« antwortete sie.

Er war den ganzen Nachmittag im Märzsturm durch den ›Großen Garten*‹ gewandert, in dessen öden endlosen Alleen er ungestört über sich und Maria Margarethe hatte nachdenken können. Oft hatte er dabei nach der Uhr gesehen und gefunden, daß die Zeit heute einen unnatürlich langsamen Schritt ging. Konnte sie sich etwa nicht trennen von diesem tauwindumschnobenen, schmutziggrauen Vorfrühlingstag?

Zuletzt war er in eine Blumenhandlung gegangen und

* Parkanlage in Dresden

hatte für viel Geld eine große Menge Rosen gekauft, so viel, wie er irgend tragen konnte.

Die ›Abundantia‹ fand er so schön.

So brachte er ihr beide Hände voll Rosen.

Sie lächelte und dankte mit der Befangenheit, die Frauen an sich haben, denen das Entgegennehmen von zarten Spenden etwas Ungewohntes ist.

»Das sind ja schrecklich viele«, sagte sie; »die gehen gar nicht in eine einzige Vase.«

»Die sollen auch gar nicht in eine Vase, auch nicht in zwei«, erklärte er lebhaft. »Die sollen so einfach um Sie herum liegen und für Sie duften heute abend. Morgen sind sie welk und man wirft sie fort. So! So!«

Er streute die Rosen über den Diwan, auf dessen Fußende sie saß, über ihr Kleid, den Tisch, den Teppich.

»So. Das ist nun, wie es sich gehört. Schöne Frauen und Blumen passen so gut zu einander.«

»Wie fantasievolle Kinder und Dichter«, meinte sie. »Sind Sie nicht oft ein Kind?«

Sie saß steif da und sah lächelnd seinem Treiben zu.

Nun stand er und überschaute musternd das Zimmer.

»Man sieht allem zu sehr an, daß Sie meist nicht hier sind«, fand er. »Die Dinge könnten ebensogut beliebigen anderen gehören. Jeder Stuhl müßte von Ihren häuslichen Gewohnheiten und Liebhabereien etwas verraten. Schöne Formen und Farben allein tun es noch lange nicht. Man muß die Umgebung mit Leben und Seele füllen.«

»Das können Sie«, sagte sie sanft, »weil Sie ein Dichter sind und allem, was mit Ihnen in Berührung kommt, etwas von der Fülle Ihres Wesens abgeben. Ich kann es nicht. Ich liebe Schönheit und Kunst. Und ich umringe mich mit dem Schönsten, was ich ausdenken kann. Aber manchmal hab' ich den Eindruck, als würden die Dinge kalt und stumm unter meinen Händen.«

Die Dienerin brachte Tee und Wein und allerlei pikante Leckerbissen.

Nachdem sie ein wenig gegessen und getrunken, wobei er mehr gesprochen, sie mehr zugehört hatte, bot sie ihm eine Zigarette an.

Er lehnte ab. »Ich rauche nicht.«

»Niemals?«

»Niemals.«

»Schade. Es ist eine feine Marke.« Sie selbst zündete sich eine Zigarette an und blies kleine Rauchringe in die Luft. Dabei ruhte sie in halb liegender Stellung auf dem Diwan, so nämlich, daß sie mit dem Oberkörper auf dem Kopfpolster lag, während sie im übrigen saß, die Füße auf dem Teppich.

Diese Stellung ward ihr unbequem, und, mit einem stummen Blick seine Erlaubnis erbittend, hob sie ihre Füße auf den Diwan. Darauf deckte er eine mit zartem blaßrosa Seidenplüsch gefütterte, weiße Felldecke über ihre Knie.

»Wie ein junges, weißes Hündchen«, sagte er lächelnd von der Decke, »wie die Öhrchen eines weißen Hündchens.«

Er setzte sich in einen Sessel nahe dem Kamin, in dem kein Feuer brannte, und schaute zu, wie sie rauchte.

Da lachte sie ihn schelmisch an.

»Jetzt denken Sie: Das müßte anders sein. Schöne Frauen und Tabaksrauch, das gehört nicht zusammen. Nicht wahr, Herr Dichter?«

»Ich kann's nicht leugnen«, antwortete er lächelnd, »dieser Kamin wäre viel schöner, wenn Holz darin krachte und weiße, blaue und rote Flammen züngelten. Und Ihr Mund ist viel schöner, wenn er nicht die Umrahmung einer Tabaksrolle bildet. Wenn ich hier als Ihr ›Hausmann‹ den Pantoffel schwänge, würde ich manches schleunigst ändern.«

»Sie würden mir vielleicht das Rauchen verbieten wollen?«

»Nein – ich sehe ja, daß das Aroma, welches Sie in den kleinen blaßblauen Rauchwölkchen umschwebt, Ihnen Erhöhung des Behagens schafft. Nein, ein ›Xantipperich‹ würde ich ja gerade nicht sein . . .«

Er brach ab, als ließ er etwas ungesagt.

»Aber?« ermunterte sie.

»Ja, als ›Hausmann‹, als Ihr Mann, würde ich von Zeit zu Zeit bitten: ›Liebe Frau, habe doch die Gnade, dich ein oder zwei Tage des Rauchens zu enthalten. Ich möchte dich gern einmal küssen‹.«

Sie lachte, wie um sich über eine kleine Befangenheit fortzuhelfen. Dann sagte sie:

»Warum lassen sich die Frauen tabakrauchender Männer nicht stören?«

»Im Küssen?«

»Ja.«

Er strich mit der Hand über seinen kurzen Kinnbart und machte ein tiefsinniges Gesicht.

»Ja, das ist eine schwierige Frage. Manche behaupten, Frauen hätten minder empfindliche Geruchs- und Geschmacksnerven.«

»Unsinn!« entgegnete sie. »Ich will es Ihnen sagen: weil Frauen nicht *halb* lieben, wie ihr Männer; zur Hälfte die Wirklichkeit und zur Hälfte ein nirgends existierendes Ideal – sondern *ganz*. Sie lieben euch mit Haut und Haar, wie ihr eben seid, mitsammt Tabaksgeruch und struppigen Bärten und allem anderen.«

Er lächelte amüsiert.

»Wie euch modernen Frauen alles unter den Händen zu einem Argument für die höhere Natur eures Geschlechts wird! Ganz ungewollt. Wie beim Gelehrten, der sich in eine wissenschaftliche Behauptung verliebt hat: Er sieht in allem nur noch Beweise. Für das andere ist er farbenblind geworden.«

»Widerlegen Sie mich doch, wenn Sie können.«

»Gerne. Warum Rauhes und Unschönes die Frau beim Mann weniger stört, als den Mann bei der Frau? Aus dem einfachen Grund, weil das Rauhe, Häßliche mit dem Inbegriff echter Männlichkeit keineswegs unvereinbar ist; aber gänzlich unvereinbar mit dem echter Weiblichkeit.«

Sie zuckte die Achseln. »Ein Gemeinplatz.«

»Gemeinplätze sind manchmal trotzdem Wahrheiten.«

Es entstand eine Pause. Dann sagte sie:

»Nun erzählen Sie mir ein bißchen, wie Sie auf Reisen ›Zeit und Geld vertan‹!«

Er erzählte.

Sehr bald bemerkte er, wie sie die eben angerauchte neue Zigarette in das neben ihr stehende Aschenbecherchen legte. Natürlich tat er nicht desgleichen, aber es freute ihn. Bald jedoch vergaß er sie und das Rauchen und alles über den heraufbeschworenen Erinnerungen. Als er endlich schwermütig schwieg, war es so still im Zimmer, daß er schon glaubte, sie sei auf ihrem Diwan eingeschlafen.

Da sagte sie mit ihrer tiefen, klaren Altstimme:

»Nehmen Sie zehntausend oder fünfzehntausend Mark von mir als Darlehen, Jano. Sie müssen durchaus in Stand gesetzt werden, das Ausreifen Ihrer Dichtungen in Ruhe abwarten zu können!«

»Maria Margarethe, Sie sind ein Engel an Güte!« rief er. »Aber womit sollte ich Ihnen das je zurückzahlen? Was verdiene ich denn mit sogenannten Meisterwerken, lyrischen ›Perlen‹ und unbühnenmäßigen, dramatischen Gedichten? Wer liest meine *guten* Werke? Wer kauft sie? Ein Dutzend Freunde und einige Dutzend literarische Kenner. Davon kommt kaum der Verleger auf seine Kosten.«

»Um das Rückzahlen brauchen Sie sich keine Sorge zu machen, Jano. Setzen Sie mich einfach zur Alleinerbin Ihres literarischen Nachlasses ein. Da komm' ich schon auf meine Rechnung.«

Er lachte.

»Ich bin ja wohl zehn Jahre älter Sie, trotzdem könnte es sich ereignen, daß Sie etliche Pferdelängen vor mir durchs Ziel kämen. Nein, in diesem Fall würde ich als anständiger Mensch mich verpflichtet fühlen, meinem Leben selbst ein Ende zu machen.«

Sie hatte sich aus ihrer Ruhelage emporgerichtet.

»Seien Sie nicht hartköpfig!« rief sie ungeduldig. »Ich will doch nur tun, was eigentlich alle tun müßten. Daß ein wirklicher Dichter seine unermeßlich wertvollen Gaben verkümmern lassen soll, weil ihm das Geld zum Leben fehlt, ist unerhört! So etwas dürfte unter einem Volk, das Anspruch auf Kultur macht, gar nicht möglich sein! Ein einziges, kleines Lied wie Ihre ›Einsamkeit‹ ist ja mit allen Millionen Rothschilds nicht zu erkaufen.«

Er sprang auf, schritt hastig im Zimmer auf und nieder und stellte sich dann vor sie hin.

Sie erschrak. Wie sah er aus! Die Haut fahl, die Züge verkrampft, die Augen erloschen, als komme er gerad' von einem Ringen auf Tod und Leben.

»Ich habe Sie getäuscht, Maria Margarethe!« sagte er rauh, »Ich bin viel ärmer als Sie glauben.«

Sie starrte ihn verständnislos an.

Er blickte auf die Haufen müder Rosen, die um sie her lagen und die zu klagen schienen, daß ihr süßer Duft von Tabaksrauch übertäubt worden. Ihm kam seine Spielerei mit einem Mal wie eine alberne Farce vor. Der Einfall mit den Rosen war nicht einmal neu, nicht einmal sein eigener. Er hatte gestern im Eisenbahnwagen so etwas in einer eben erschienenen Novelle gelesen. ›Vor dem Erwachen‹* hieß die Novelle. Dies nun gleich nachzuäffen, war doch zu abgeschmackt, gerade wie sein Gejammer um Geld und Freiheit, damit er wieder Meisterwerke schaffen könne, solche, von denen sie dann fand, daß sie mit allen Millionen Rothschilds nicht zu bewerten seien! Nein, wenn er sich selbst wieder ertragen wollte – fort mit der Pose und Ehrlichkeit um jeden Preis!

Er setzte sich auf den hölzernen Drehschemel vor ihrem Schreibtisch und zwang sich zur Ruhe.

»Jetzt werde ich Ihnen anvertrauen, was ich keinem

* Novelle von Lou Andreas-Salomé, enthalten in ihrem Novellenband »Menschenkinder« (1899).

Menschen außer Ihnen zugeben würde«, begann er. »Es wird mich mit einem Schlag um Ihre hohe Meinung bringen – völlig. Das will ich als eine Art Sühne auffassen, denn es ist mir *gar* nicht gleichgültig, was Sie von mir denken. – Ich bin *nicht* der, als der ich mich heute vor Ihnen aufgespielt habe. Ich bin nicht *der* Dichter, dem es nur an der nötigen Muße fehlt, um unsterbliche Werke zu schaffen. Keine Reichtümer der Welt können mir dazu helfen. Meine Fantasie ist lahm geworden, mein Gehirn ist einfach aufgebraucht, meine Nervenkraft am Ende! Ich bin erschöpft, leide an der kläglichsten, geistigen Impotenz und was ich noch schreibe – denn ich schreibe, um zu existieren, das ist leeres Zeug, Schalen, Treber, gut allenfals für den Bedarf der Tagespresse, aber nichts, was nur den leisesten Anspruch auf Kunst machen darf ...«

Sie streckte ihm in entsetzter Abwehr beide Arme entgegen, mit einer ihrer impulsiven, großen Gesten, die so einfach und schön waren, und dabei fielen die weiten Ärmel des braunen Mönchsgewandes zurück und ließen die schlanken, elfenbeinweißen Arme bis über die Ellenbogen frei. In all sein Elend hinein traf ihn der schöne Anblick. Besonders reizend erschien ihm ein Armband, eine goldene Schlange mit Rubinaugen, die sie oberhalb des Ellenbogens trug, so daß sie für gewöhnlich nicht sichtbar war.

»Sie sprechen aus einer verzagten Stimmung heraus«, sagte sie. »Welchem Künstler bleiben die erspart? Von den Größten hört man, daß sie zuweilen an ihrem Können verzweifeln und meinen, nun sei es für immer aus. Goethe sogar weiß von solchen Stunden.«

Er lächelte gerührt. »Sie sind eine liebe Trösterin!«

»Nicht Trost, Überzeugng ist es!« rief sie lebhaft. »Sie mögen sich selbst verleugnen und schmähen, wie Sie wollen, mich machen Sie nicht irre. Denn Sie sind und bleiben der Dichter der Sonnenkinder.«

Er bückte den Kopf und umfaßte seine Knie mit den Händen.

»Haben Sie nie gehört, daß jemand ein vorzügliches Buch schreibt und dann nichts mehr? Gar niemals mehr?«

Sie seufzte und schwieg.

Nach einer Pause fuhr er fort:

»Und das würde gar nichts schaden! Wem es gelang, sich ein einziges Mal ganz auszusprechen und so auszusprechen, daß es im Hohenlied der Menschheit forttönt, in den Herzen der Besten mit- und nachtönt, der kann sich ruhig hinlegen und schlafen! Es ist nichts Geringes, was er gekonnt hat. Das Elend ist aber, daß die, die sich mit einem Sang ausgesungen haben, fast nie ein Ende machen können. Ja, auch ich, der ich das so deutlich erkenne, so schmerzhaft empfinde, ich erniedrige mich wie die anderen, ich sündige auf den Namen hin, den mir die Inspiration einiger kraftüberstrotzender Jugendjahre eingetragen hat! Ich ersinne ohne Freude Novellchen mit dem beliebten guten Ausgang, schmiere seichte Feuilletons zusammen, erquäle noch dann und wann ein paar Verse in der alten Manier, von denen meine Anhänger dann sagen: ›Nichts Neues, immerhin aber wieder 'mal ein echter Jano‹. – Und alle diese ruchlose Sünde gegen den heiligen Geist, nur weil mein Name einmal etwas gilt und es darum die mir bequemste Art ist, zu erwerben. Aber mit welchem Ekel! Mit welchem Verlust an Selbstachtung! O, heiliger Himmel!«

Er wandte sich dem Schreibtisch zu, stützte die Ellenbogen auf und legte die Stirn in die Hände.

Draußen in der stillen Nacht tönte eine Turmuhr; gleich darauf noch eine und noch eine. Da fuhr er zu reden fort:

»Natürlich ist mir die ganze Hoffnungslosigkeit meiner Sterilität nicht mit einem Mal aufgegangen. Auch ich hab' mir anfangs gesagt: Das geht vorüber! Ist eine naturgemäße Reaktion. Und hab mich mit dem alten Lied vom Brachliegenmüssen des Ackers beruhigt. Und dann hab' ich die flügellahm gewordene Fantasie gehegt und gepflegt wie eine kranke Majestät, die sie ja auch war. Ich habe Regenerationskuren gebraucht. Ich habe mich in den Menschenstrudel gestürzt, um mich anzuregen, ich bin in die Einsamkeit geflüchtet, um mich zu sammeln. Alles umsonst. Die Schaffenskraft kam nicht wieder, nicht da, nicht dort. Ihre Schwingen sind nach kurzem Sonnenflug irgendwie zerbrochen. Und ich, der ich mich meiner Impotenz schämte, spielte die elende Komödie weiter – log ...«

Er brach ab, weil sie eine hastig abwehrende Bewegung gemacht hatte.

Als sie in ihrem Schweigen verharrte, fuhr Jano fort:

»Ja, ich nenne endlich einmal das Kind mit seinem Namen. Es tut der Seele wohl wie ein Reinigungsbad. Sehen Sie eine selbstauferlegte Buße darin, daß ich vor Ihren schönen, gläubigen Augen die Lord-Byron-Drapierung herunterriß, um mich Ihnen in meiner elenden Blöße zu zeigen. Es ist eine besondere Art Huldigung, keine anmutige – aber glauben Sie mir: es ist eine. Und nun will ich Sie nicht länger belästigen.«

Er blieb vor ihr stehen und streckte ihr die Hand hin.

»Ich will gehen.«

Sie hatte das Gesicht in die seidenen Polster des Diwans gedrückt.

Nun richtete sie sich auf.

Ihre Augen waren naß. »Ich habe dich lieb«, sagten diese zärtlichen Augen, »auch so – nun erst recht.«

Das sagten ihre Augen – ihr Mund drückte es anders aus.

»Jano! Hören Sie, ich mache Ihnen jetzt einen sehr ernsthaften Vorschlag. Wir haben uns gern. Werfen wir rasch unsere beiden halben Existenzen zusammen und machen wir eine ganze daraus. Eine schöne, volle, reiche kann daraus werden. Mit einem Wort, ich meine – wir sollten uns heiraten.«

Er verlor die Fassung. Das hatte er nicht erwartet. Diese Wirkung am allerletzten!

Mit seinem heroischen Bemühen, sie ganz zu desillusionieren, hatte er erreicht, daß sie ihm einfach einen Heiratsantrag machte! Es fehlte wirklich nur, daß sie noch hinzufügte: »Ich kann, gottlob, einen Mann ernähren.«

Die lächerlichsten Redensarten gingen ihm durch den Kopf, wie »Ihr Vertrauen ehrt mich« und dergleichen. Leider fühlte er sich nur gar nicht geehrt, sondern vielmehr maßlos verletzt.

»Solange sie an meine Fähigkeit glaubte«, dachte er, »fiel ihr so etwas gar nicht ein, sondern sie bot mir Geld an. Nun ich sie aber davon überzeugt habe, daß ich zu nichts Besserem mehr tauge, soll ich ihr ›Hausmann‹ werden. Einen ›ganzen‹ Mann bekommt sie ja doch nicht zu dem, was sie will.«

Zugleich schämte er sich dieser Erwägungen in tiefster Seele. Er empfand das Kleinliche darin und konnte doch nicht darüber Herr werden. Daß er ihrer einfachen Größe nichts als verletzte Manneseitelkeit gegenüber zu stellen hatte! – Als ob sie nicht soeben sich selbst mit allem, was sie war und besaß, ihm ganz einfach dargeboten hatte! Dankbar hätte er die lieben Hände küssen müssen – gleichviel, was nachher erörtert worden wäre. Es wäre die einzige richtige Antwort gewesen. Diese Empfindungen und Erwägungen kamen mit der Schnelle des Gedankens. Dennoch nahmen sie einen kleinen Zeitraum ein, so daß ein Schweigen bemerkbar war.

Da schüttelte sie traurig den Kopf und sagte mit sanfter, ein wenig klagend tönender Stimme:

»Ich sehne mich so sehr nach einem Mann, der mir hilft und ein bißchen für mich sorgt und den Teil des Tageslebens auf sich nimmt, für den meine Kraft nicht mehr reicht. Denn ich bin sehr allein und oft so müde. Immer nur Arbeit und Arbeit. Öde, trockene Arbeit oft. Von der komme ich ermattet nach Haus und da könnte ich aufleben, wenn ich dann nur hätte, was mir not tut. Aber da ist nichts Auffrischendes, nichts Belebendes, nichts Ablenkendes, nichts, was mich warm und stark umsorgte. Tag für Tag füllt sich meine

Kasse, man bewundert, bestaunt, beneidet mich – und ich friere mich dabei zu Tode.«

Sie schwieg, sah mit großen Augen vor sich hin, als ob sie ihn nicht mehr sähe, und fuhr nach einer Weile mit weicher Stimme fort:

»Ich träumte oft, es käme ein Mann, groß genug, um nicht eitel zu sein, stark genug, um einfach gütig sein zu können, in sich reich genug, um nicht um Rechte zu markten, sondern schenken, verschwenderisch schenken zu können. Er müßte Liebeskraft haben und ein Dichtergemüt, daß er meine leeren Stunden mit Licht und Wärme füllen könnte. Und so spräche er zu mir: Von heute an will ich für das Licht und die Wärme und die Freude in deinem Leben allein sorgen. Ich will dich unter meine großen Flügel nehmen und dir dein Leben zu einem Märchen dichten.«

Sie wandte sich halb zu ihm und sagte zärtlich leise, wie verstohlen:

»Sein Gesicht und seine Stimme glichen sehr den Ihren, Jano. Aber ...« seufzend wandte sie sich von ihm ab ... »solche Männer gibt es leider nicht; ihr könnt euch nicht entschließen, das abgetragene Kleid eurer sogenannten Männerwürde von euch abzustreifen als etwas, das in dieser Form doch keinen Wirklichkeitssinn mehr hat. Gerade das wäre doch männlich! Aber ihr klebt alle am Schein, an der Form.«

Sie hatte sich erhoben, stand vor einer Klingerschen Radierung, die niedrig an der Wand hing, sah sie an und wußte gar nicht, daß sie etwas ansah.

Ihr ihm zugewandtes Profil erschien wie aus gelblich bleichem Marmor geschnitten, hart in den Linien und fest.

Wo war die wundervolle Weichheit, die ihn eben noch entzückt hatte? Verschwebt wie ein Duft, wie ein Traum, der niemals etwas Wirkliches gewesen.

Vielleicht zeigte sie sich ihm nie wieder?!

Ihm wurde mit einem Mal so weh, so sehnsuchtsbang, als habe er soeben ein Kleinod, das aus finsteren Meeresfluten für ihn emporgetaucht, statt es zu fassen, auf Nimmerwiederkehr versinken lassen. Da vor seinen Augen schwebt es nieder, tiefer, tiefer – noch spielen Ringe auf der Flut, da wo es sank, weiten sich, werden dünner, silberschimmernder – verschwinden. Verloren! Verloren! –

Wie ein Alp drückte ihm Angstgefühl die Brust zusammen.

»Maria Margarethe!« kam es ihm heiser von den Lippen.

Langsam, ruhig, gleichgültig beinah wandte sie sich nach ihm um. Ihr Blick schien zu sagen: sind Sie denn noch da?

»Ja, es ist spät«, bemerkte sie; »Sie müssen gehen.«

So sollte er abgetan sein?! – So ganz bündig? –

Er wollte nicht. Das nicht.

»Ich darf doch wiederkommen?« fragte er mit erkünstelter Unbefangenheit.

Jetzt sah sie ihn etwas erstaunt an. »Lieber nicht«, entschied sie nach einem kleinen Zögern.

Da trat er rasch auf sie zu, griff mit einer heftigen Bewegung nach ihren beiden herabhängenden Händen und hielt sie fest.

»Jetzt werfen Sie mich weg wie einen Gegenstand, der zu nichts mehr zu brauchen ist!« stieß er leidenschaftlich hervor. »Tun Sie das nicht, Maria Margarethe! Nicht Sie! Nicht auch noch Sie!«

Da stahl sich über ihre Züge wieder das Lächeln, das ihn an Mondlichtblinken auf Waldseen erinnerte. Sie entgegnete:

»Ich? Wie denn? Sie sind es ja, der mich wegwirft. Bitte, halten Sie sich das hübsch vor Augen, Ihrem Stolz zur Genugtuung. Was mich betrifft, so kann ich auf dergleichen kleine Genugtuungen verzichten. Ich verzichte *gern* darauf.«

Er ließ ihre Hände sinken.

»Auch noch Hohn und Spott! – Nun ja. Ich habe es verdient. Aber ich will ja alles, was Sie von mir verlangen!«

Sie zog die Brauen hoch, sah ihm ein paar Sekunden scharf in die Augen, schüttelte dann den Kopf und machte mit der rechten Hand eine unwillkürliche Bewegung der Abwehr.

»Nichts mehr davon heute.«

»Aber morgen?! Ja?«

Sie schwieg. Es fiel ihm auf, wie blaß sie geworden war, wie die kleinen Fältchen um die schönen Augen sich markierten und die Schatten unter den Augen schwarz aussahen. Sie schien zum Umsinken müde zu sein, und jetzt noch weiter in sie zu dringen, wäre brutal gewesen. Darum sagte er nur noch: »Auf morgen!« Dann ging er.

Er schlief recht wenig in dieser Nacht, sondern wälzte sich in seinem Hotelbett von einer Seite auf die andere.

Immer wieder überdachte er in der aufgeregten Hilflosigkeit des Halbschlafs das Eine, bis die Morgendämmerung mit blassen Augen durch die sahnenfarbenen Zuggardinen schaute, daß sie wie Bernstein schimmerten.

Zum Küssen nah und deutlich sah er Maria Margarethens schwermütiges Gesicht mit der breiten, geraden, niederen Stirn, der Stirn der Antike unter den braunen Locken, mit den Augen, in deren Tiefen die Sehnsucht wohnte.

Immer mußte er sich ihre Worte wiederholen, insbesondere die weichen, liebevollen, zarten, und es berauschte ihn, sich ihren Tonfall und Stimmklang zu vergegenwärtigen.

Ach, sie war doch so ganz Weib, trotz aller gerühmten Unabhängigkeit und Geschäftstüchtigkeit – trotz ihres männerhaften Berufslebens. Er konnte sich ein weiblicheres Weib kaum vorstellen. Ihre Lebensweise, ihre ungesucht emanzipierten Allüren und Gewohnheiten machten das nur um so eindringlicher. Eben weil sie im Grunde ganz Weib war, mußte sie sich nach ihrer männlichen Ergänzung sehnen.

Und er? Er, der ihrer Fantasie als diese Ergänzung vorgeschwebt hatte? Liebte er sie denn nicht?

Aber was hatte ihn denn mit unwiderstehlicher Gewalt von weit, weit her, gerade nach dieser Stadt Dresden gezogen, wo er nichts zu suchen hatte als sie? Was durchtobte ihn seit gestern und ließ ihn keine Ruhe finden, außer bei ihr?

Ach, gewiß liebte er sie! Daran konnte er nicht mehr zweifeln.

Und dennoch: Sowie er sich vorstellte, daß er diese selbständige, sehr vermögende, sehr geschäftstüchtige Frau nun heiraten und sich von ihr gewissermaßen ernähren lassen solle, wofür er als Entgelt ihre Zimmer und ihre Dienstboten in Ordnung halten werde, lehnte sich alles in ihm dagegen auf.

Sie mochte reden, was sie wollte: Diese Stellung im Hause einer Frau war und blieb des Mannes unwürdig. Darauf kam er doch immer zurück.

Lieber sich so weiter durchquälen – so – er mußte bitter auflachen.

»Eigentlich ist es doch ein verflucht schäbiger Rest, die Selbstachtung, um derentwillen ich das Weib, das ich liebe und das mich liebt, aufgeben will.«

Der Wind peitschte Regen gegen die Fenster, daß die Tropfen klapperten; der Morgen wollte nicht richtig hell werden. Unlustig kam der Tag heraufgehinkt, zu seiner Stimmung passend!

Während er sich mit einiger Umständlichkeit seiner Morgentoilette hingab, dachte er, daß jetzt Maria Margarethe wohl in ihrer junggesellenhaften Häuslichkeit, in der es nach frischgetünchten Wänden roch, einsam ein nachlässig serviertes, nachlässig bereitetes Frühstück einnahm und wahrscheinlich dabei die Zeitung las, den Kursbericht mit besonderer Aufmerksamkeit.

Ihn gingen die Kursschwankungen freilich nichts an und er las für gewöhnlich auch keine Zeitungen; er haßte Zeitungen; schon ihr Anblick war ihm ärgerlich. »Brutapparate für Oberflächlichkeit und Alleswisserei!« nannte er sie, wenn er gallig war.

Nun, Maria Margarethens Augen durchblickten wohl

jetzt eben mit dem Ausdruck ruhiger Konzentration, den er so gern hatte, den Kursbericht, und der häßliche Geruch der frischen Druckerschwärze stieg in ihre feine Nase, und dabei trank sie kalt gewordenen, vielleicht nicht einmal guten Kaffee!

Mit ihren Dienstboten konnte sie offenbar nicht viel aufstellen. Die besondere Begabung, die unter den etwas ungünstigen Umständen dazu gehört hätte, mußte ihr fehlen. Er, Jano, hätte diese Küchenfeen und Kammerkatzen, die sich's zu Nutze machten, daß die Herrin meist im Atelier war, müde von der Arbeit kam und sich dann nicht mehr viel mit jenen abgeben mochte, er hätte sie schon bringen wollen! Haha, wie sie vor dem Herrn auf der Flucht sein sollten!

Er ertappte sich im Ausmalen eines idealen Hauswesens unter seinem Kommando. Gerade in dieser Richtung besaß er Talent. Während eines Jahres, das er an einem südafrikanischen, kleinen Küstenplatz verlebt hatte, hatte er Gelegenheit gehabt, sich davon zu überzeugen. Er hatte mit seinen Schwarzen sehr nett gewirtschaftet und sogar kleine Diners gegeben. Und eine mit ihrem Gatten dort hausende, sehr gefeierte Deutsche, der das Wirtschaften mit den Kaffern mehr Schwierigkeiten machte als ihm, sagte oft: »Herr Jano, Sie sind eine so ausgezeichnete Hausfrau, daß ich, wenn ich bei Ihnen esse, immer denke: Wir Frauen sind doch eigentlich ganz überflüssig!«

Er hörte sie noch, wie sie in vorwurfsvoll fragendem Ton die Stimme hob bei dem Wort »überflüssig« und mit den Achseln zuckte, als setzte sie im stillen hinzu: »Nun weiß ich schon gar nicht mehr, was ich sagen soll.« Sehr niedlich und drollig war sie gewesen, diese kleine Frau, und er hatte sich immer nur geschmeichelt gefühlt durch ihr eifersüchtiges Lob seiner Hausfrauenkünste.

So etwas zu bewältigen machte freilich Vergnügen, aber dazu da zu sein, während die Frau das Geld verdient und die Firma vertritt, das war denn doch eine ganz andere Sache!

»Lieber Steineklopfen!« sagte er ganz laut vor sich hin, ohne freilich ernsthaft den Beruf eines Straßenarbeiters ins Auge zu fassen.

Eine Weile stand er dann vor dem Spiegel in kritische Betrachtung seines nervösen, schmalen Gesichts vertieft.

Schön war er nicht, eher das Gegenteil. Wie dünn das Haar über der Stirn! Der spitz endende Kinnbart á la Prinz Heinrich machte sein Gesicht zu lang und zu schmal. Seine Augen waren klein und graugrün, den Mund, der noch das Beste war, verdeckte der starke Schnurrbart. Am meisten störte ihn seine Nase, die nicht griechisch oder römisch, sondern mehr á la Posthorn gebogen war.

»Und sie liebt mich trotzdem«, sagte er sich kopfschüttelnd, »*was* liebt sie wohl an mir?«

Dann gab er sich selbst die Antwort: »Ihren Gegensatz.«

Der Kellner kam auf sein Klingeln mit dem Frühstückstablett, welches er in Schulterhöhe balancierte: Nickelkännchen für Milch und Kaffee, über der Tasse mit dem Zwiebelmuster das zweifelhafte Serviettchen, winzige, flache Butterweckchen, drei Stückchen Gebäck, vier Stückchen Zucker.

Neben diesen Hotelfrühstücksgegenständen bei deren Anblick ihn jedesmal Ödigkeit überfiel, lag ein abgestempelter Brief; mattlila Papier mit seltsamen, silbernen Ornamenten darauf; die Form gleichfalls außergewöhnlich.

Sowie der Kellner die Tür hinter sich zumachte, riß Jano das Kuvert mit nervöser Hast auseinander, ohne Schonung für die originelle Form.

Maria Margarethe hatte geschrieben:

»Bitte, kommen Sie nicht mehr. Es ist besser für uns beide. Wir können einander ja nicht helfen. Leben Sie wohl, lieber Freund.

Maria Margarethe Wildenau.«

Das mußte sie unmittelbar, nachdem er sie gestern abend verlassen hatte, geschrieben und wahrscheinlich gleich hinübergetragen haben in den Briefkasten, der an dem Vorgartengitter ganz nahe bei ihrem Märchenhause hing; sonst hätte er es mit der Frühpost noch nicht bekommen können.

Daß sie ihm dieses sagen würde, hatte er erwartet. Und nun saß er, trank Kaffee, strich sorgfältig Butter auf die Innenseite des knusprigen Gebäcks und suchte sich einzureden, er sei nun mit dieser aufregenden Angelegenheit im reinen, sei ganz und gar fertig damit.

Sie fühlte so gut wie er, daß eine Ehe auf so verschobener Grundlage eine Lächerlichkeit sein würde, und das war gut.

Ihr Brief lag vor ihm: Alles, was sie an und um sich hatte, war von einer so fremdartigen Schönheit! Sie umgab sich mit solchen Dingen wie mit einem reichen, fantastischen Rahmen. Sollte er auch so ein Stück effektvoller Einrahmung für sie bedeuten?

Was für eine klare, feste Schrift sie hatte! Die Schrift eines kühn aufs Ziel zugehenden Menschen, der Ordnung liebt und Schönheit.

Übrigens – er sah noch genauer hin – bei dem F des Wortes Freund, ja, bei dem ganzen Wort hatte ihre Hand gezittert!

Nun schlenderte er mit Gummigaloschen über den blanken, gelben Reiseschuhen und mit aufgespanntem Regenschirm durch die Straßen, in denen er doch nichts zu tun und nichts zu suchen hatte. Warum packte er nicht einfach den Koffer und fuhr auf den Bahnhof?

Warum nicht? Weil er nicht zu entscheiden gewußt hätte, wohin. Wenn ihn der Mann am Fahrkartenschalter danach fragte, konnte er doch nicht antworten: Irgendwohin. Ein Ort ist mir so belanglos wie der andere.

Nein, nichts zog ihn fort, wohl aber hielt ihn etwas in Dresden fest. Er machte sich allerdings nicht klar, daß dies scheinbar ziellose Wandern durch die Straßen in der Tat nur ein Weg nach dem schönen, fremdartigen Haus im englischen Viertel war, nach dem Haus, das »sie« mit ihren Künstlerfreunden sich geschaffen hatte.

Er wußte es erst, als er mit einemmal dort anlangte.

Er sollte und wollte doch nicht kommen und da war er nun! Weil seine Gedanken von dieser Stelle nicht loskamen, weil sie hartnäckig dahin strebten, waren schließlich, wie hypnotisiert, die Füße und was sonst zum Menschen gehört, ihnen gefolgt.

Und er war mit einemmal ganz davon durchdrungen, daß er hier sein *müsse.*

So schritt er wieder durch die melodisch tönende Tür in den Empfangssalon – wie gestern.

Wie gestern saß an demselben Tisch die gar nicht seltsame junge Dame und schrieb Rechnungen aus.

Wie gestern sah sie kaum auf, sondern fragte nur mechanisch: »Womit kann ich dienen, mein Herr?«

»Ich möchte Fräulein Wildenau sprechen.«

»Das tut mir leid. Fräulein Wildenau ist heute nicht hier. Ich vertrete sie. Kann ich einen Auftrag entgegennehmen?«

»Ich muß mit Fräulein Wildenau selbst sprechen. Wo finde ich sie?«

»Heute können Sie Fräulein Wildenau nicht sprechen. Sie ist krank.«

»Krank?!«

Wenn es sein Leben gegolten hätte, er hätte in diesem Augenblick seine Erschütterung nicht verbergen können. Wie gelähmt war er, keiner Bewegung, keines Wortes mächtig. Er bückte nur den Kopf und war sich bewußt, ein aschfarbenes, elend aussehendes Gesicht zu zeigen.

Nun sprach die junge Dame wieder; aber in einem neuen, ganz anderen Ton.

»Der Herr Doktor ist eben dagewesen«, berichtete sie, »er meint, es sei Influenza. Soll ich vielleicht etwas an Fräulein Wildenau bestellen?«

Er hatte sich gefaßt.

»Was man nicht recht bezeichnen kann, spricht man als Influenza an«, scherzte er. Und fügte eindringlich fragend hinzu: »Ob es wirlich Influenza ist? –«

Er sah die junge Dame an, die jetzt den Blick voll, mit kaum verhaltener Neugier, auf ihn gerichtet hatte.

»Fräulein Wildenau hat sich überanstrengt, das ist, was ich glaube«, sagte sie vertraulich. »Sie ist schon längere Zeit nicht recht munter gewesen. Dieser ganze Umbau und daneben doch immer das Geschäft, das nicht stocken darf, und alles auf ihr allein – ich sag immer: Es ist zu viel für einen einzigen Menschen. Aber sie gönnt sich eben keine Ruh'. Na, nun muß sie schon.«

Da tönte wieder die Tür. Ein junger Elegant trat ein mit aufgestrupften, weiten Hosen*, kurzem Sacküberzieher**, roten Schuhen und Handschuhen, den Hut in der Hand, das Monokel im Auge.

»Guten Tag, Herr Mende«, sagte die junge Dame in ihrem alten, konventionell liebenswürdigen Ton, »Sie kommen wohl wegen der Bilder. Von den Kabinettkarten sind sechs fertig, von den Visitenkarten ein Dutzend. Bitte, belieben?«

Jano beeilte sich, hinauszukommen.

In der gewölbten Vorhalle, die wie der ganze Bau in burgartigem Charakter gehalten war, blieb er vor einem der Schaukästen, die da an den Wänden hingen, stehen und starrte auf die ausgestellten, besonders wohlgelungenen Konterfeis von Dresdener Offizieren und von eleganten Damen in Balltoilette.

Er sah diese Bilder und sah sie nicht. In seinem Inneren stürmte es.

Krank also! Aber natürlich! Wenn er nicht ein so brutaler Egoist und stets so ganz von sich selbst erfüllt wäre, hätte er es gestern schon merken können. Er hatte die Müdigkeit ihrer Bewegungen wohl gesehen, aber sich nicht viel dabei gedacht. Und das hätte er *sollen*; denn er wußte gut, daß Maria Margarethe ein außergewöhnlich energischer Charakter

* Knickerbocker
** Sakko

war, nicht ein Frauenzimmer, das sich gehen läßt. Ehe man ihr Müdigkeit anmerkte, mußte es weit gekommen sein! – Das Schrecklichste war ihm aber doch, daß er sie nun nicht sehen konnte. Er fühlte ein rasendes, wehtuendes Verlangen danach.

Und plötzlich dachte er: »Aber was ist das für ein unverhofftes Glück, daß ich noch so empfinden kann!«

Dies Bewußtsein belebte ihn. Er wandte sich nicht nach der Straßenseite, sondern nach dem Innenhof, hinter dem »ihre« Privatwohnung lag.

Der Säulengang mit seinen ausdrucksvollen Landschaftsfresken, der Hof mit der einsamen Pappel und das Burgpförtchen, es kam ihm heute alles weniger märchenhaft vor als gestern.

»Es ist nur das Ungewohnte, das zuerst befremdet«, dachte er, »hier wie überall.«

Am Burgpförtchen zog er die Klingel oder drückte vielmehr auf den Knopf der elektrischen Leitung und mußte eine ganze Weile warten.

Maria Margarethens Hauspersonal nahm sich Zeit! Diese bequem gewordenen Mädchen nahmen sich wahrscheinlich auch Zeit, wenn die kranke Herrin klingelte.

Wenn er nur hier etwas zu sagen hätte!

Endlich kam das Stubenmädchen.

Er erkundigte sich nach dem Befinden der Patientin und fragte, wen sie zur Pflege habe.

»Na, Pflege is' ja nicht weiter nötig«, meinte die Lina.

»Oho!«

Er begann dem jungen Ding aufs ernsthafteste ins Gewissen zu reden. Das war alles, was er tun konnte.

War es nicht absurd? Dort, hinter diesen Hauswänden lag die, die er liebt, verlassen, ungepflegt, unbehütet, und hier stand er an ihrer Tür mit all seinem Willen und seiner Liebe und seinen müßigen Kräften und konnte ihr nicht helfen!

Und warum ging es nicht, wenn sie alle beide doch so

sehnlich danach verlangten? Worin bestanden die unübersteiglichen Hindernisse?

»Wage es, einmal wahr zu sein, mein Herz: Ist nicht eben das angstvolle Aufrechterhaltenwollen einer äußeren Würde das Zeichen, daß ihr Kern bereits angefault ist? Worin erweisen wir wahrhaft unsere Mannhaftigkeit dem Weibe gegenüber, das wir lieben: darin, daß wir das Kommando offiziell führen, oder darin, daß wir unser Mehr an Kraft benutzen, ihm zu helfen und es zu stützen und zu schützen? Es kommt doch wohl in erster Linie darauf an, daß unsere Stärke da einsetzt, wo sie nötig ist.«

Nach fast drei Wochen erhielt er endlich den heißersehnten Bescheid: Er dürfe sie besuchen.

Bis dahin hatte er in seinem Hotel gesessen, täglich zweimal nach ihrem Befinden gefragt, Rosen und Veilchen geschickt und – Verse geschrieben.

Zum erstenmal seit Jahren des Brachliegens war der poetische Quell einmal wieder geströmt! Aus seiner von Sehnen und bangen Sorgen erfüllten Klausur heraus hatte er Verse geschaffen, die er der Geliebten hätte vorlesen können, ohne sie zu enttäuschen.

Maria Margarethe war recht krank gewesen; seit einigen Tagen aber hatte sie das Bett verlassen dürfen.

Und indessen war es Frühling geworden.

In dem Hof, der wie ein Klosterhof aussah, leuchtete das junge Gras in smaragdenem Grün, es duftete und blaute von Veilchen und die Pappel hatte sich einen Schleier von überaus zarten, rötlichen Blattknospen um ihr Gezweig gewoben. Jano aber sah nicht die Pappel, nicht die Veilchen, sondern allein *sie*.

Sie stand in dem Säulengang, an die Wand mit den Thüringer Landschaftsfresken gelehnt, in ihrem langen, losen, malerischen, braunen Möchsgewand, aber wie blaß noch und schmächtig!

Leider war sie nicht allein, sondern konferierte mit ein

paar robusten Handwerksleuten, Tünchern oder Stubenmalern, meinte Jano. Es schien, als beschwere sich Maria Margarethe, daß jene einen Vertrag nicht eingehalten hätten, wogegen sich die Männer in ziemlich unwirscher Tonart verwahrten.

Wieder fühlte er: Ihre vornehme und zarte Natur zieht im persönlichen Verkehr mit ungebildeten, rücksichtslos auf den eigenen Vorteil bedachten Leuten leicht den kürzeren. Hier lag eine Grenze ihrer Energie und er segnete diese Grenze.

Mit wenig Schritten stand er neben ihr.

Und sieh: Unter seinem etwas strengen Blick wurde der Ton der aufsässigen Handwerker sogleich ein anderer.

Er nahm ohne weiteres die Führung der Unterhandlung. Und da er schnell begriff, daß Maria Margarethe durchaus in ihrem Recht war, fertigte er die Leute kurz und fest ab.

Sie fühlten sich überwunden; ziemlich kleinlaut versprachen sie zu tun, was ihre Vertragspflicht war und gingen ihres Weges.

»Wie Sie gut mit den Leuten reden können!« war das erste, was Maria Margarethe zu ihm sprach. »Das wußte ich gar nicht.«

Und sie schauten einander an, beide mit dem leisen, scheuen und von durchlebtem Schmerz noch überschatteten, aber verheißungsvollen Lächeln, dem richtigen Vorfrühlingslächeln.

»Maria Margarethe!« sagte er mit halb erstickter Stimme und reichte ihr beide Hände.

Sie legte ihre Hände in die seinen.

Kein Wort dazu. Auch er fand keine Worte. Es waren auch keine nötig.

Mitten zwischen den rosigen Pappelblattknospen saß ein kleiner Vogel und sang, was er singen konnte.

Er sang vielleicht ein Lied davon, daß sich auf Erden alles immerfort ändere und daß es dennoch immer wieder Frühling werde und eines immer ganz das Alte bleibe: die Liebe.

Nachwort

Die vier Erzählungen Frieda von Bülows entstanden und erschienen in den neunziger Jahren des letzten Jahrhunderts, einer ausgesprochen frauenbewegten Zeit. Nachdem die erste organisierte deutsche Frauenbewegung von 1848 durch das frauenfeindliche Preußische Vereinsgesetz brutal zerschlagen worden war (ab 1850 war den Frauen Tätigkeit und Mitgliedschaft in politischen Vereinen gesetzlich verboten), erstarkte die Frauenbewegung in den achtziger und neunziger Jahren wieder. Frauenvereine schossen wie Pilze aus dem Boden. Die Frauen kämpften für eine bessere Mädchenbildung, für das Frauenstudium, den Zugang der Frauen zu allen Berufen, für das Frauenstimmrecht, für das Recht auf eigene Gefühle und selbstbestimmte Sexualität. Ein neu erwachtes Körperbewußtsein revoltiert gegen das Korsettdiktat der Frauenmode – Frauen beginnen, sich einen größeren Bewegungsspielraum zu schaffen. Sie steigen in die Hose und aufs Rad. Sie drängen in die Öffentlichkeit und ergreifen das Wort. Niemals vorher hatte es so viele publizierende Schriftstellerinnen gegeben. Die neue Frauenliteratur überschwemmte förmlich den Buchmarkt.

Viele dieser Schriftstellerinnen und Frauenrechtlerinnen kannte Frieda von Bülow persönlich. Die Frauenfiguren der vier Erzählungen finden ihre Vorbilder fast alle in diesem Bekanntenkreis. Modell gestanden haben so bedeutende Frauen wie die Frauenrechtlerin Anita Augspurg, Helene Lange, Sophia Goudstikker und die Schriftstellerin Lou Andreas-Salomé.

Frieda von Bülow war um die Jahrhundertwende selbst eine bekannte und erfolgreiche Schriftstellerin. Ihre Romane und Erzählungen über das Leben in den deutsch-ostafrikanischen Kolonien (heute Tanzania), wo sie zweimal längere Zeit gearbeitet und gelebt hatte, wurden rasch berühmt. Friederike (Frieda) Sophie Luise war am 12. Oktober 1857 in Berlin als älteste Tochter von Clothilde Freiin von Bülow (1832–1891) und ihrem Mann, dem Legationsrat Hugo Freiherr von Bülow (1821–1869), zur Welt gekommen.[1] Einen

Teil ihrer Kindheit verbrachte sie in Smyrna, Türkei, wo der Vater mit der Leitung des deutschen Konsulates betraut war. Nach dem Tod des Vaters lebte sie mit ihrer Mutter und den beiden Schwestern in der Herrenhuter Brüdergemeine Neudietendorf, einer dem Pietismus verwandten Freikirche. 1880 ging sie nach Berlin, um sich zur Lehrerin ausbilden zu lassen. Dort besuchte sie das Lehrerinnenseminar von Helene Lange (1848–1930), der Führerin des gemäßigten Flügels der bürgerlichen Frauenbewegung Deutschlands. Der Lehrberuf entsprach jedoch weder Frieda von Bülows Fähigkeiten noch befriedigte er ihren Tatendrang. Mit Begeisterung schloß sie sich statt dessen der jungen deutschen Kolonialbewegung an, mit dem Ziel, selbst als Kolonistin nach Ostafrika zu gehen. Sie lernte den Abenteurer Carl Peters (1856–1918) kennen, der 1885 in einem ebenso aufsehenerregenden wie fragwürdigen Unternehmen Land in Ostafrika »erobert« hatte – die ersten deutschen Kolonien. Kurz darauf gründete sie den ›Deutschen Frauenbund zur Krankenpflege in den Kolonien‹, organisierte Basare und Theatervorstellungen zugunsten des Frauenbundes, hielt Vorträge und Sitzungen, lernte schießen und absolvierte eine Ausbildung als Krankenschwester. Gut vorbereitet reiste sie 1887 nach Deutsch-Ostafrika. Sie gründete dort die ersten deutschen Krankenstationen, mußte ihr Unternehmen aber bereits nach einem Jahr wieder aufgeben, da Auseinandersetzungen mit dem Frauenbund und schweres Malariafieber sie zur Rückkehr nach Deutschland zwangen.

Hier begann Frieda von Bülows schriftstellerische Laufbahn. Wenn sie nicht in den Kolonien tätig sein konnte, wollte sie wenigstens in Deutschland dafür werben. Mit ihren Kolonialromanen machte sie sich in kurzer Zeit einen Namen, denn Deutschland befand sich im Kolonialfieber, und sie war die erste, die das brennend aktuelle Thema in belletristischer Form brachte.

1893 versuchte sie erneut, sich eine Existenz in Deutsch-Ostafrika zu schaffen, diesmal als Plantagenbesitzerin und

Kalklieferantin. Ihre Pläne scheiterten an einem Erlaß des Deutschen Reiches und sie kehrte nach Berlin zurück. Schließlich erlosch ihr Interesse an den Kolonien, ein anderer Bereich wurde ihr immer wichtiger: die damals sogenannte ›Frauenfrage‹. Das zentrale Thema ihres literarischen Schaffens war nun nicht mehr das Leben in den Kolonien, sondern das Leben der Frau, ihre gesellschaftliche Stellung und ihre Emanzipationsbestrebungen.

Bis zu ihrem Tod, am 12. März 1909, lebte Frieda von Bülow als freie Schriftstellerin in Deutschland, ständig auf Reisen, ohne festen Wohnsitz. Je nach Jahreszeit und Befinden bevorzugte sie Berlin, Kurorte, Sommerfrischen oder Schlösser und Burgen, die als Pensionen eingerichtet waren, mit Vorliebe in Thüringen und Sachsen. Erst kurz vor ihrem Tod nahm sie festen Wohnsitz auf der Dornburg a. d. Saale. Sie schrieb insgesamt siebzehn Romane, außerdem viele Erzählungen, Essays und unzählige Buchbesprechungen.

Das Geheimnis des literarischen Erfolgs Frieda von Bülows lag nicht zuletzt in ihrer lebendigen und detaillierten, der Realität verpflichteten, präzisen Erzählweise begründet. Alle ihre »Stories« beruhen auf tatsächlichen Begebenheiten, die sie selbst oder eine ihrer Freundinnen erlebt hatten. Dieser Realismus brachte ihr jedoch nicht nur Erfolg, sondern auch Ärger von Seiten ihrer »Modelle«, d. h. von den Personen, die sich in ihren Romanen und Erzählungen unschwer wiedererkannten. Es kam zu öffentlichen Angriffen, Verleumdungen und in einem Fall sogar zu einem Prozeß wegen Persönlichkeitsbeleidigung. So läßt Frieda von Bülow in ihrer Erzählung ›Zwei Menschen‹ den Poeten Max Winowski sagen »'s ist halt doch ein trauriges Handwerk, das Dichten in unseren Tagen! Man liebt seine Modelle erst mit heißem Verlangen, dann, wenn sie verarbeitet, mit Dankbarkeit, und sie erwidern es mit Haß, mit Abscheu.« Doch nicht mit allen »Modellen« gab es Schwierigkeiten, zumindest wurde im Fall der vier vorliegenden Erzählungen nichts bekannt.

Mit der Erzählung ›Zwei Menschen‹ hat Frieda von Bülow ihrer intimsten Freundin, der Schriftstellerin und späteren Psychoanalytikerin Lou Andreas-Salomé (1862–1937), geb. von Salomé, ein Denkmal gesetzt. Die beiden Frauen hatten sich 1891 in Berlin kennengelernt und rasch eine tiefe Zuneigung zueinander gefaßt. Sie wurden einander die besten Freundinnen. In schwierigen Lebenssituationen gaben sie sich gegenseitig Halt und Zärtlichkeit. Sie reisten zusammen, diskutierten ihre Arbeiten, die Frauenfrage oder ihre neuesten Verliebtheiten. Sie hatten keine Geheimnisse voreinander und sparten keinen Lebensbereich aus. Ihre Freundschaft dauerte trotz vieler Entfremdungen und Versöhnungen bis zum Tod Frieda von Bülows. Es war nichts Ungewöhnliches, die beste Freundin als Modell für eine Erzählung zu wählen. Auch Lou Andreas-Salomé gab in ihrer Erzählung ›Das Haus‹ eine genaue Charakterisierung Frieda von Bülows.[2]

›Zwei Menschen‹ erschien zuerst im November 1897 in der ›Deutschen Zeitung‹. Eine mit Frieda von Bülow befreundete Schriftstellerin schrieb ihr sogleich, sie habe die gemeinsame Freundin Lou bereits auf der ersten Seite erkannt. »Helga v. S.« stellte Frieda von Bülow frech die Heldin der Erzählung vor. Lou Andreas-Salomé war in ihrem Bekanntenkreis besonders für ihren sogenannten Egoismus berühmt-berüchtigt. Folgendes Bekenntnis der Helga v. S. könnte die junge Lou von Salomé ebenso formuliert haben: »›Mein oberstes Lebensbedürfnis ist die Freiheit‹, sagt sie lebhaft. ›Ich kann nicht das Leben hinnehmen, wie es zufällig kommt; mir selbst schaffen will ich es – gestalten nach meinem Bedarfe. Was ich dazu brauche, muß ich mir nehmen dürfen. So ist es herrlich! Meine Eltern wissen, daß ich nicht anders leben kann und mag, und lassen mich tun, was ich will. Opposition würde ihnen auch nichts helfen, ich bin so fest entschlossen, mich nicht einengen zu lassen, daß ich, wollte man Zwang anwenden, morden würde.‹« Auch die »wissenschaftliche Natur« der Helga v.

S., ihre ständige, begeisterte »Forschungsreise nach dem Wesen des Menschen« charakterisieren Lou Andreas-Salomé genau.

Sei es die Freude am Reflektieren und Analysieren oder das Interesse an psychologischen Phänomenen, sei es der tragische Konflikt zwischen Emanzipationsbedürfnissen einerseits und der Sehnsucht nach Unterwerfung unter den Mann andererseits, seien es die Ansichten über Liebe oder die Art sich zu kleiden, zu sprechen, zu lachen – in allem ist Helga v. S. das Spiegelbild der Lou Andreas-Salomé.

Als Frieda von Bülow im Frühsommer 1896 die Erzählung schrieb, war sie bereits fünfeinhalb Jahre eng mit Lou Andreas-Salomé befreundet. Sie waren 1894 zusammen in Paris, 1895 in St. Petersburg und in Wien. In Paris hatten sie u. a. den Journalisten Paul Goldmann kennengelernt, in Wien die damals noch unbekannten Dichter Arthur Schnitzler (1862–1931), Richard Beer-Hofmann (1866–1945) und andere dem Kritiker- und Dichterkreis ›Jung Wien‹ zugehörige Literaten. Diese Bekanntschaften dienten Frieda von Bülow ebenfalls als Modelle. Arthur Schnitzler konnte Dr. Hugo Lengner Modell gestanden haben, Richard Beer-Hofmann dem Max Winowsky. Eindeutig identifizierbar ist Siegfried Rosenfeld als Paul Goldmann.

Die unglückliche Liebesgeschichte zwischen Helga v. S. und Siegfried Rosenfeld basierte auf einem tatsächlichen Erlebnis Lou Andreas-Salomés mit Paul Goldmann (1865–1935). Paul Goldmann, geboren in Breslau und wie Rosenfeld Jude, war nach seinem Studium einige Zeit Mitredakteur der Wiener Zeitschrift ›An der schönen blauen Donau‹, wo er als erster Dichtungen von Arthur Schnitzler und Hugo von Hoffmannsthal veröffentlichte. Arthur Schnitzler, mit dem er viele Jahre befreundet blieb, beschrieb ihn in seinen Erinnerungen ›Jugend in Wien‹ als »untersetzt, beleibt, ein ganz klein wenig bucklig, mit Kraushaar und mit hellen, schönen, blauen Augen«. Zur Zeit seiner Begegnung mit Lou Andreas-Salomé im Frühjahr und Sommer 1894 war Paul Goldmann Korrespondent der ›Frankfurter Zeitung‹ in Paris.

Lou Andreas-Salomé erwähnt ihn in ihren Tagebuchnotizen aus dieser Zeit fast täglich. Es entwickelte sich offenbar eine enge Beziehung zwischen den beiden, die jedoch nicht unproblematisch war. So heißt es im Tagebuch am 14. Juni 1894: »Abends Goldmanns langen Brief vorgefunden. Schauderhafte Stimmung«. Am nächsten Tag ist sie krank. Sie schrieb über ihren Kummer an Frieda von Bülow, die ihr am 19. Juni antwortete: »Wie nett, daß Du den Russen hast. [*neuer Bekannter von Lou Andreas-Salomé, d.V.*] Nur schade, daß er Dir nicht besser über Goldmännchen hinweghilft. Ich habe furchtbar viel an Dich und diese Sache denken müssen. Manchmal war mir, als müßte ich Dir schreiben: ich bin ein Narr! Was geht mich Goldmann an und seine eventuellen Schmerzen? Du bist der wertvollere Mensch, sowohl für mich als absolut. Natürlich ist es richtig, daß Du Dich auslebst, wie Deine Natur es will, auch auf Kosten anderer. Aber das Gefühl beharrte immer wieder auf dem andren Urteil: Es ist *nicht* schön, wenn der Stärkere sich von der armseligen Kraft des Schwächeren nährt, besonders gegen dessen Willen. – Nun bist Du brav und leidest. Es ist eben mehr Leiden auf Erden als sonst was.« Lou Andreas-Salomés Tagebucheintragungen nach scheint es im Juli zwar wieder zu einer Annäherung gekommen zu sein, doch am 6. August heißt es dann: »Ein lähmender Tag. Abends G.[*oldmann, d.V.*] zum Abschied. Stumm alle beide und entsetzlich traurig«, und am 25. September: »G.[*oldmann, d.V.*] bei mir. Unser letztes Wiedersehen. Ohne Händedruck geschieden (!!)«. Im nächsten Jahr trafen sie sich noch einmal kurz in München wieder, doch dabei blieb es. Die Beziehung entwickelte sich nicht weiter.

In den Briefen an Lou Andreas-Salomé betitelte Frieda von Bülow die Erzählung ›die Goldmanniade‹; allerdings kannte sie Paul Goldmann nur oberflächlich, so daß von der Beschreibung Rosenfelds nicht exakt auf P. Goldmann geschlossen werden darf. Das Modell zu Helgas Begleiter, Eugen Hansen, ist der Wiener Arzt Friedrich Pineles (1868–1936), den Lou Andreas-Salomé Ende 1895 in Wien kennengelernt hatte. Zemek, wie sie ihn nennt, wurde ihr Liebhaber, ärztlicher Betreuer und Reisebegleiter auf ihren Reisen quer durch Europa. 1908 löste sie die Beziehung auf.[3]

Frieda von Bülow verwob in der Erzählung verschiedene Erlebnisse Lou Andreas-Salomés und eigene miteinander. Die Basis bildet die Goldmanngeschichte. Mit Paul Goldmann war Lou Andreas-Salomé nie Wandern,[4] dafür mit Arthur Schnitzler, Richard Beer-Hofmann und einem weiteren befreundeten Dichter aus dem Kreis des ›Jung Wien‹, Felix Salten (1869–1947). Im Mai 1895 unternahmen sie zusammen Ausflüge in die Umgebung von Wien und im August des gleichen Jahres in der Gegend um Salzburg. Mit Friedrich Pineles machte Lou Andreas-Salomé im Mai 1896 eine Gebirgstour. Frieda von Bülow kannte diese Erlebnisse aus Briefen und Erzählungen der Freundin und nahm sich davon, was sie für ihre ›Goldmanniade‹ gebrauchen konnte. Dann versetzte sie das Ganze in die Hohe Tatra, wo sie selbst im Sommer 1895 Wanderferien verbracht hatte. Landschaft, Wanderwege, das Schlesierhaus und anderes beschrieb sie in der Erzählung genau wie in ihrem Tagebuch.

Sind die ›Zwei Menschen‹ ein wichtiger Beitrag zur Lou Andreas-Salomé-Forschung, so ist die Erzählung ›Laß mich nun vergessen!‹ ein wichtiger Beitrag zur Geschichte der Frauenbewegung. Beide Erzählungen erschienen 1898 als Buch unter dem Titel ›Wir von heute‹ (2. Auflage 1902).

›Laß mich nun vergessen!‹ schrieb Frieda von Bülow im Oktober 1897. Im Mai des gleichen Jahres hatte sie in München über Lou Andreas-Salomé eine ungewöhnliche Frau kennengelernt, die Fotografin und Frauenrechtlerin Sophia Goudstikker. Sie diente als Modell für Senta Korella.

Sophia Goudstikker, am 15. Januar 1865 in Amsterdam geboren, war 1886 mit ihrer damaligen Lebensgefährtin Anita Augspurg (1858–1943) nach München gekommen, mit dem

Ziel, sich eine selbständige, vom Mann unabhängige Existenz zu schaffen. Beide Frauen ließen sich als Fotografinnen ausbilden und eröffneten 1887 das Fotoatelier ›Elvira‹. München staunte nicht schlecht darüber. Zwei Frauen, die ein Geschäft führen – unglaublich! Ungeheuerlich! – Zwei Frauen, die sich den heterosexistischen Gesellschaftsnormen widersetzten, Normen, die die bedingungslose Unterordnung der Frau unter den Mann und ihren Ausschluß aus der Öffentlichkeit als naturgewollt voraussetzen. »Daß zwei Anfang Dreißig stehende Frauen sich geschäftlich mit Erfolg selbständig und unabhängig machten, kurze Haare – man denke in den achtziger Jahren des letzten Jahrhunderts – Tituskõpfe trugen, in ihrem Haus anregende interessante Gesellschaft pflegten, in der Öffentlichkeit für die Frauenbefreiung kämpften, Sport trieben, ritten, radelten, wanderten, sich erdreisteten nach eigenem Belieben zu leben, erregte natürlich allgemeines Aufsehen in München. Es gab Spießbürgern und Neidern hinlänglich Stoff zu allem möglichen Klatsch, der aber die beiden Frauen nicht nur völlig kalt ließ, sondern sie höchstens amüsierte, was den Neid nicht eben minderte.«[5]

Dank Sophia Goudstikkers Geschäftstüchtigkeit florierte das Fotoatelier. Außerdem war es doch viel interessanter, sich in einem von Frauen geführten Atelier fotografieren zu lassen als in einem herkömmlichen. Als sich auch das bayrische Königspaar im Atelier ›Elvira‹ fotografieren ließ, erhielt Sophia Goudstikker 1898 als erste Frau Deutschlands den renommierten Titel einer ›Königlich Bayrischen Hoffotografin‹. Im gleichen Jahr gründete sie zusammen mit der Frauenrechtlerin Ika Freudenberg (1858–1912) eine Rechtsschutzstelle für Frauen in München. Ihr Engagement und ihr Erfolg auf dem Gebiet der Rechtsberatung waren so groß, daß sie 1908, auch hier als erste Frau Deutschlands, als Verteidigerin am Münchner Jugend- und Schöffengericht zugelassen wurde. Sie leitete die Rechtsschutzstelle bis zu ihrem Tod am 21. März 1924.

In einem Nachruf für Sophia Goudstikker in der Münchner-Augsburger Allgemeinen (6. April 1924) hieß es: »Sophia Goudstikker war eine ganz seltene und ganz eigenartige Erscheinung. Es ging ein Zauber von ihr aus, der mit und ohne ihr Wollen ihr die Menschen unterwarf. Sie besaß eine Anziehungskraft, der weichere Naturen bedingungslos Gefolgschaft leisteten, eigenwillige schwerer, woraus mancherlei Konflikte in ihrem Leben und in dem ihr Nahestehender erwuchsen. Ganz entziehen konnte sich ihrem Einfluß keiner, der ihr nahe trat. Sie besaß ein ungewöhnliches Maß von Intelligenz und Willenskraft. In ihr glühte eine Flamme, und man hatte den Eindruck, als ob sie allmählich das irdische Gefäß zerstört und aufgezehrt habe. [...] Sophia Goudstikker war auch ein im tiefsten Grund des Wesens gütiger Mensch. Von ihrer heißen Fähigkeit zu lieben, sich selbst in geliebten Menschen zu vergessen, wissen ihre Freunde, und selten hat ein Mensch deren so viele und durch so nahe Bande verknüpft besessen.«

Doch zurück in das Jahr 1897. Während Frieda von Bülow, Lou Andreas-Salomé und Sophia Goudstikker in München die Nächte durchzechten und durchschwatzten, saß Anita Augspurg in Zürich und bereitete sich auf ihr Doktorat vor. Die Universität Zürich war damals neben der Pariser Sorbonne eine der wenigen Universitäten, die Frauen zum gleichberechtigten Studium zuließ.

Anita Augspurg studierte seit 1893 in Zürich Jura, denn sie hatte durchschaut, ›daß die Interessierung und Befragung männlicher Juristen keine genügende Garantie für die Forderungen bieten könne, welche die Frauen hinsichtlich ihrer Rechtslage an eine moderne Gesetzgebung zu stellen haben, daß Frauen vielmehr selbst zur Wahrnehmung und Sicherung ihrer Rechte über die nötigen, juristischen Kenntnisse verfügen müßten.‹[6] Die Geschichte sollte ihr recht geben. Im Sommer 1897 promovierte Anita Augspurg zum Dr. jur. Sie ist damit die erste Juristin Deutschlands.

Die Figur der Senta Korella erhielt von Sophia Goudstikker Temperament, Aussehen und Umgangsformen, von Anita Augspurg den akademischen Titel und die Zugehörigkeit zum radikalen Flügel der bürgerlichen Frauenbewegung Deutschlands.

Ein anderer Beobachter der Münchner Frauenszene, Ernst von Wolzogen (1855–1934), gibt in seinem Roman ›Das dritte Geschlecht‹ (1899) eine ähnliche Beschreibung wie Frieda von Bülow von Sophia Goudstikker. Hildegard Haider heißt sie in diesem Roman und besitzt zusammen mit ihrer Schwester das Bankgeschäft Moritz Haiders Töchter. Kurze Haare, ein keckes Bubengesicht, Radfahrerinnenkluft (Pumphose, Bluse, Kappe) kennzeichnen sie. Radelnd führt sie ihren großen Hund spazieren, dazu den neuesten Gassenhauer ›Mädchen ohne gleichen‹ pfeifend. Zur Belebung von Damengesellschaften schlägt sie Purzelbäume, liebt die Frauen mehr als die Männer und wäre lieber als Mann auf die Welt gekommen.

Auch Lou Andreas-Salomé ließ sich von der androgynen Ausstrahlung der frauenliebenden Sophia Goudstikker inspirieren. ›Mädchenreigen‹ ist der bezeichnende Titel der Erzählung, die sie 1897 schreibt, Hans der Name der Heldin mit dem kurzgeschorenen Haar und den »wundervollen braunen Augen«, die ein »knabenhaftes Kostüm« (Radfahrtracht) trägt und den Frauen mit Erfolg den Hof macht. Die Wände ihres Zimmers sind wie bei Senta Korella mit den Bildnissen anziehender Frauen geschmückt.

Sowohl Lou Andreas-Salomé als auch Frieda von Bülow gelang es stellenweise, in den beiden Erzählungen eine homoerotische Atmosphäre zwischen Frauen darzustellen, was für diese Zeit sehr ungewöhnlich ist. Es brachte zum Ausdruck, wie stark beide Frauen von der Persönlichkeit Sophia Goudstikkers fasziniert waren. Frieda von Bülow war sogar einmal kurz in diese temperamentvolle, leidenschaftliche, selbstbewußte Frau verliebt. Die literarische Darstellung einer lesbischen Beziehung konnte sie sich jedoch nicht leisten. Es hätte ihre Existenz als alleinstehende Frau bedroht, in einer Gesellschaft, in der Sexualwissenschaftler, Ärzte und Psychiater gerade begannen, weibliche und männliche Homosexualität zu pathologisieren. Zudem wäre eine Erzählung mit lesbischem Inhalt unverkäuflich gewesen, und sie war auf den Verkauf ihrer Produktionen angewiesen.

Wie Frieda von Bülow selbst zur weiblichen Homosexualität stand, läßt sich nicht mehr rekonstruieren. Auf jeden Fall blieb sie mit Sophia Goudstikker bis an ihr Lebensende befreundet und auch andere Lesben, beispielsweise die Schriftstellerinnen Sophia Hoechstetter (1873–1943) und Toni Schwabe (1877–1951) oder die Journalistin und Schriftstellerin Ella Mensch (1859–1935), gehörten zu ihrem Bekanntenkreis.

In Irene Schmidt porträtierte Frieda von Bülow die bedeutendste Repräsentantin des gemäßigten Flügels der bürgerlichen Frauenbewegung: Helene Lange. Sie kannte Helene Lange schon siebzehn Jahre, als sie ›Laß mich nun vergessen!‹ schrieb. Sie kannte auch die Ansichten dieser konservativen Frauenrechtlerin, die Ehe, Mutterschaft und Wohltätigkeit als die eigentliche Bestimmung der Frau ansah. Gunhild trägt Züge Frieda von Bülows: Die Beziehung Gunhilds zu »ihm« entspricht der Beziehung Frieda von Bülows zu Carl Peters. Wer aber war das Modell zu Philippine Welsung? In »Laß mich nun vergessen!« verknüpfte Frieda von Bülow jedenfalls Typen und Orte der Münchner und Berliner Frauenszene um 1900.

Die beiden Erzählungen ›Sie und Er‹ und ›Die stilisierte Frau‹ erschienen 1902 als Buch mit der Widmung ›Dem Puck zu eigen!‹ Puck war der Spitzname von Sophia Goudstikker. Im September 1899 beendete Frieda von Bülow ›Sie und Er‹. Im Juni des gleichen Jahres hatte sie Sophia Goudstikker in München besucht, die inzwischen samt Atelier in ihr neuerbautes Jugendstilhaus in der Von-der-Tannstraße 15 umgezogen war, direkt am Englischen Garten.

Die märchenhafte Eingangshalle dieses ungewöhnlichen Hauses beschreibt Frieda von Bülow genau. In Maria

Margaretha Wildenau ist eindeutig Sophia Goudstikker wiederzuerkennen. Das Mönchsgewand erwähnt Frieda von Bülow in ihrem Tagebuch, den Sinn für Ästhetik hebt der bereits erwähnte Nachruf hervor: »Von allen Dingen war Sophia Goudstikker eine Künstlernatur durch und durch, ganz gleichgültig, ob sie als ausübende Künstlerin tätig geworden oder nicht. Wenn es je einen Menschen gab, dem Schönheit Lebensodem war, dann war sie es. Ihr Häuschen selbst erfunden, selbst erbaut, ein Juwel. Kein Gefäß, kein Buch je in ihrer Hand, kein Faden Stoff an ihrem Kleid, die nicht Zeugnis gegeben hätten von höchstem Schönheitssinn, von veredelstem Geschmack. Sie konnte nichts Unedles, nichts Unschönes in Form und Farbe, nicht die leiseste Unordnung um sich dulden, es hätte ihr physisches und seelisches Leiden verursacht. Durch diese wundervolle Eigenschaft: Künderin und Hüterin des Schönen zu sein, ist sie allen Menschen ihrer Umgebung unbewußt Erzieherin gewesen.«

Die Fassade des Hauses, meergrün gestrichen, schmückte ein riesengroßes drachenähnliches Jugendstilornament in den Farben Zyklamviolett und Türkisgrün. München war empört. Die Fassade wurde ein Skandal und der bis dahin unbekannte junge Architekt des Gebäudekomplexes, August Endell (1872–1946), über Nacht berühmt. Es entstand die Anekdote, daß sich die am Bau beschäftigten Arbeiter in der Mittagspause nicht in die umliegenden Wirtschaften wagten, da sie von ihren Kollegen ausgelacht und gehänselt wurden. Zeitgenössische Architekten reagierten mit Ablehnung und Aggression. August Endell wurde subjektive Willkür und Disziplinlosigkeit vorgeworfen, er habe eine Architektur geschaffen, »die ein ganz unangemessenes Vertrauen zu dem eigenen Ich« besäße, heißt es in der ›Deutschen Bauzeitung‹ (Jg. 1900). Anders formulierte es eine Freundin Sophia Goudstikkers, die Frauenrechtlerin Gertrud Bäumer (1873–1954): »Dieses kleine lebendige Haus, mit der kecken Laune seines Schmucks, es war die eigene

Welt einer schaffenden Frau, auf eigenem Grunde erarbeitet, aus eigenstem Stil gestaltet, Zeugnis von freudiger unabhängiger Lebenskraft und feuriger Schönheitsliebe.«[7]

Sophia Goudstikker zog mit ihrer neuen Lebensgefährtin Ika Freudenberg in das neue Haus. »Und jeder Näherstehende wußte, daß Ika Freudenberg nicht so völlig ihre Kraft ihrer hohen Aufgabe [*der Frauenbewegung, d. V.*] hätte widmen können, hätte nicht die Freundin ihr im häuslichen Leben die Sorglosigkeit und die anmutig behagliche Umgebung bereitet, deren das geistige Schaffen bedarf. Denn Sophia Goudstikker war auch eine treffliche Hausfrau.«[8]

Sophia Goudstikker führte das Atelier bis 1908. Um sich ganz ihrer Arbeit in der Rechtsschutzstelle für Frauen widmen zu können, verpachtete sie das Geschäft 1908 an eine Bekannte, 1920 verkaufte sie es. Mit dem Tod der Pächterin, 1928, fand das Atelier sein Ende. Die Gebäude waren so verwahrlost, daß der neue Besitzer lange keine Nachmieterinnen fand. Offensichtlich hatte es an Geld gefehlt, die modernen Heizungsanlagen oder die Wasserleitungen instand zu halten oder die Fassade zu renovieren. Während des Nazi-Regimes dienten die Räume zunächst als Quartier für die SA, später als Baukantine. Die Ornamente der Fassade mußten 1937 »mit Bezugnahme auf die nationalsozialistische Anordnung über ›Schönheit und Sauberkeit‹ im ganzen Land vom 11. 11. 1935« zur Einweihung des Hauses der Deutschen Kunst von der damaligen Besitzerin entfernt werden. Die Gebäude wurden bei einem Bombenangriff 1944 zerstört und die Ruinen Anfang der fünfziger Jahre beseitigt, um dem amerikanischen Konsulatsgebäude Platz zu machen.

Ließen sich schon die Erzählungen ›Zwei Menschen‹ und ›Laß mich nun vergessen!‹ ihres frauenemanzipatorischen Inhalts wegen nur schwer verkaufen, so erst recht ›Der Hausmann‹, wie Frieda von Bülow die Erzählung ›Sie und Er‹ in ihrem Tagebuch nannte. Zwischen Entstehung und Veröffentlichung lagen drei Jahre, trotz der guten Beziehungen Frieda von Bülows zu Zeitschriften- und Buchverlagen, trotz ihrer enormen Bemühungen. Ebenso schwer verkäuflich war ›Die stilisierte Frau‹. Frieda von Bülow mußte lange mit dem Verleger der ›Neuen Deutschen Rundschau‹, Oskar Bie (1864–1938), verhandeln, ehe die Erzählung in dieser ›Zeitschrift für Moderne Kunst und Wissenschaft, Soziologie und Politik‹ erschien. Dort veröffentlichten auch Thomas Mann, Gerhart Hauptmann und Hugo von Hofmannsthal ihre neuen Arbeiten am liebsten.

Oskar Bie war ›Die stilisierte Frau‹ zu ernst und zu schwer, und den ursprünglichen Schluß der Erzählung, den Selbstmord der Gräfin Ludwina, fand er zu romanhaft. Er hätte die Geschichte lieber etwas pikanter und graziöser, das sei künstlerisch besser, schrieb er Frieda von Bülow. Seine Fantasien gingen in Richtung Dreiecksverhältnis. Doch das widerstrebte Frieda von Bülow aus tiefster Seele. Und taktisch geschickt antwortete sie ihm am 1. November 1897: »*Mein* Empfinden wurde gerade durch die *Tragik* des Falles gepackt. Denken Sie, jemand hätte zu *Leo Tolstoi* gesagt: Ihre Kreutzersonate könnte viel künstlerischer wirken, wenn Sie die Sache etwas humoristisch faßten! Er hätte gesagt: dann *wäre* es eben nicht mehr meine Sache. Aber glauben Sie nicht, daß ich am Größenwahn krank bin! Nur Ernst und Gewissen, Wahrheitsgewissen, ziemt dem Kleinen wie dem Großen. Meine Frau könnte sich nach ihrer Erziehung und Anlage in ein Verhältnis, das ihr sündig und verächtlich erscheinen *muß*, niemals finden. Außerdem will sie vor allem Kinder. Der Mutterinstinkt ist bei ihr am stärksten entwickelt. Die würde auch von dem Russen ein Kind haben wollen und das gäbe Konflikte, deren Ausführungen den Raum eines Romans nötig machen würde. Nichtwahr? Und der Graf mit seiner Eitelkeit und seinem Verlangen, zu imponieren, würde ein ›dreieckiges Verhältnis‹, bei dem er eine solche Nebenrolle spielte, wohl kaum ertragen. Er würde den Russen aus dem Haus schaffen und seine Frau als ›Sünderin‹ behandeln, d. h. gehörig malträtieren. Es müßte also um den pikanten und heiter graziösen Schluß möglich erscheinen zu lassen, die Geschichte auf anderen Charakteren aufgebaut werden. Nun wäre es aber *sehr* nett von Ihnen, wenn Sie einmal Ihre an sich gewiß sehr berechtigte künstlerische Forderung gegen die ethische Forderung meiner etwas schweren und ernsten Persönlichkeit fallen ließen! Könnten Sie das nicht wollen? Ich hoffe es.«

Drei Wochen später konnte sie ihrer Freundin Lou Andreas-Salomé melden: »›Die stilisierte Frau‹ ist nun doch nach lebhaftem Meinungsaustausch mit Dr. Bie bei der Neuen Rundschau geblieben. Wir haben uns schließlich dahin geeinigt, daß ich den Selbstmord gestrichen, den Grabesernst aber beibehalten habe. Die Geschichte ist einfach kurz abgebrochen und der Leser mag sich den Fortgang ausmalen nach seines Herzens Bedürfnis.« Zu dieser Erzählung ließ sich Frieda von Bülow von einem Besuch bei dem Schriftsteller Otto Julius Bierbaum (1865–1910) anregen, der mit seiner jungen Frau auf einer alten Burg in Eppan, Südtirol, lebte. Wie Graf Gyrlani liebte er es, seine Frau in selbstentworfene fantastische Gewänder zu hüllen. Und einer seiner Freunde, Ernst von Wolzogen, schrieb 1922 in seinen Lebenserinnerungen ›Wie ich mich ums Leben brachte‹ verächtlich, diese junge Frau sei »im Grunde ja nur ein Nichts« gewesen, die erst von Otto J. Bierbaums »liebesseliger Dichterfantasie beseelt und mit allen Kostbarkeiten seines Genius behängt« worden sei. Auch von Richard Beer-Hofmann ist überliefert, daß er seine Geliebte ins »praeraphaelitische stilisiert« hätte, ganz wie ein Gemälde von Botticelli.[9]

Erziehung und Leben der Gräfin Ludwina sind exemplarisch für das Schicksal der Frauen aus bürgerlichen und großbürgerlichen Kreisen jener Zeit. Die wenigsten konnten sich aus diesen bedrückenden Verhältnissen befreien. Die Frauenbewegung forderte daher zunächst eine bessere Mädchenbildung und die Abschaffung der Konvenienzehen.

Frieda von Bülow skizzierte die Erzählung im Sommer 1897 in München, im Winter war sie nach mehreren Überarbeitungen fertiggestellt. Erst im Frühjahr 1899 erschien sie in der ›Neuen Deutschen Rundschau‹ und löste sowohl Empörung als auch Begeisterung aus. Sophia Goudstikker und Ika Freudenberg schwärmten geradezu für »Die sterilisierte Frau« wie sie ›Die stilisierte Frau‹ treffend umbenannten.

Mit dieser Satire lag Frieda von Bülow ganz im Trend der gesellschaftskritischen, die frauenverachtenden patriarchalen Unterdrückungsmechanismen entlarvenden Frauenliteratur der späten neunziger Jahre des 19. Jahrhunderts. 1896 war Gabriele Reuters Roman ›Aus guter Familie. Leidensgeschichte eines Mädchens‹ erschienen, 1899 erschien Helene Böhlaus ›Halbtier!‹, um nur zwei Romane zu nennen, die damals Furore machten.

Sabina Streiter

Anmerkungen

1 Die Ausführungen zur Biographie Frieda von Bülows sind teilweise meinem Vortrag ›Lou Andreas-Salomé und Frieda von Bülow‹ entnommen, gehalten am 16. 2. 1986 in Göttingen anläßlich einer Feier zum 125. Geburtstag von Lou Andreas-Salomé (unveröffentlicht) sowie meiner Arbeit ›Frieda von Bülow und Ricarda Huch. Briefe aus dem Jahr 1895‹, in: Jahrbuch der dtsch. Schillergesellschaft 1988, Nr. 32, S. 51-73

2 Lou Andreas-Salomé, Das Haus, Berlin 1987, 3. Auflage (Die Frau in der Literatur Nr. 30199)

3 Friedrich Pineles diente auch Lou Andreas-Salomé in ihrer Erzählung ›Das Haus‹ als Modell.

4 Die Angaben in Welsch/Wiesner ›Lou Andreas-Salomé‹ (1988), Andreas-Salomé habe zusammen mit Goldmann eine Woche im Stubaital verbracht, beruhen auf einer Verwechslung. Sie unternahm den Ausflug mit Beer-Hofmann. Ihre Erlebnisse schildert sie in den beiden Erzählungen ›Incognito‹ (1898/99) und ›Jutta‹ (1933).

[5] Erlebtes-Erschautes. Deutsche Frauen kämpfen für Freiheit, Recht und Frieden 1850–1940. Lida Gustava Heymann in Zusammenarbeit mit Dr. jur. Anita Augspurg, hrsg. v. M. Twellmann, Meisenheim 1972, S. 14/15

[6] ebd., S. 17

[7] G. Bäumer, Gestalt und Wandel. Frauenbildnisse, 1939, S. 406

[8] Nachruf, München – Augsburger Allgemeine Zeitung 6. 4. 1924

[9] Arthur Schnitzler, Briefe 1875–1912, Frankfurt 1981, 14. VIII. 1896

Weiterführende Literatur

Andreas-Salomé, L., Menschenkinder, Novellenzyklus, 1899

Brinker-Gabler, G., K. Ludwig, A. Wöffen, Lexikon deutschsprachiger Schriftstellerinnen 1800–1945, München 1986

Eldorado. Homosexuelle Frauen und Männer in Berlin 1850–1950. Geschichte, Alltag, Kultur (Ausstellung im Berliner Museum 26. V.–8. VII. 1984)

Herz, R., B. Bruns (Hrsg.), Hof-Atelier Elvira 1887–1928. Ästheten, Emanzen, Aristokraten (Katalog zur Ausstellung im Münchner Stadtmuseum 13. XII. 1985–2. III. 1986)

Hoechstetter, S., Frieda Freiin von Bülow. Ein Lebensbild, Dresden 1910

Kokula, I., Weibliche Homosexualität um 1900. In zeitgenössischen Dokumenten, München 1981

Nirgendwo und überall. Lesben. Hrsg. v. Sozialwissenschaftliche Forschung und Praxis für Frauen e.V., Köln 1989, (Beiträge zur feministischen Theorie und Praxis, 12. Jg., Heft 25/26)

Weiland, D., Geschichte der Frauenemanzipation in Deutschland und Österreich. Biographien, Programme, Organisationen, Düsseldorf 1983 (Hermes Handlexikon)

ELIZA ORZESZKOWA
Marta
Mit einem Nachwort von
Ruth E. Müller
Ullstein Buch 30214

KATHERINE MANSFIELD
Sweet Old Lady und andere Erzählungen
Mit einem Nachwort von
Hilde Spiel
Ullstein Buch 30215

HEINZ-GEORG HELD (Hrsg.)
Maria Magdalena
Die heilige Sünderin
Mit einem Nachwort von
Heinz-Georg Held
Ullstein Buch 30216

AHDAF SOUEIF
Aischa
Liebesgeschichten aus Ägypten
Mit einem Nachwort von
Maria Mill
Ullstein Buch 30217

LAURENCE STERNE
Tagebuch für Eliza/
Empfindsame Reise
Mit einem Nachwort von
Lutz Zimmermann
Ullstein Buch 30219

ISABELLA BIRD
Eine Lady in den Rocky Mountains
Mit einem Nachwort von
Silvia Dörfle
Ullstein Buch 30220

MARQUIS DE SADE
Juliette oder
die Vorteile des Lasters
Mit einem Nachwort von
Hermann Kauß
Ullstein Buch 30221

LINA LOOS
Das Buch ohne Titel
Erlebte Geschichten
Herausgegeben von Adolf Opel
und Herbert Schimek
Ullstein Buch 30222

GEORGE SAND
Leone Leoni
Mit einem Nachwort von
Wilfried Ihrig
Ullstein Buch 30223

ARNOŠT LUSTIG
Die Ungeliebte
Aus dem Tagebuch einer Siebzehnjährigen
Mit einem Nachwort von
Jiří Gruša
Ullstein Buch 30224

BETTINE VON ARNIM
Lieben, das allein ist meine Kunst
Mit einem Nachwort von Andreas Mäckler
Ullstein Buch 30225

GINA KAUS
Die Schwestern Kleh
Roman
Mit einem Nachwort von Sibylle Mulot-Déri
Ullstein Buch 30226

ANGELIKA MECHTEL
Die Blindgängerin
Mit einem Nachwort von Horst Ferle
Ullstein Buch 30227

ELIZABETH VON ARNIM
Elizabeth auf Rügen
Mit einem Nachwort von Kyra Stromberg
Ullstein Buch 30228

STEPHEN CRANE
Maggie, das Straßenmädchen
Mit einem Nachwort von Frank Dietschreit
Ullstein Buch 30231